中國學術思想 研究輯刊

十 編
林 慶 彰 主編

第 13 冊

兩漢黃老思想研究（上）

鄭 國 瑞 著

花木蘭文化出版社

國家圖書館出版品預行編目資料

兩漢黃老思想研究(上)／鄭國瑞 著 — 初版 — 台北縣永和市：
花木蘭文化出版社，2010〔民 99〕
目 4+254 面；19×26 公分
（中國學術思想研究輯刊 十編；第 13 冊）
ISBN：978-986-254-342-9（精裝）
1. 黃老治術　2. 秦漢哲學
121.3　　　　　　　　　　　　　　　　　　　99016453

ISBN - 978-986-2543-42-9

9 789862 543429

中國學術思想研究輯刊
十 編　第十三冊　　　　　　ISBN：978-986-254-342-9

兩漢黃老思想研究（上）

作　　　者	鄭國瑞
主　　編	林慶彰
總 編 輯	杜潔祥
出　　版	花木蘭文化出版社
發 行 所	花木蘭文化出版社
發 行 人	高小娟
聯絡地址	台北縣永和市中正路五九五號七樓之三
	電話：02-2923-1455／傳眞：02-2923-1452
網　　址	http://www.huamulan.tw 信箱 sut81518@ms59.hinet.net
印　　刷	普羅文化出版廣告事業
封面設計	劉開工作室
初　　版	2010 年 9 月
定　　價	十編 40 冊（精裝）新台幣 62,000 元

兩漢黃老思想研究（上）

鄭國瑞　著

作者簡介

鄭國瑞，一九六七年生，臺灣臺南人，中山大學中文學士、碩士，政治大學中文博士。目前任職於文藻外語學院應用華語文系，副教授。致力於書法研究，專書編有《臺灣書法家小傳（1662-1945）》，著有《郭尚先 — 清代臺灣書法個案研究》，以及〈明鄭時期的臺灣書法〉、〈楊賓之書學觀〉、〈華語教學之書法教學經驗談〉等單篇論文。

提　　要

　　黃老思想是中國學術史上一個重要課題，由於書闕有間，致使黃老思想的研究，未受到學術界重視。自二十世紀中後期出土了大批相關久已亡佚的資料，黃老思想重新被探討，不僅彌補了古代思想史的許多缺頁，也修正了若干重要問題。然而多數的討論主要集中在先秦時期的發生與發展上，而兩漢時期卻未見全面性的論著，因此本文主要著重於探討兩漢時期的黃老思潮，從它藉以產生的特定歷史條件，去尋求它的可解釋性，以及落實於現實面的情形，並藉此了解此思潮影響之處。

　　本文除了第一章緒論，第七章結語之外，計分五章論述兩漢黃老思想的核心論題在各階段顯現的情形。分別是第二章探討黃老形上之道的理論特點與發展。《淮南子》與王充可代表前後階段的思想傾向。第三章探討黃老的政治思想。主要表現在文武並用的治國根本原則、無為之治的理想、法治的理論革新、不廢用兵的軍事思想。第四章探討黃老養生思想。從《淮南子》與《河上公老子注》的觀察，可以看到這一方面的思想變化。第五章探討黃老思想在現實面的功用。黃老思想不單是史書記載在漢初政治彰顯其作用而已，往後各階段多少仍受其影響，而且黃老思想除了用諸政治之外，作為個人修養、行事準則，對兩漢士人也有很深的影響。第六章討論黃老道教典籍中的黃老思想，由此瞭解黃老思想轉為宗教性質後的改變。

上 冊

第一章 緒 論 ……………………………………… 1
第一節 研究動機 ……………………………… 1
第二節 相關觀念釐清 ………………………… 3
一、黃老釋名 ……………………………… 3
二、黃老與道家 …………………………… 17
三、黃老與道法家 ………………………… 20
四、黃老與雜家 …………………………… 22
第三節 黃老的形成 …………………………… 25
第四節 黃老的核心理論 ……………………… 30
第五節 兩漢黃老的主要發展 ………………… 38
第六節 研究取向 ……………………………… 41
第二章 兩漢黃老的形上道論 …………………… 43
第一節 先秦黃老之道概說 …………………… 43
一、道的哲理化 …………………………… 43
二、《老子》之道 ………………………… 50
（一）道義 ………………………… 50
（二）道性 ………………………… 54
1、無形 ………………………… 54
2、反復 ………………………… 55
3、虛靜 ………………………… 57
4、自然 ………………………… 58
（三）道用 ………………………… 59
三、黃老之道及與《老子》之道異同 …… 62
（一）黃老帛書 …………………… 62
（二）《管子》四篇 ……………… 68
（三）黃老與《老子》之道異同 … 71
第二節 兩漢黃老思想之道論代表與特色 …… 72
一、《淮南子》 …………………………… 72
（一）宇宙本體 …………………… 74
1、萬有本根 …………………… 74
2、物質實體 …………………… 75
3、無限存在 …………………… 76
4、無成無毀 …………………… 76
5、變化規律 …………………… 78

目

次

　　　　6、反復運動 ……………………………… 79

　　　　7、自然無爲 ……………………………… 79

　　　（二）化生萬物的宇宙模式 …………………… 80

　　　（三）氣物相感 ………………………………… 89

　　　　1、同類相動 ……………………………… 91

　　　　2、天人相感 ……………………………… 93

　　二、王充《論衡》 …………………………………… 97

　　　（一）其人其書 ………………………………… 97

　　　（二）天道觀 …………………………………… 104

　　　　1、天爲無意志的實體 …………………… 104

　　　　2、以氣解釋宇宙萬物的現象 ……… 109

　　　　3、天道自然無爲 ………………………… 116

　第三節　小　結 ……………………………………… 121

第三章　兩漢黃老的政治思想 ……………………… 125

　第一節　黃老以政治思想爲重心 ………………… 125

　第二節　兩漢諸子的黃老政治思想 ……………… 129

　　一、陸賈 ……………………………………………… 129

　　　（一）文武之道──兼論先秦、兩漢 … 129

　　　（二）無爲──兼論先秦 …………………… 150

　　　　1、先秦黃老無爲思想概說 ………… 150

　　　　2、陸賈的無爲──以仁義爲中心

　　　　　的無爲思想 ……………………………… 163

　　二、韓嬰 ……………………………………………… 170

　　三、《淮南子》 ……………………………………… 175

　　　（一）集大成的無爲思想 …………………… 175

　　　（二）法論 ……………………………………… 186

　　　　1、漢初反秦苛法之聲 ………………… 186

　　　　2、先秦黃老重法與法家重法異同 189

　　　　3、兩漢黃老論法的代表 …………… 193

　　　（三）兵論 ……………………………………… 220

　　　　1、黃老論兵與兵家思想之差異 … 220

　　　　2、兩漢黃老論兵代表 ………………… 227

　　四、劉向 ……………………………………………… 246

　　　（一）用賢的無爲思想 ……………………… 246

　第三節　小　結 ……………………………………… 252

下　冊

第四章　兩漢黃老的養生思想⋯⋯⋯⋯⋯255
　第一節　黃老以養生思想為基礎⋯⋯⋯255
　第二節　先秦黃老養生思想概說⋯⋯⋯263
　　一、《老子》⋯⋯⋯⋯⋯⋯⋯⋯⋯⋯263
　　二、《莊子》⋯⋯⋯⋯⋯⋯⋯⋯⋯⋯265
　　三、《管子》四篇⋯⋯⋯⋯⋯⋯⋯⋯269
　　四、《呂氏春秋》⋯⋯⋯⋯⋯⋯⋯⋯275
　第三節　兩漢黃老養生思想的代表與特色⋯⋯281
　　一、《淮南子》⋯⋯⋯⋯⋯⋯⋯⋯⋯281
　　　（一）身國同構，重身貴人⋯⋯⋯281
　　　（二）養生基本原理──天人相通⋯⋯284
　　　（三）養生重心──養神⋯⋯⋯⋯286
　　　（四）養生方法──原心返性⋯⋯293
　　　（五）養生目的與境界──得道之人⋯⋯300
　　二、《老子河上公章句》⋯⋯⋯⋯⋯307
　　　（一）作者與成書時代⋯⋯⋯⋯⋯307
　　　　1、作者⋯⋯⋯⋯⋯⋯⋯⋯⋯⋯307
　　　　2、成書時代⋯⋯⋯⋯⋯⋯⋯⋯309
　　　（二）思想特色⋯⋯⋯⋯⋯⋯⋯⋯312
　　　（三）養生思想⋯⋯⋯⋯⋯⋯⋯⋯316
　　　　1、養生根本依據──天人相通⋯⋯316
　　　　2、養生重心──神形合一⋯⋯318
　　　　3、養生具體方法⋯⋯⋯⋯⋯⋯319
　　　　4、養生目的──長生不死⋯⋯325
　第四節　小　結⋯⋯⋯⋯⋯⋯⋯⋯⋯⋯327
第五章　黃老思想在兩漢的實踐⋯⋯⋯⋯331
　第一節　以權謀爭天下⋯⋯⋯⋯⋯⋯⋯332
　第二節　無為為指導的政治措施⋯⋯⋯338
　　一、漢初高祖、惠、文、景帝七十年⋯⋯339
　　　（一）經濟方面，輕徭薄賦、生產農業⋯⋯340
　　　（二）政治方面，約法省禁、平獄緩刑⋯⋯345
　　　　1、除挾書、妖言誹謗令⋯⋯⋯346
　　　　2、除三族罪⋯⋯⋯⋯⋯⋯⋯347

　　　　3、除收孥相坐律 …………… 347

　　　　4、除肉刑、定箠令 ………… 348

　　　　5、立獄疑讞 ………… 349

　　　　6、立治貪贓受賄之法 ………… 350

　　　（三）文化方面，蒐集佚籍、廣開言路 … 357

　　　（四）軍事方面，偃兵息武、和親備邊 … 361

　　二、武帝晚年，昭、宣之際 ………… 369

　　三、東漢初，光武時期 ………… 381

　第三節　避禍修養的原則 ………… 393

　第四節　小　結 ………… 403

第六章　黃老思想與道教 ………… 407

　第一節　黃老思想與方仙道 ………… 407

　第二節　黃老道典籍對黃老思想的吸收與轉化 … 418

　　一、《太平經》 ………… 418

　　　（一）《太平經》的相關問題 ………… 418

　　　（二）《太平經》的黃老思想特點 ………… 423

　　　　1、道氣的宇宙觀 ………… 424

　　　　2、以成仙爲目標的養生觀 ………… 430

　　　　3、無爲治道 ………… 448

　　二、《老子想爾注》 ………… 451

　　　（一）《老子想爾注》的作者與成書時代 451

　　　（二）《老子想爾注》的黃老神學 ………… 455

　　　　1、由道自然轉變成道神格化的造
　　　　　物主 ………… 455

　　　　2、由強調精神自由變成追求神仙
　　　　　不死 ………… 459

　　　　3、肯定仁義忠孝爲治國之道 ………… 471

　第三節　小　結 ………… 473

第七章　結　語 ………… 475

引用書目 ………… 481

第一章　緒　論

第一節　研究動機

黃老思想在中國學術史上是一個重要課題，也產生過很大的影響，然而其眞實面貌久已湮沒不彰。由於書闕有間，缺乏可以明確判定黃老思想的資料，致使黃老思想的研究，未受到學術界重視。自民國六十二年底湖南省長沙馬王堆三號漢墓出土了大批相關久已亡佚的資料，黃老思想重新被探討，一時之間異彩紛呈，不僅彌補了古代思想史的許多缺頁，也修正了思想史上的若干重要問題。黃老思想的研究，近三十年來已出現了可觀的成績。專著如，吳光《黃老之學通論》、熊鐵基《秦漢新道家》、余明光《黃帝四經與黃老思想》、丁原明《黃老學論綱》、胡家聰《稷下爭鳴與黃老新學》、陳麗桂《戰國時期的黃老思想》、《秦漢時期的黃老思想》、司修武《黃老學說與漢初政治平議》、郭應哲《戰國至漢初黃老學說的政治思想》、鄭圓鈴《司馬遷黃老理論之研究》、吳賢俊《黃老評議》、高祥《戰國末秦漢之際黃老學說之探討》、洪進業《西漢初年的黃老及其盛衰的考察》等等。其它單篇論文或各類思想史書籍中討論的更是不勝枚舉，僅以陳麗桂主編的《兩漢諸子研究論著目錄》所收至一九九六年止的相關論文，就近五百筆。可以說黃老思想的研究是近幾年的「顯學」。

這些研究有一共通性，大體是集中於戰國至漢初的研究，而對於漢武帝以後的黃老思想則少見全面性論述，其中又以討論黃老思想治術的各種面相與漢初政治的關係爲大宗。根究原因，在於學者認爲武帝以後，罷黜百家，

獨尊儒術，黃老之學衰落，在思想的進展上繳了白卷，連帶的也引不起研究者的興趣。另一個則是黃老與道家常糾葛不清，研究者常以道家這一大共名統攝黃老，尤其將漢代道家視爲以老莊爲中心，甚至黃老與老莊不別，以至於兩漢黃老思想全面性的研究仍有可爲。再者，認爲東漢以後，黃老思想由學術性質轉爲宗教性質的黃老道，屬道教研究的範圍，研究者則將之斷爲兩橛，一分爲二，而未能細究彼此的相關性。

中國的政治，漢代有「文景之治」，唐代有「貞觀之治」，二者相互媲美，前後輝映，「文景之治」又稱「黃老之治」，是對黃老思想功效的歌頌，可知黃老思想漢世曾經風行一時。另一方面，從兩漢道家思想的發展來看，是以黃老爲中心，黃老爲兩漢道家唯一主流。唐韓愈（公元768～824年）在〈原道〉和〈讀荀子〉二文中一再指出：「黃老于漢」。〔註1〕清洪亮吉（公元1746～1809年）《合刻河上公老子章句郭象莊子注序》更說：

> 自漢興，黃老之學始盛行，文景因之以致治，武帝之世，竇嬰田蚡雖好儒，欲推轂王臧趙綰，然勢不能敵也。老子之徒有文子，其書述老氏之言爲多，世亦並尊之。當時上自天子，下及士大夫，內及宮闈，莫不服膺黃老之言，以施諸實事，其尊老子文子也與孔顏並。故王充《論衡·自然篇》曰：『以孔子爲君，顏淵爲臣，尚不能譴告，況以老子爲君，文子爲臣乎？老子、文子似天地者也。』其尊之若此！蓋黃老之道，以迄文子述老子之言，實皆能治天下者也。西漢之治，比隆三代，職是故耳。至漢末，尚祖元虛，治術民風，一切不講，于是始變黃老而稱老莊。〔註2〕

近人蒙文通（公元1894～1968年）亦云：

> 從漢到唐，思想界是誰家的學說把握霸權，與其說是孔學，毋寧說是道家還妥貼些。在漢便是黃老，在晉便是老莊，到了六朝又加入了佛學。〔註3〕

這些意見實際符合當時的狀況，所謂漢末尚祖玄虛，於是始變黃老而稱老莊，說明黃老主宰兩漢道家思想的園地，並作爲道家的代言人。鑑於這些問題，

〔註1〕 馬伯通《韓昌黎文集校注》，頁8，21，台北：華正書局，1975年4月台一版。
〔註2〕 《洪北江先生遺集（四）·更生齋文集卷三》，頁2291，台北：華文書局影清光緒三年授經堂重刻本，1969年4月版。
〔註3〕 《中國哲學思想探原·經學導言·諸子》，頁41，台北：臺灣古籍出版社，1997年10月初版。

本文擬以「兩漢黃老思想研究」為題目，對兩漢黃老思想做一整理與分析，藉此瞭解黃老在兩漢表現的特點與影響。

第二節　相關觀念釐清

一、黃老釋名

　　研究一項問題，首先面臨到這是什麼問題，能否成為問題。本論文第一步要了解「黃老」是否存在，進一步如果存在，其性質如何。

　　首先，從考察得知，「黃老」一詞最早出現於漢司馬遷《史記》，秦以前黃自黃，老自老，並未有黃老連稱，合而為一的情形。《史記》中黃老出現十餘次，或直稱黃老，或稱黃帝、老子。後來的《漢書》、《漢紀》、《後漢書》等史籍，屢不絕書，在在說明，黃老為兩漢學者所稱道，為數眾多的人曾修習或信奉黃老，是客觀存在的事實。再者，西漢初六、七十年間，史書明言當局的思想指導一遵黃老，可說是黃老獨霸的時代。整個思潮，以黃老為主流，因此黃老思想不僅存在，而且是兩漢學術重要分子之一。由以下史載先秦兩漢黃老學者或事黃老者簡表即可窺知：

人　名	籍貫	事　蹟　概　略	時　代
愼　到	趙	《史記·孟子荀卿列傳》：愼到，趙人。田駢、接子，齊人。環淵，楚人。皆學黃老道德之術，因發明序其指意。故愼到著十二論、環淵著上下篇，而田駢、接子皆有所論焉。	戰國中期（約公元前350～前275年）
田　駢	齊	同上	戰國中期（約公元前350～前275年）
接　子	齊	同上	戰國中期（約公元前350～前275年）
環　淵	楚	同上	戰國中期（約公元前360～前280年）
列　子		劉向《列子序錄》：列子者，其學本於黃帝、老子。	
宋　子	宋	《漢書·藝文志·諸子略·小說家》：《宋子》十八篇。班固自注：孫卿道宋子，其言黃老意。	戰國中期

韓　非	韓	《史記・老子韓非列傳》：韓非者，韓之諸公子也。喜形名法術之學，而其歸本於黃老。	戰國末（約公元前280～前233年）
河上丈人		《史記・樂毅列傳》：始齊之蒯通，及主父偃，讀樂毅之報燕王書，未嘗不廢書而泣也。樂臣公學黃帝老子，其本師號曰河上丈人，不知其所出。河上丈人教安期生，安期生教毛翕公，毛翕公教樂瑕公，樂瑕公教樂臣公，樂臣公教蓋公，蓋公教於齊高密膠西，爲曹相國師。	戰國中後期
安期生	齊	同上	戰國末
毛翕公	齊	同上	戰國末
樂瑕公	齊	同上	戰國末
樂臣（巨）公	齊	同上。 又《史記・田叔列傳》：叔喜劍，學黃老術於樂巨公所。	文景時
蒯　通	齊	同上	漢初
主父偃	齊	同上	仕於武帝（公元前127年卒）
蓋　公	齊膠西	《漢書・蕭何曹參傳》：膠西有蓋公，善治黃老言，……蓋公爲言治道貴清靜而民自定。……參於是避正堂，舍蓋公焉。其治要用黃老術，故相齊九年，齊國安集，大稱賢相。	漢初
曹　參	沛	同上。	仕於高帝，惠帝六年卒（？～公元前189年）
陳　平	陳留陽武	《史記・陳丞相世家》：陳丞相平少時，本好黃帝、老子之術。	孝文帝二年卒（公元前178年）
田　叔	趙陘陽	《史記・田叔列傳》：叔喜劍，學黃老術於樂巨公所。	景帝時卒
漢文帝	代	《風俗通・正失》：本修黃老之言。	公元前202～前157年
竇太后	趙	《史記・外戚世家》：竇太后好黃帝、老子言，（景）帝及諸竇不得不讀黃帝、老子，尊其術。 〈武帝紀〉、〈封禪書〉、〈儒林傳〉均有記事。	文、景時。武帝建元六年崩（公元前135年）

漢景帝		同上	公元前 189～前 142 年
王　生		《史記·張釋之馮唐列傳》：王生者，善爲黃老言，處士也。	文、景時
黃　子		《史記·太史公自序》：談習道論於黃子。《史記·儒林傳》：黃生好黃老之術。	文、景時
汲　黯	濮陽	《史記·汲鄭列傳》：黯學黃老之言，治官理民，好清靜，擇丞史而任之，其治責大指而已。	歷仕景、武（公元前 1121 年卒）
楊王孫		《漢書·楊胡朱梅云傳》：楊王孫者，孝武時人也。學黃老之術，家業千金，厚自奉養生，亡所不致。	武帝時
鄭當時（莊）	陳	《史記·汲鄭列傳》：鄭莊以任俠自喜，……孝景時爲太子舍人，……莊好黃老之言。	歷仕景、武
司馬談	河內	《史記·太史公自序》：談習道論於黃子。	仕於漢武元封之間
劉　德	南陽	《漢書·楚元王傳》：德字路叔，修黃老術，有智略。	仕於武帝（公元前 131 年卒）
鄧　章	成固	《漢書·袁盎晁錯傳》：修黃老言，顯諸公間。	景、武時
司馬季主	楚	《史記·日者列傳》：夫司馬季主者，楚賢大夫，游學長安，道易經，術黃帝、老子，博聞遠見。	文帝時
嚴君平	蜀	《三國志·蜀書·秦宓傳》：嚴君平見黃老作指歸。《漢書·王貢兩龔鮑傳》：蜀有嚴君平，皆修身自保，非其服弗服，非其食弗食。……君平卜筮於成都市，……得百錢足自養，則閉肆下簾而授《老子》。依老子、嚴周之指著書十餘萬言。	
安丘生		《聖賢高士傳》：修黃老業。（《太平御覽》卷五一零引）	
蔡　勳	陳留	《後漢書·蔡邕列傳》：蔡邕字伯喈，陳留圉人。六世祖勳好黃老。平帝時爲郡令。	平帝時
閔　貢		《東觀漢記》：閔貢，恬靜養神，不役於物，……好黃老。（《太平御覽》四七八卷引）	

馮 灝		《華陽國志》：馮灝，……修黃老。	
楚王英	封於楚後徙丹陽	《後漢書‧光武十王傳》：楚王頌黃老之微言，尚浮圖之仁祠。	章帝建初五年卒（公元 80 年）
樊 瑞	南陽湖陽	《後漢書‧樊宏陰識列傳》：準字幼陵，宏之族曾孫也。父瑞好黃老言，清靜少欲。	明章時
矯 慎	扶風茂陵	《後漢書‧逸民傳》：少好黃老，隱遯山谷，因穴為室，仰慕松喬導引之術。	漢末
吳 蒼	汝南	同上。蒼遺書矯慎，欲觀其志，書中盛言黃老之旨。	漢末
鄭 均	東平任城	《後漢書‧宣張二王杜郭吳承鄭趙列傳》：鄭均，字仲虞，東平任城人也。少好黃老書。	章帝時 永元中卒於家。
樊 融	南陽新野	《後漢書‧酷吏傳》：（樊）融，有俊才，好黃老，不肯為吏。	明帝時
魏 愔		《後漢書‧孝明八王傳》：魏愔辭與王（劉寵）共祭黃老君，求長生福而已，無他冀幸。	明帝時
劉 寵		同上。	明帝時
折 像	廣漢	《後漢書‧方術傳》：折像，字伯式，廣漢雒人也。……幼有仁心，不殺昆蟲，不折萌芽。能通京氏易，好黃老言。	
任 隗	南陽宛	《後漢書‧任李萬邳劉耿列傳》：隗，字仲和，少好黃老，清靜寡欲，所得奉秩，常以賑卹宗族，收養孤寡。	章和時 永元四年卒（公元 92 年）
任 光	南陽宛	《後漢紀》卷二：好黃老言。	
楊 厚		《後漢書‧蘇竟楊厚列傳》：楊厚，字仲桓，……修黃老，教授門生，上名錄者三千餘人。	桓帝時（公元 72～153 年）
劉 先		《零陵先賢傳》：先字始宗，博學強記，尤好黃老，明習漢家典故。（《後漢書‧袁紹劉表列傳》注引）	漢末
桓 帝		《後漢書‧桓帝紀》：桓帝，……設華蓋以祠浮圖，老子，斯將所謂聽於神乎？……庚午，祠黃老於濯龍宮。《後漢書‧循吏傳》：延熹中，桓帝事黃老道，悉毀諸房祀。	在位二十一年（公元 132～167 年）

		《後漢書・襄楷傳》：又聞宮中立黃老、浮圖之祀，此道清虛，貴尚無爲，好生惡殺，省欲去奢。今陛下嗜欲不去，殺罰過理，既乖其道，豈獲祚哉？……今陛下嬌女豔婦，極天下之麗，單天下之味，奈何欲如黃老乎？	
張　角	冀州鉅鹿	《後漢書・皇甫嵩朱儁傳》：初，鉅鹿張角自稱大賢良師，奉事黃老道，畜養弟子，跪拜首遇，符水咒說以療病，病者頗癒，百姓信向之。角因遣弟子八人便於四方，以善道教化天下，轉相誑惑。	靈帝時（？～184 年）

　　表中記載學黃老、宗黃老的人物有五十餘名，其中不乏帝王將相之流，可知從戰國至兩漢，黃老存在而且非常盛行，黃老思想對於漢朝人是耳熟能詳的，非司馬遷、班固等人的託辭，更非空話。

　　黃老思想既然是客觀的存在，那黃老是什麼呢？從《史記》推知，一作爲人名，是黃帝與老子的合稱，〔註4〕此東漢王充（公元 27～約 102 年）《論衡・自然》曾明白的說：「賢之純者，黃、老是也。黃者，黃帝也；老者，老子也。」〔註5〕其次，黃老有術、有言、有書，指一種學說，有其專門的著述。作爲黃帝與老子的合稱，目前學術界已無疑義；黃老是一種術，一種學說，也不成問題；但對於學說的性質，則意見紛歧。原因在於《史記》雖提出黃老之名，卻不見隻字片語描述這種思想，後來的典籍也未有明確記載，學者們僅能從《史記》與《漢書》透露的訊息勾勒出不甚清晰的輪廓。

　　顧名思義，黃老思想是黃帝與老子的思想，只是《老子》一書俱在，〔註6〕

〔註4〕　曾有學者懷疑黃老非黃帝、老子之稱，如夏曾佑（1865～1924）曾以爲是老子與黃生，江瑔已批評說：「或言黃者爲黃生非黃帝，以爲黃帝去老子太遠，不宜合而稱之。然黃生雖亦道家者流，而未嘗著書行世，僅有一二語散見於漢人書中，何足與老子敵？且黃生爲漢人，何以反稱在老子之上，則所稱黃老必非黃生無疑。」（《讀子卮言・論黃老老莊申韓之遞變》，頁 92～93，台北：廣文書局，1982 年 8 月初版）夏說原文未見，轉引自傅斯年《傅斯年全集・戰國子家敘論・老子五千言之作者及宗旨》第 2 冊。（頁 133，台北：聯經出版事業公司，1980 年 9 月初版）又如李歷城以爲是老子與黃石公，此亦不足信。（參見李歷城《司馬遷之人格與風格》，頁 9，台北：漢京文化公司，1983 年 9 月）

〔註5〕　黃暉《論衡校釋・自然第五十四》，卷第十八，頁 781，北京：中華書局，1995年 5 月第二刷。

〔註6〕　關於《老子》一書問題：相傳《老子》一書由老聃所著，孔子問禮於老聃，事見《史記・孔子世家》、《禮記・曾子問》、《孔子家語・觀周》等書，二千

其思想旨趣明白，而黃帝思想卻不明白。

　　關於黃帝的事蹟，西漢前傳世文獻記載非常豐富，如《左傳》、《國語》、《孫子》、《莊子》、《商君書》、《管子》、《鶡子》、《易繫辭》、《韓非子》、《呂氏春秋》、《新語》、《新書》、《淮南子》、《山海經》、《竹書紀年》、《世本》、《戰國策》、《史記》、《大戴禮記》等等，隨處可見。一九七二年山東臨沂銀雀山漢墓出土的《孫臏兵法》亦有記載。足見黃帝之說在西漢前相當風行，勢力龐大。這些記載，黃帝的形象是多樣面貌的，黃帝不僅是人間帝王，也是神話中的神仙。當中有一個共同的特徵，就是黃帝集各種事物發明、制作於一身，其功業顯赫彪炳，成就冠絕古今。較早的文獻《國語》就說：「黃帝能成命百物，以明民共財。」〔註7〕司馬遷寫《五帝本紀》敘述黃帝時說：「維昔黃帝，法天則地，四聖遵序，各成法度。」四聖，《集解》引徐廣（公元 352～425 年）的話：「顓頊、帝嚳、堯、舜。」〔註8〕即認爲黃帝效法天地，開創各種制度，四聖承緒，各有所作。司馬遷（公元前 145～約前 86 年）曾概括黃帝的制作說：

> 軒轅之時，神農氏世衰。諸侯相侵伐，暴虐百姓，而神農氏弗能征。
> 於是軒轅乃習用干戈，以征不享，諸侯咸來賓從。而蚩尤最爲暴，
> 莫能伐。炎帝欲侵陵諸侯，諸侯咸歸軒轅。軒轅乃修德振兵，治五
> 氣，蓺五種，撫萬民，度四方，教熊羆貔貅貙虎，以與炎帝戰於阪

餘年來，大都認定老聃早於孔子，因而《老子》早於《論語》。民國初，胡適之《中國哲學史大綱》從老子講起，此舉引發梁啓超懷疑《老子》成書於戰國末，論文一出，此問題爭議遂起。主春秋末，或戰國時者皆有之；其問題圍繞在《老子》一書是否是老聃親著，書與人是否能夠合一，如果不是，那麼《老子》究竟成書於何時。詳細意見可參考《古史辨》第四冊，第六冊。二十世紀下半葉，這個問題有了進一步的發展。長沙馬王堆帛書《老子》出土，至少證明了至晚在韓非之時，《老子》已經有一個較完整的本子流傳。近年發現的郭店楚墓竹簡《老子》節抄本，據推斷該墓年代爲戰國中晚期偏晚（參見〈荊門郭店一號楚墓〉，《文物》1997 年 7 期），則《老子》成書的年代應略早於墓葬年代，至晚在戰國中期，《老子》就已廣爲流傳。這雖然無法解決《老子》確切的成書年代，以及是否由老聃親著，但對本文來說，黃老思想是建立在《老子》思想的基礎上發展而來的，就有了堅實的根據。目前學術界對於流傳完整《老子》一書的成型過程與時間儘管有不同的意見，對於其中主要的思想是由老聃原創，則看法較爲一致，故本文亦將此著作權歸諸老聃。

〔註7〕 上海師範大學古籍整理組點校《國語·魯語上》，卷四，頁 166，台北：里仁書局，1981 年 12 月。

〔註8〕 司馬遷撰，裴駰集解，司馬貞索隱，張守節正義《史記·太史公自序第七十》，卷一百三十，頁 3301，北京：中華書局點校本，1989 年 9 月湖北第十一刷。

泉之野。三戰，然後得其志。蚩尤作亂，不用帝命。於是黃帝乃徵師諸侯，與蚩尤戰於涿鹿之野，遂禽殺蚩尤。而諸侯咸尊軒轅爲天子，代神農氏，是爲黃帝。天下有不順者，黃帝從而征之，平者去之，披山通道，未嘗寧居。東至于海，登丸山，及岱宗。西至于空桐，登雞頭。南至于江，登熊、湘。北逐葷粥，合符釜山，而邑于涿鹿之阿。遷徙往來無常處，以師兵爲營衛。官名皆以雲命，爲雲師。置左右大監，監于萬國。萬國和，而鬼神山川封禪與爲多焉。獲寶鼎，迎日推筴。舉風后、力牧、常先、大鴻以治民。順天地之紀，幽明之占，死生之說，存亡之難。時播百穀草木，淳化鳥獸蟲蛾，旁羅日月星辰水波土石金玉，勞勤心力耳目，節用水火材物。有土德之瑞，故號黃帝。〔註9〕

從製作武器，明習戰術，到統一各部，建國定都，立兵制、官制，定曆法，行封禪等等，幾乎所有的制度都歸諸於黃帝。

這反映出黃帝在時人的心目中具有無所不能的本領，具有至高無上的地位。會有這樣情形，並非一蹴而成的，而是時人競相推闡標榜後的產物。司馬遷說先秦時期「百家言黃帝」，〔註10〕可以想像當時熱鬧的盛況，由此也看出黃帝是先秦諸子各家的共主。但是黃帝爲何成爲最終帝王，到底是史有其人還是縹緲虛無的神，又爲何會有百家言黃帝的情形？原來戰國時期，諸子爭勝，爲強化他們的學說的權威性與合法性，以取得人君信用，諸子普遍採取托古立言的方式，所謂「言必稱先王，語必道上古。慮事時計，飭先王之成功，語其敗害，以恐喜人主之志，以求其欲。」〔註11〕這種語道上古的特性，正如王充所說：「俗好高古而稱所聞，前人之業，菜果甘甜；後人新造，蜜酪辛苦」〔註12〕的貴古賤今的心理。當時號爲顯學的儒、墨二家，或言必道稱堯、舜，或行必尊祖夏禹，〔註13〕各家爲了壓過這二大學派的氣焰，莫不把注意力轉移到比堯、

〔註9〕《史記，五帝本紀第一》，卷一，頁3～6。

〔註10〕《史記・五帝本紀第一》，卷一，頁46。

〔註11〕《史記・日者列傳第六十七》，卷一百二十七，頁3219。

〔註12〕《論衡校釋・超奇第三十九》，第十三卷，頁615。

〔註13〕《漢書・藝文志》說儒家「祖述堯、舜，憲章文、武，宗師仲尼」，即以堯、舜爲依託對象。《史記・太史公自序》司馬談說「墨者亦尚堯、舜之道」，此見儒、墨同道堯、舜，然《莊子・天下》說：「後世之墨者，多以裘褐爲衣，以跂蹻爲服，日夜不休，以自苦爲極，曰：不能如此，非禹之道，不足謂禹。」《淮南子・要略》說墨家「學儒者之業，受孔子之術，以爲其禮煩而不說，

舜更偉大更久遠的黃帝，以至於黃帝在先王之中，雖為後出，地位、勢力卻最龐大。〔註14〕《史記》記載李斯初入秦國，對秦王說：

夫以秦之彊，大王之賢，由竈上騷除，足以滅諸侯，成帝業，為天下一統，此萬世之一時也。今怠而不急就，諸侯復彊，相聚約從，雖有黃帝之賢，不能并也。〔註15〕

李斯認為兼併天下的時機來到了，失去了這個機會，雖有黃帝的賢能，也無法做到。李斯在一統天下的大問題上舉出黃帝為例，恰代表黃帝在時人心中的地位。

司馬遷說各家所說的黃帝，「其言不雅馴，薦紳先生難言之」；〔註16〕揚雄（公元前53～18年）說黃帝的事蹟完全出於依託，〔註17〕這是看清諸子競相吹捧的結果。《淮南子・修務》說：

世俗之人多尊古而賤今，故為道必托之神農、黃帝而後能入說。亂世闇主，高遠其所從來，因而貴之。〔註18〕

就是感於戰國是託古的時代而發。當時掛名黃帝的著作相當多，據《漢書・藝文志》著錄，黃帝書分布極廣，包括道家四種：《黃帝四經》四篇、《黃帝

厚葬靡財而貧民，久服傷生而害事。故背周道而用夏政。禹之時，天下大水，禹身執虆垂以為民先，剔河而道九岐，鑿江而通九路，辟五湖而定東海。當此之時，燒不暇撌，濡不給扢，死陵者葬陵，死澤者葬澤。故節財薄葬閑服生焉。」即以夏禹為效法對象。

〔註14〕 堯、舜、禹的事蹟在《尚書》中已有記載。而黃帝較早出現則在《左傳》，例如僖公二十五年記「遇黃帝戰於阪泉之兆」；昭公十七年記「黃帝氏以雲紀官」。黃帝真正在歷史系統佔有一席之位，可能在「陳侯因齊錞」中銘文有「高祖黃帝，邇嗣桓文。」齊國威王將黃帝視為遠祖開始（銘文考釋請參徐中舒〈陳侯四器考釋〉、丁山〈陳侯因齊錞銘黃帝論五帝〉，均見《中央研究院歷史語言所集刊》第三本第四分）。同時在《史記・孟子荀卿列傳》記載鄒衍的五德終始說：「其語閎大不經，必先驗小物，推而大之，至於無垠。先序今以上至黃帝，學者所共術，大并世盛衰。」這是說明鄒衍的五德終始，以黃帝為開始，換句話說中國的歷史從黃帝開始，而且得到學者的共認。由此大致可知，黃帝的勢力從戰國中期開始逐漸膨脹，所以到了西漢司馬遷寫《史記・五帝本紀》就以黃帝為首，置於堯、舜之先。

〔註15〕 《史記・李斯列傳第二十七》，卷八十七，頁2540。

〔註16〕 《史記・五帝本紀第一》，卷一，頁46。

〔註17〕 胡漸逵校點《法言・重黎》，百子全書本，頁721，長沙：岳麓書社，1994年9月第二刷。

〔註18〕 張雙棣《淮南子校釋・修務》，卷第十九，頁2008，北京：北京大學出版社，1997年8月第一刷。

銘》六篇、《黃帝君臣》十篇、《雜黃帝》五十八篇；陰陽家一種：《黃帝泰素》二十篇；小說家一種：《黃帝說》四十篇；兵陰陽一種：《黃帝》十六篇；天文一種：《黃帝雜子氣》三十三篇；曆譜一種：《黃帝五家曆》三十三卷；五行一種：《黃帝陰陽》二十五卷；雜占一種：《黃帝長柳占夢》十一卷；醫經二種：《黃帝內經》十八卷、《黃帝外經》三十七卷；經方一種：《泰始黃帝扁鵲俞拊方》二十三卷；房中一種：《黃帝三王養陽方》二十卷；神仙四種：《黃帝雜子步引》十二卷、《黃帝岐伯按摩》十卷、《黃帝雜子芝菌》十八卷，共十二類十九種之多，這些著作全都亡佚，內容已無法得知。不過由此可看出託言黃帝的分布情形，其中的儒、墨並未見依託黃帝立言的著作。

　　依託黃帝而立言的著作分布廣闊，但是為何惟獨與老子合稱為黃老而不與它家合一，〔註19〕如與孔子合為「黃孔」，與墨子合為「黃墨」？有學者曾主張由於戰國齊地統治者尊黃帝為高祖，故培植昌盛於齊的黃老之學亦假黃帝之名。〔註20〕這種說法是田氏篡齊之後改宗，為了讓自己成為名正言順的合法政權，所採取的文化政策，這完全是著眼於現實政治的考量。此意見不能說沒有說服力，但應該進一步瞭解，先秦諸子各家並未有以統治者的始祖為學派之稱的例子，所依託者全因思想宗旨上的聯繫。換句話說，既然黃帝老子連稱，除了政治因素之外，彼此更重要的應該是在思想上有某種程度的關係，猶如周孔、孟荀或老莊、申韓並稱，皆著眼於此。《老子》在《漢書・藝文志》屬道家類，則黃老之《黃帝》當只指道家類所著錄者，而且與《老子》思想有共通之處。〔註21〕《漢書・藝文志》道家類黃帝書著錄計四種七十八篇。班固在《黃帝君臣》下自注曰：「起六國時，與《老子》相似也。」蒙文通說是統《四經》、《六

〔註19〕勞思光認為何以要託名黃帝而使「黃老」連在一起，是極為難解的問題。若是泛談，則顧頡剛在《古史辨》中所提出的古史由後人層層造成的說法，或可提供表面的解答。因為正如顧氏所指出，戰國各家託古是愈晚出者所託名的古人愈早。但是黃帝為姬姓民族的神話人物，屬於華夏集團；其後裔周人創造了古北方傳統的文化，與古南方傳統長期分立。老子思想屬古南方傳統，所以最初何以將老子學說的一個分支與黃帝相連，卻是極難解的事。勉強可以提出解釋是：此種文件造出之時，南北傳統對立的意識已經消失；換言之，「黃老」連在一起，是很晚的事。稷下各學派已有「黃老」之說。（參見《華梵人文思想專輯・帛書資料與黃老研究》，頁 10）

〔註20〕郭沫若《十批判書・稷下黃老學派的批判》，頁 157，北京：東方出版社，1996年 9 月第二刷。

〔註21〕王曉波〈漢初的黃老之治與法家思想〉，《食貨月刊》十一卷十期，1982 年 2月。

銘》言之，〔註22〕可見黃帝書的內容，與《老子》相近。這就表明與老子並稱黃老，合流是有思想基礎，非出於偶然。夏曾佑（公元 1865～1924 年）曾指出黃老起於文、景之際，其時必有以《黃帝》、《老子》之書合而成一學說的。學既盛行，謂之黃老，日久習慣，成為名辭。〔註23〕其說從一九七三年長沙馬王堆三號漢墓出土的黃老帛書可以得到證明，也更清楚了司馬遷《史記》數言黃老，不是主觀的臆說，而是對於當時學術界客觀的描述。可惜道家黃帝一系的代表作不傳於世，才使得兩千年來對此不甚清楚，而西漢時期流行的黃老思想也不明其真象，所以凡論述黃老思想的，都以《老子》之學加以解釋，卻不知差之毫釐，則謬以千里。

以黃老帛書為基準點，進行黃老思想研究，黃老思想屬道家。〔註24〕但對於所指為何種學說，有兩種意見，一是指黃帝、老子的思想，二者判然分別，黃歸黃，老歸老；另一則是黃老既不同於黃，也不同於老，是一種嶄新的學說。

前者主張黃學與老學屬於兩個不同的流派，這個問題在先秦時代是分的很清楚的。但到了漢代則為之一變，《史記》首倡「黃老」，將黃老混同在一起。致使後世學者步趨漢人之後，黃老並提，不加分辨，以為當然。〔註25〕而且「黃老」這個名稱，其實是很不科學的，正確名稱應該稱為《黃帝》或「黃學」。〔註26〕此種說法，雖有理據，卻很難成立。原因之一，從《漢書‧

〔註22〕《古學甄微‧楊朱學派考》，頁 256，成都：巴蜀書社，1987 年 7 月第一版。

〔註23〕夏曾佑《中國歷史‧黃老之疑義》，收錄於《中國學術論著集要》，頁 379，台北：臺灣學生書店輯印，1970 年 7 月。

〔註24〕最早提出屬於法家觀點的是唐蘭，他認為從內容來看，四篇是一本書。從思想方法上說，大體上是繼承《老子》而加以發揮的。《老子》屬於道家，但這本書實際上是法家。（〈馬王堆出土《老子》乙本卷前古佚書的研究〉，《考古學報》1975 年第 1 期）稍後中國大陸由於文革期間的政治目的，宣傳成法家的流派外，如上海市重型機械製造公司工人歷史研究小組撰〈黃老之學是維護封建統治的法家重要流派〉說：「我們認為黃老不是道家，黃老學派產生於戰國中期，是新興地主階級改造和吸收了道家某些思想資料，而形成的一個重要法家流派。」（《文物》1976 年第 3 期）田昌五也認為：「所謂黃老思想，實則是法家思想的一個流派，黃帝書乃是一種法家書。它批判地繼承了《老子》思想，積極地加以改造，發展而成為法家體系。」（〈再談黃老思想和法家路線──讀長沙馬王堆三號漢墓出土帛書札記之二〉，《文物》1976 年第 4 期）除此之外，學術界較一致認為屬於道家作品，關於此說，以下有論。

〔註25〕余明光《黃帝四經與黃老思想》，頁 158，黑龍江人民出版社，1989 年 8 月第一刷。

〔註26〕余明光〈黃老思想初探〉，《中國哲學史》1985 年第 5 期。

藝文志》著錄的黃帝書，看不出黃帝之學的獨特性格，只看到諸子百家托言
黃帝的盛況，黃帝依附於各家，千種面目，各具不同。今人李零說黃帝書不
是一種書，而是一類書，其主體是數術方技，〔註 27〕而判斷能否成「學」的
基本條件，端看其思想是否成一嚴密而完整的體系，顯然這一方面是欠缺的。
原因之二則是，從公認的黃老帛書內容來看，四篇當中，《十六經》以《老子》
思想爲基礎，託言黃帝，可視爲黃學之作，但另外三篇《道原》、《經法》、《稱》，
與《十六經》明顯爲同一類的著作，但並未稱黃帝，是否這些著作也屬黃學？
不無疑義。因此如欲立「黃學」實質上有困難之處。而且，此種以黃統攝由
老發展出的學問，一味歸諸於黃，亦有失偏頗，不若以黃老合稱來的恰當。

　　至於後者的說法，是符合實際情形，這一點可從黃老帛書印證的。〔註 28〕
基本上，四篇黃老帛書屬同一類著作，其中有託黃帝而立言，也有未託黃帝
而立言，共同特徵是這四篇的重要觀念皆從《老子》來，另外吸收了它家的
思想，已經不同於《老子》，它是另一種新的思想。據此我們明白黃帝書中老
學爲其主體，換句話說，在形式上有黃帝之名，而內容有老學之實，因此，「黃
老」爲一新說並無不妥。〔註 29〕

〔註27〕李零〈說「黃老」〉，《道家文化研究》第五輯，上海古籍出版社，1994 年 11
　　　　月。
〔註28〕黃老帛書未出現之前，楊向奎就已說黃老學派既不同於《莊子》，也不完全同
　　　　於《老子》，而是在新基礎上改變了《老子》（〈論西漢新儒家的產生〉），原載
　　　　《文史哲》1955 年 9 月號；另見收錄於《中國古代哲學論叢》，台北：帛書出
　　　　版社，1985 年 7 月）。如吳光《黃老之學通論》：「司馬遷心目中的『黃老』，
　　　　已不僅是黃帝與老子兩個人名的並列，而是一種有別於老子之學的新學說──
　　　　──『黃老之學』的稱謂了。」（頁 110，浙江人民出版社，1985 年）
〔註29〕顧實《漢書藝文志講疏・諸子略・道家類》在《黃帝四經》四篇下注說：「《隋
　　　　志》曰：『漢時諸子道書之流，有三十七家，大旨皆去健羨，處沖虛而已。其
　　　　《黃帝》四篇、《老子》二篇，最得深旨。』蓋懸揣之談。《黃帝四經》，《隋
　　　　志》已不著錄也。《王氏考證》引《史記正義》曰：『黃帝道書十卷』，未審其
　　　　詳。《史記》稱黃老言，稱黃帝老子言，無慮各數見。先黃帝而後老子者，宜
　　　　也。《班志》乃抑黃帝於老子之後，蓋本二劉。或謂谷神一章，《列子》引作
　　　　《黃帝書》，《黃帝書》正襲《老子》，故二劉校書抑之耳。然此正倒見，老子
　　　　襲《黃帝書》則可耳。《金人銘》一首，讀於孔子，是亦豈襲《老子》者哉。
　　　　大抵漢氏百年之大計在尊儒，故抑黃老。而黃帝之文，質勝而野，猶不若老
　　　　子之辭簡意遠，故更抑置於後矣。今《黃帝書》雖亡，凡見引於《韓非》、《呂
　　　　覽》、《貫子》、《淮南》、《僞列子》、《僞文子》、《六韜》、《漢書》等書者，率
　　　　多透宗之警語，不愧道家之鼻祖。」（頁 128～129，台北：廣文書局，1980
　　　　年 12 月臺二版）依顧氏之說，黃帝學說遠在老子之前業已形成，黃老思想以

　　如果再從傳世的典籍來觀察，更可加強這個論點。黃帝書或黃帝言雖已亡佚，但尚有隻字片語存於先秦兩漢的著作中，內容廣涉各家。其中以道家言為大宗，〔註30〕也符合《漢書・藝文志》依託黃帝立言以道家類書籍最多，說明黃帝與《老子》合一的客觀事實。《莊子》一書記載黃帝事蹟相當多，其中在〈知北游〉這一篇，知北游問「道」，黃帝回答說：「無思無慮始知道，無處無服始安道，無從無道始得道。」又認為「聖人行不言之教」，並引《老子》三十八章：「失道而後德，失德而後仁，失仁而後義，失義而後禮。禮者，道之華而亂之首也。」以及四十八章：「為道者日損，損之又損以至於無為，無為而無不為也」〔註31〕作說明，最能夠看出黃帝與《老子》關係密切。

　　至於明確引黃帝書屬道家言的，今能見的首推《呂氏春秋》：〔註32〕

　　　《黃帝》言曰：聲禁重，色禁重，衣禁重，香禁重，味禁重，室禁重。〔註33〕

　　　《黃帝》曰：帝無常處也，有處者乃無處也。〔註34〕

黃帝思想為核心。顧氏之說，可以商榷。老子曾任周守藏史，掌管歷代圖籍，嫻熟各朝成敗禍福。毫無疑問的，其思想必然前有所承，但說所承為黃帝思想，則恐是臆斷之辭。張舜徽說：「言道論之必託本於黃帝，猶治本草之必推始神農耳。黃老並稱，為時已久。學者習焉不察，遂以黃帝為道家之祖，目為無所不知、無所不能之神聖人物。因之述道德之意以為書者，遂託名黃帝也。即使漢世果有其書，亦必出六國時人之手。」（《漢書藝文志通釋》，頁144，湖北教育出版社，1990年3月第一刷）黃帝思想當是諸子託古之後的產物，亦不能早於老子。

〔註30〕除以下所引與道家相關，另外屬它家者，如《韓非子・揚榷》：「上下一日百戰，下匿其私，以試其上，上操度量，以割其下。」《尉繚子・天官》：「先鬼先神，先稽我智，謂之天官人事而已。」《呂氏春秋・應同》：「土氣勝，故其色尚黃，其事則土。」《新書・宗首》：「日中必彗，操刀必割。」《漢書・胡建傳》引李法黃帝語：「壁壘已定，穿窬不繇路，是謂姦人，姦人者殺。」其它又如漢代的緯書，亦多依託黃帝之書。如《易緯》引《黃帝本經》：「紫著之下，五龍十朋，伏隱，天生靈蓍，聖人採之，而用四十九，運天地之數，萬源之由也。」

〔註31〕郭慶藩編、王孝魚整理《莊子集釋・知北游第二十二》，卷七下，頁731，台北：群玉堂出版公司，1991年10月初。

〔註32〕蒙文通說：「群書微黃帝之言者，莫先於《呂覽》」，「則黃帝之書僅出《呂覽》之先，尚在《老子》成書之後也。」由此也可看出《黃帝書》晚出。（《中國哲學思想探源・楊朱學派考》，頁366。）

〔註33〕王利器《呂氏春秋注疏・去私》，卷第一，頁126～128，成都：巴蜀書社，2002年1月第一刷。

〔註34〕《呂氏春秋注疏・圜道》，卷第三，頁363。

《黃帝》曰：芒芒昧昧，因天之威，與元同氣。〔註 35〕

《黃帝》曰：屬女德而弗忘，與女正而弗衰，雖惡奚傷？〔註 36〕

若夫道德則不然，無訏無訛，一龍一蛇，與時俱化，而無肯專爲，一上一下，以禾爲量，而浮游乎萬物之祖，物物而不物於物，則胡可得而累，此神農、黃帝之法。〔註 37〕

這種「去甚去奢」，完全與今《老子》相合；「道德」有無所不能的特性，也與《老子》論道德相類。這是以老子的形象塑造黃帝的傾向。

又賈誼《新書》說：

道若川谷之水，其出無已，其行無止。〔註 38〕

以水喻道，《老子》亦用水喻道，表明黃帝與老子有所牽連。

又《六韜》說：

一者階於道，機於神。〔註 39〕

又劉向《說苑·敬慎》載有〈金人銘〉，也見錄於《孔子家語·觀周》。王應麟（公元 1223～1296 年）《漢書·藝文志》考證說：「《皇覽》記《陰謀》言黃帝金人器銘，《金人銘》蓋六篇之一也。」嚴可均（公元 1762～1843 年）亦定爲六銘之一。〔註 40〕文曰：

古之愼言人也，戒之哉！戒之哉！無多言，多口多敗；無多事，多事多患。安樂必戒，無行所悔。勿謂何傷，其禍將長。勿謂何害，其禍將大。勿謂何殘，其禍將然。勿謂莫聞，天妖伺人。熒熒不滅，炎炎奈何！涓涓不壅，將成江河！綿綿不絕，將成網羅；青青不伐，將尋柯斧，誠不能愼之，禍之根也。曰是何傷，禍之門也。彊梁者不得其死；好勝者必遇其敵。盜怨主人；民害其貴。君子知天下之不可蓋也，故後之下之，使人慕之。執雌持下，人莫與之爭者。人

〔註 35〕 《呂氏春秋注疏·應同》，第十三，頁 1288。此引文亦見於《淮南子·謬稱》、〈泰族〉、《文子·符言》、〈上仁〉。

〔註 36〕 《呂氏春秋注疏·遇合》，卷第十四，頁 1557。

〔註 37〕 《呂氏春秋注疏·必己》，卷第十四，頁 1579～1581。

〔註 38〕 嚴振益、鍾夏《新書校注·修政語上》，卷第九，頁 359，北京：中華書局，2000 年 7 月第一刷。

〔註 39〕 呂望撰，曾德明校點《六韜·文韜·兵道第十二》，百子全書本，卷一，頁 1091，長沙：岳麓書社，1994 年 9 月第二刷。

〔註 40〕 《全上古三代秦漢三國六朝文·全上古三代文·卷一·黃帝》，頁 10，北京：中華書局影光緒黃崗王毓藻刻本，1995 年 11 月第六刷。

皆趨彼，我獨守此。人皆惑惑，我獨不從。內藏我智，不與人論技。
我雖尊高，人莫害我。夫江河長百谷者，以其卑下也。天道無親，
常與善人。戒之哉！戒之哉！〔註41〕

這完全把《老子》學說，改頭換面，雜錯起來。

又《大戴禮記》記周武王問黃帝顓頊之道，太公答以道書之言說：

敬勝怠者吉，怠勝敬者滅；義勝欲者從，欲勝義者凶。凡事不彊則
枉，弗敬則不正，枉者滅廢，敬者萬世。〔註42〕

又宋羅泌《路史》載黃帝巾几銘，嚴可均云：「後漢朱穆傳注，黃帝作巾机之
法，即此《漢志》道家有《黃帝銘》六篇。」〔註43〕文曰：

毋翕弱，毋佩德，毋違同，毋教禮，毋謀非德，毋犯非義。〔註44〕

又《列子》引《黃帝》說：

谷神不死，是爲玄牝，玄牝之門，是謂天地根，綿綿若存，用之不
存。〔註45〕

形動不生形而生影，聲動不生聲而生響，無動不生無而生有。〔註46〕

精神入其門，骨骸反其根，我尚何存？〔註47〕

至人居若死，動若械。〔註48〕

這四段引文，「谷神不死」是《老子》第六章文句，把《老子》視爲《黃帝》
之說。其它三段，莫不講有之爲有，恃無以生；至人達無心之舉，一切任其
自然，故若死若械，這也都是《老子》之旨。

還有一個問題，那就是以《老子》爲主體，託黃帝而立言，固無疑義可
稱黃老，但如未託言黃帝，而性質相近的典籍可否視爲一同呢？答案是肯定

〔註41〕陳守凡校點《說苑·敬慎》，百子全書本，卷十，頁620，長沙：岳麓書社，
　　　　1994年9月第二刷。
〔註42〕王聘珍撰、王文錦點校《大戴禮記解詁·武王踐阼第五十九》，卷六，頁104，
　　　　北京：中華書局，1992年1月第三刷。
〔註43〕《全上古三代秦漢三國六朝文·全上古三代文·卷一·黃帝》，頁10。
〔註44〕《路史·後紀五·疏仡紀第十·黃帝》，頁9，台北：中華書局四部備要本，
　　　　1966年3月台一版。
〔註45〕楊伯峻《列子集釋·天瑞》，卷第一，頁3～4，北京：中華書局，1997年10
　　　　月第五刷。
〔註46〕《列子集釋·天瑞》，卷第一，頁18。
〔註47〕《列子集釋·天瑞》，卷第一，頁21。
〔註48〕《列子集釋·力命》，卷第六，頁207。

的。因為黃帝老子合流，剛開始可能道家學者拿黃帝作招牌，方便推銷自己的學說，日子一久，大家習以為常，學者不必將黃帝成日掛在嘴上。這期間，以《老子》為主體的思想逐漸變化，如強調《老子》某些觀念並將之深化或轉化，以及吸收《老子》以外的思想，而這些變化，大可將之歸於所謂黃帝的思想。黃老思想於是形成。因此，未託言黃帝的著作，亦可作為黃老思想的典籍。近年許多學者公認先秦一些黃老篇章，卻未見依託黃帝之名，如《管子》四篇、《文子》等，就可知悉。

綜合以上所說，黃老雖然是黃帝、《老子》學說的合稱，但並不單純等於黃帝或《老子》的學說，它既涵攝《老子》之學也涵攝黃帝之學，而其中的黃帝之學只能是道家一系的，更重要的，黃老學說是建立在《老子》思想的基礎上的一種學說，這是本文討論的對象。

二、黃老與道家

眾所皆知，先秦學術，本不分學派，當時僅以家學或某氏之學的形態流傳，即多提某某子，舉人而不分家數，至多只提到儒、墨，或將某幾子並提，以示歸類。從《莊子・天下》、《尸子・廣澤》、《荀子・非十二子》、《荀子・解蔽》、《呂氏春秋・不二》、《韓非子・顯學》即可得知。首先為學術流派定名，系統地劃分歸類，當推司馬談《論六家要指》。司馬談（？～前110年）將先秦學術統歸道、儒、墨、法、陰陽、名六家。而後班固（公元32～92年）《漢書・藝文志》依據劉向（公元前77～前6年）、歆（？～公元23年）的說法在六家外增縱橫、農、雜、小說四家為十家。可以說不管是六家或十家，皆是漢朝人整理、分類的結果，代表漢朝人眼中的學術觀念。道家當然也不例外，尤其先秦道家並沒有自覺提出宗派或是成為學術集團的意識，但不能說它不存在。

「道家」之稱首見於《史記》，是「道德家」的簡稱，這是毫無疑義的。但它所涵攝的範圍如何，與黃老的關係如何呢？在黃老帛書尚未出土之前，道家類書籍不是散佚，就是被認為偽書，司馬遷又明白指出莊周是傳述老子思想的一個重要人物，於是《老子》、《莊子》乃成為先秦道家的代表，甚至是先秦道家的全部，致使學者大都以《老子》、《莊子》作判別。其中即使覺得所論與《莊子》有極大差異，將之排除在外，而以《老子》為標準，仍與《史記》中《論六家要指》有段距離。帛書出土之後，大多數的學者才看清司馬談《論六家要指》中的道家並不是老、莊式的思想，而是如馬王堆黃老

帛書式的，也認爲班固《漢書·藝文志》中的道家也是黃老。這樣的理解是
有見地的，卻未盡實情。個人認爲《史記》中的道家與《漢書·藝文志》的
道家應該有所區別。

我們看《史記》中的道家，司馬談《論六家要指》說：

> 道家使人精神專一，動合無形，贍足萬物。其爲術也，因陰陽之大
> 順，采儒墨之善，撮名法之要，與時遷移，應物變化，立俗施事，
> 無所不宜。指約而易操，事少而功多。

> 道家無爲，又曰無不爲。其實易行，其辭難知，其術以虛無爲本，
> 以因循爲用，無成勢，無常形，故能究萬物之情。不爲物先，不爲
> 物後，故能爲萬物主。有法無法，因時爲業；有度無度，因物與合。
> 故曰聖人不朽，時變是守。虛者道之常也，因者君之綱也，群臣並
> 至，使各自明也。其實中其聲者謂之端，實不中其聲者謂之窾，窾
> 言不聽，姦乃不生，賢不肖自分，黑白乃形。在所欲用耳，何事不
> 成，乃合大道，混混冥冥，光耀天下，復反無名。凡人所生者神也，
> 所託者形也，神大用則竭，形大勞則敝，形神離則死，死者不可復
> 生，離者不可復反，故聖人重之。由是觀之，神者生之本也，形者
> 生之具也。不先定其神，而我有以治天下，何由哉！〔註49〕

這一段描述道家的思想特徵，有幾個重點：一是道家兼綜各家思想的優點，
不偏執一端，成了一種超越任何思想的思想。二是黃老思想是一種術，一種
君術。三是雖然強調君術，然而實施此術之主體是人，因此要注重個人修養，
強調神形一體。這三點之中，第二、第三點與《老子》、《莊子》容有關涉，
但《老子》、《莊子》絕非儒、墨、名、法、陰陽各家集大成者，司馬談此處
所指之「道家」，顯然不是《老子》或《莊子》，〔註50〕而是如徐復觀所說：「漢
初所承記的戰國中期以後的道家思想，乃屬於黃老並稱的這一系。」〔註51〕

另外還有一些證據可說明《史記》中的道家。《史記·魏其武安侯列傳》：

> （竇）太后好黃老之言，而魏其、武安、趙綰、王臧等務隆推儒術，
> 貶道家言，是以竇太后滋不悅魏其等。〔註52〕

〔註49〕《史記·太史公自序第七十》，卷一百三十，頁3289，3292。
〔註50〕黃老思想的理論內容，請參見本章第四節「黃老的核心理論」。
〔註51〕徐復觀《兩漢思想史卷二》，頁184，台北：臺灣學生書局，1989年9月第四刷。
〔註52〕《史記·魏其武安侯列傳第四十七》，卷一百七，頁2843。

這裡所說的「黃老」與「道家」應是同義詞。又《史記‧陳丞相世家》陳平
（？～前 178 年）說：

> 我多陰謀，是道家之所禁。〔註53〕

道家禁陰謀不見它書，黃老帛書《十六經‧順道》卻有「不陰謀」的說法，《十
六經‧守行》有「陰謀不祥」的句子，可見陳平所謂「道家」，正是《經法》一
類的；又《史記‧齊悼惠王世家》召平說：「當斷不斷，反受其亂。」〔註54〕
明白指出是道家語，此語不見於《老子》或《莊子》，卻見於《十六經‧觀》，
亦可以為佐證。另外，司馬遷對於老子與黃老也分的相當清楚，司馬遷說莊周
「其要本於老子之言」，以莊周之學歸本於老子而不說黃老或道家；而對於慎到
說「學黃老道德之術」；於韓非說其學「歸本於黃老」，可見老與黃老有所區別，
道家並非純指老子，更非莊子。另一個證據，《漢書‧司馬遷傳》說：

> 又其是非頗繆於聖人，論大道則先黃老而後六經。〔註55〕

這句話主要針對司馬談《論六家要指》論道德家的評語。《論六家要指》對於
《老子》這一系稱為道家，班固則改名為「黃老」，這絕非偶然，應是班固意
識到《史記》中的道家也是黃老一派的道家。因此，我們可以說，《史記》的
「黃老」等同於「道家」，二者無所分別。

至於《漢書‧藝文志》的道家觀念，班固說：

> 道家者流，蓋出於史官，歷記成敗存亡禍福古今之道，然後知秉要
> 執本，清虛以自守，卑弱以自持，此君人南面之術也。合於堯之克
> 攘，易之嗛嗛，一謙而四益，此其所長也。及放者為之，則欲絕去
> 禮學，兼棄仁義。曰獨任清虛可以為治。〔註56〕

積極進取的南面之術是黃老的特徵，但黃老並未有放者去禮學仁義的觀點，
這倒是《莊子》再三強調的。莊子把出仕視若牢籠，並認為仁義禮學只會讓
社會更加擾亂而已。由此可以了解班固的道家範圍遠比黃老來的廣。

再看《漢書‧藝文志》著錄的道家類書籍更可清楚看到實際不是黃老能
夠盡括的。《漢書‧藝文志》著錄的道家著作計三十七家，九百九十三篇。很
清楚分成幾個系統：《伊尹》、《太公》、《辛甲》、《鬻子》、《管子》等託名輔弼

〔註53〕《史記‧陳丞相世家第二十六》，卷五十六，頁 2062。
〔註54〕《史記‧齊悼惠王世家第二十二》，卷五十二，頁 2001。
〔註55〕班固撰，顏師古注《漢書‧司馬遷傳第三十二》，卷六十二，頁 2737～2738，
　　　　北京：中華書局點校本，1997 年 6 月第十刷。
〔註56〕《漢書‧藝文志第十》，卷三十，頁 1732。

名臣的著作爲一系；《老子鄰氏經傳》以下，《文子》、《蜎子》、《關尹子》、《莊子》、《列子》等爲一系；以《黃帝四經》爲首，包括《黃帝銘》、《黃帝君臣》、《雜黃帝》、《力牧》等又是一系。它們雖盡列於道家，彼此的理論僅在道論這大範圍相同，其餘並不是同一的，而是有相當的差異性，黃老只是其中的一部份。

可以這麼說，《漢書・藝文志》中的道家，遠比黃老的範圍更爲寬闊，道家可含括黃老，是一個大共名，黃老不能代表整個道家，它是道家之中的一分子。而黃老之學不全是老莊的原始道家，這也是可以確定。莊子與黃老雖然都以老學爲根基，但各自表現了不同的思想特點和趨向。黃老不同於原來早期道家思想，是道家演變過程中分化出來的思想。〔註57〕

三、黃老與道法家

近年來，許多學者有一種意見，認爲黃老之學是道家和法家的統一，〔註58〕或是黃老之學是一個比老子道家積極、比韓非法家平穩的獨具特色的思想體系，〔註59〕或是黃老是溫和的法家，而法家是激進的黃老，〔註60〕黃老是所謂的「道法家」或「法道家」。〔註61〕

〔註57〕 許多學者都已看清黃老是司馬談的道家，爲了區別與傳統對於道家的認知，各人依據不同的立足點，提出一些相應的名詞。如熊鐵基主張黃老異於老莊那樣的道家，故應稱之曰「新道家」。（〈從《呂氏春秋》到《淮南子》—論秦漢之際的新道家〉，《文史哲》1981年第2期）另外，許抗生（《帛書老子註譯與研究》，頁199，浙江人民出版社，1982年2月第一版）、吳光（〈《鶡冠子》非僞書辨〉，《古書考辨集》，頁64，台北：允晨出版社，1989年12月）、黃釗（《道家思想史綱》，頁148，湖南師範大學出版社，1991年7月第一刷）、田昌五、安作彰（《秦漢史》，頁492，北京：人民出版社，1993年8月第一刷），也用「新道家」、「黃老新道家」、「新老學」之名。鍾肇鵬則認爲從《老子》與佚書成書的歷史關係，認爲「黃老」應該說是「老黃」。（〈黃老帛書的哲學思想〉，《文物》1987年第2期）個人認爲名是約定俗成的關係，黃老之稱對於此種思想特性可說名實相符，故大可不必再立新詞。

〔註58〕 馮友蘭《中國哲學史新編》（第二冊），頁210，台北：藍燈文化事業公司，1991年12月初版。

〔註59〕 江榮海〈慎到應是黃老思想家——兼論黃老思想與老子、韓非的區別〉，《北京大學學報》，1989年第1期。

〔註60〕 王曉波〈漢初的黃老之治與法家思想〉，《食貨月刊》十一卷十期，1982年1月。

〔註61〕 「道法家」之說最早由裘錫圭提出，附和者不乏其人。（見〈馬王堆老子甲乙本卷前後佚書與道法家——兼論心術上、白心爲慎到田駢學派作品〉，《中

　　黃老會被稱爲「道法家」或「法道家」，導因於黃老帛書中道法爲主體，《經法》開宗明義就闡明道法的關係，繼而法家刑名觀念在文中極受重視，《史記》中許多法術刑名之士，如申不害、愼到、韓非，或學黃老，或歸本於黃老，莫不與黃老道德牽扯上關係；加上漢初運用黃老術在政治上，諸多政治作爲帶有濃濃的法家氣味，遂有此意見。然而純就學術發展的立場，道法並不足以代表整個黃老思想，之所以特別突出這種傾向，實出於政治的選擇，成爲主流思想罷了。秦統一中國，以法爲教，漢承秦制，亦以法爲據，只是秦行苛法，人民無片刻喘息的機會，漢鑑於教訓，採取黃老柔術以消弭法家剛硬氣息，終獲大治。學者僅看到表面，而未從整個黃老思想發展的宏觀角度來看，方生此論。今人丁原明說：

> 根據馬王堆出土的《黃老帛書》的内容，而斷定黃老學是道、法結合，甚至認爲黃老學就是道法家。這種説法，實際上是以特定發展階段的黃老學去規定整個黃老學，是把黃老學的歷時性存在狀態當作黃老學的結構完整體。〔註62〕

劉榮賢也說：

> 今人研究黃老思想固有多方面的材料，然此諸多材料所表現出來的黃老思想面貌卻多有不同，可知所謂「黃老」並非如儒、墨、老、莊等是一家之言，而是戰國後期因政治格局之改變迫在眉睫，一於現實政治之需要，將思想與政治統合爲一所展現出來之學術潮流。
>
> 「黃老」其實是一股學術潮流。〔註63〕

黃老是一種思潮，學術現象，它們彼此雖有一個共同的傾向，這並不表示這種傾向成爲一個完整體系，即使成爲一個體系，也可能是粗糙、雜亂，甚至有矛盾現象。例如近年出土的竹簡《文子》，是研究黃老思想的另一重要資料，其中並未有法家氣息，而是帶有濃厚的儒家傾向，即可證明。〔註64〕因此黃老即是道法家這只是反映黃老之學的一個側面，並不足以涵括整個黃老之學的面相。否則黃老有兼綜的特色，各具面貌，則可以隨意冠以「道儒家」、「道陰陽家」等等名目，徒增困擾。

　　哲學》1980 年第 2 期）後來，趙雅博又提出「法道家」之名來論黃老思想。（〈秦漢之際的黃老學派思想〉，《中國國學》第 20 期，1992 年 11 月）

〔註62〕《黃老學論綱》，頁 25，濟南：山東大學出版社，1997 年 12 月第一版。

〔註63〕〈莊子外雜篇中的黃老思想〉，《中山人文學報》第九期。

〔註64〕此可參拙著《文子研究》一文，高雄：國立中山大學碩士論文，1997 年 6 月。

四、黃老與雜家

　　另一個黃老即是雜家之說，同樣困擾著許多研究者。此說的形成有一定的歷史，導因於司馬談《論六家要指》將先秦學術分爲六家，其中對道家說：「其爲術也，因陰陽之大順，采儒、墨之善，撮名、法之要，與時遷移，應物變化，立俗施事，無所不宜。」班固《漢書‧藝文志》在司馬談原先的基礎上增列四家，其中有雜家，而雜家是「兼儒、墨，合名、法，知國體之有此，見王治之無不貫」。兩相對照，道家與雜家描述的文辭相類之處甚多，所界定的思想相近，都是融合各家之術爲最大的共同點。

　　此論一出，引起後世學者許多解釋。遠者如《隋書‧經籍志》說：

　　　雜者，兼儒、墨之道，通眾家之意，以見王者之化，無所不貫者也。古者，司史歷記前言往行，禍福存亡之道。然則雜者，蓋出於史官之職也。放者爲之，不求其本，材少而多學，言非而博，是以雜錯漫羨，而無所歸指。〔註65〕

明顯將《漢書‧藝文志》中的雜家與道家結合起來作解。近人胡適（公元1890～1962年）說：

　　　「道家」一個名詞，專指那戰國末年以至秦漢之間新起來的「黃老之學」。〔註66〕

又說：

　　　雜家是道家的前身，道家是雜家的新名。漢以前的道家可叫做雜家，漢以後的雜家應叫做道家。〔註67〕

將道家與黃老、雜家等同起來。今人王叔岷（公元1914～　年）也說：

　　　司馬談《論六家要指》，並論及道家與其他五家之關係云：「道家，……其爲術也，因陰陽之大順，采儒、墨之善，撮名、法之要。」是道家兼取陰陽、儒、墨、名、法五家之長。惟此所謂道家，實乃雜家。〔註68〕

一樣是看到《論六家要指》道家與《漢書‧藝文志》雜家有契合之處，故認

〔註65〕 魏徵等《隋書‧志第二十九‧經籍三》，卷三十四，頁1010，北京：中華書局，1987年12月第三刷。
〔註66〕 《中國中古思想史長編》，頁25，上海：華東師範大學出版社，1997年3月第2刷。
〔註67〕 《中國中古思想史長編》，頁83。
〔註68〕 〈司馬遷與黃老〉，《台大文史哲學報》第三十期，1981年12月。

爲道家即爲雜家。

　　雜家是否司馬談說的道家，是否爲黃老，這應該往兩方面看。

　　第一，從司馬談與班固所說的作比對。《論六家要指》與《漢書・藝文志》所描述的雖有雷同的地方，其實細究之後，仍然有根本的差異。班固只說雜家是「兼儒墨，合名法」，並未說明如何個兼合之法，意味雜家並未有一個最終不易的核心思想。班固又說雜家是「漫羨無所歸心」，正好點出它的最大特色，即是散漫拼湊各家思想而沒有宗旨，無法成爲一個思想體系。〔註69〕反觀《論六家要指》說「其爲術也，因陰陽之大順，采儒、墨之善，撮名、法之要」之後又說「道家無爲」，以「無爲」爲道家最重要的思想綱領，而這「無爲」最後又要「合大道」，即可知「大道」是黃老的根。司馬談說道家「無成勢，無常形」，就是認爲它可兼綜任何的思想，但必須在「無爲」、「大道」之下，各家才能夠得到融合。由這個角度來看，黃老與雜家同是兼綜各家思想，不同的是一個有主體，一個沒有主體。黃老以道家核心思想爲主，即以形上之道爲根本，而雜家並未有特定一家的最終思想爲依據，可以肯定的，黃老並不能等同於雜家。

　　第二，從目錄學的角度看《漢書・藝文志》分雜家是否恰當，該不該立雜家一派來說。班固分諸子爲十家，除了小說家不入流之外，則有九家，而將學術歸納成派，必定有他判別的標準，只是這一個標準，並非一同的。有從思想歸屬上著眼的，如儒、道、墨、法、陰陽等家；有從學者相互論證的論題、學術方法著眼的，如名家；也有從以職業的同屬性質爲著眼的，如縱橫家、農家等。雜家則是不知如何歸屬，純粹是出於一種圖書分類的需要，把反映多種學派意見的綜合性質的一類書歸併在一起的，而既然稱爲「雜」，又沒有一個主軸思想或者內在體系，那麼就很難成家立派。江瑔說：

> 古人著書必抱一定之宗旨，貫澈初終而後足以成一家言。若雜則非
> 家，家則不雜，豈有駁雜不純之學而可以名家者乎。〔註70〕

梁啓超（公元 1873～1928 年）也說：

〔註69〕江瑔認爲「大抵雜家之學，非眾手雜纂，而非成於一人，即集合諸家而不偏於一說。」（參見《讀子厄言・論雜家非駁雜不純》，頁149。）恰能說明雜家並無主體思想。戴君仁主張雜家是身通眾學的，如《隋書・經籍志》所說：「雜者通眾家之意」。許多家湊成一部，是不能成家的，這是有所見的。但他又說班固說「兼儒墨，合名法」而不提道字，正由於雜家是以道家爲本質，而兼儒、墨、名、法的，則是自我作解之言。（參見〈雜家與淮南子〉，收錄於陳新雄、于大成編《淮南子論文集》，台北：西南書局，1979年9月初版）

〔註70〕《讀子厄言・論雜家非駁雜不純》，頁149～150。

既謂之雜，則已不復能成家，「雜家者流」一語，既病其不辭矣。

〔註71〕

並進一步批評班固增列司馬談六家之外數家，是不明辨章學術之理：

> 劉歆《七略》踵談之緒，以此六家置九流之前六，然以通行諸書未
> 能盡攝也，則更立縱橫、雜、農、小說四家以廣之。彼爲目錄學上
> 著錄方便計，原未始不可，若繩以學術上分類之軌則，則殊覺不倫。
> 縱橫爲對人談說之資，絕無哲理上根據以爲之盾，云何可以廁諸道
> 術之林？農爲專技，與兵、醫等。農入九流，則兵、醫何爲見外？
> 若以許行唱並耕論而指爲農，然則墨家「以跂蹻爲服」，亦可指爲「織
> 縷家」耶？至如雜與小說，既不名一家，即不得復以家數論，此又
> 其易見者矣。故《七略》增多家數，雖似細密，實乖別裁，其不逮
> 談也審矣。〔註72〕

梁任公所說縱橫家無哲理上的根據，不當成家。同理，雜家從學術思想的角
度來看，也同樣不存在的。今人牟鍾鑑曾說：「先秦秦漢無雜家，隋唐以下有
雜著而無雜家。」〔註73〕這意見是中肯的。

　　或許有人會認爲，班固不是在雜家下列了一些著作，這些著作正好代表
雜家的思想傾向嗎？藉此以證明雜家的思想就是如同《呂氏春秋》、《淮南子》
等書所顯現出來的特色。其實班固認識並不深刻，以爲這些著作只是像個百
家收納櫃，當中沒有主體思想，而立雜家來容納。《漢書・藝文志》雜家著錄
了《孔甲盤盂》二十六篇、《大禹》三十七篇、《伍子胥》八篇、《子晚子》三
十五篇、《由余》三篇、《尉繚子》二十九篇、《尸子》二十篇、《呂氏春秋》
二十六篇、《淮南內》二十一篇、《淮南外》三十三篇、《東方朔》二十篇、《伯
象先生》一篇、《荊軻論》五篇、《吳子》一篇、《公孫尼》一篇、《博士臣賢
對》一篇、《臣說》三篇、《解子簿書》三十五篇、《推雜書》八十七篇、《雜
家言》一篇，計二十家，四百三篇。今天這些著作大部分亡佚了，僅存《呂
氏春秋》、《淮南內篇》，以及《尉繚子》、《尸子》殘篇。〔註74〕姑且從現存的

〔註71〕《飲冰室專集・漢書藝文志諸子略考釋》，之八十四，頁2，北京：中華書局，
　　　　1989年3月第一刷。
〔註72〕《飲冰室專集・司馬談論六家要旨書後》，之八十二，頁2。
〔註73〕〈呂氏春秋道家說之論證〉，《道家文化研究》第十輯，上海古籍出版社，1996
　　　　年8月第一刷。
〔註74〕此參梁啓超《飲冰室專集・漢書藝文志諸子略考釋》，之八十四，頁38～42。

著作來看，這些的內容確實「龐雜」，但仍有個思想重心，章學誠（公元 1738
～1801 年）批評《尉繚子》、《尸子》、《呂氏春秋》「猥次於雜家」的不當，《淮
南子》「當互見於道家」，〔註 75〕就是看出了其中的缺失。

　　《漢書・藝文志》最大的成就不僅是在目錄學上的意義，更大的功用是
學術上的窮源至委，究其流別，眞正作到辨章學術，考鏡源流的特點。在這
大方向上，班固或是劉向、歆父子對整理、歸納西漢之前的學術貢獻功不可
沒。只是其中並非毫無瑕疵，至少對於諸子的分家存在某些缺失。雜家一派，
可能存有目錄學上的意義，但從思想特點來說，雜家本不應立爲一家，雜家
不成立，則雜家是否道家或黃老，則毋庸再論了。

第三節　黃老的形成

　　思想的形成與時代環境息息相關，先秦諸子學是古代中國社會大變動的
歷史產物。〔註 76〕

〔註 75〕 葉英《校讎通義校注・漢志諸子第十四》，頁 1047～1048，台北：漢京文化事
　　　　業公司，1986 年 9 月。

〔註 76〕 毫無疑問的，春秋戰國的大變局對諸子學興起有決定性的影響，但是諸子學
　　　　的產生是否前有所承？如果有，其淵源在何處呢？《莊子・天下》就認爲諸
　　　　子之學在古時已有了，即所謂的「古之道術有在於是者」，但並未有一個時限，
　　　　也未清楚演變的情況如何。至班固《漢書・藝文志》則明確指出諸子出於王
　　　　官，將每一個學派歸諸某一官。民國以來，胡適撰《諸子不出王官論》，雖然
　　　　極力否認班志說法，但是他在《說儒》一文以爲儒學出於殷士，亦承認諸子
　　　　有明確的淵源。另外一種是劉安《淮南子・要略》起於救時之弊，而不必有
　　　　淵源。今人張舜徽亦云：「余生平論及斯事（指諸子出於王官），守《淮南・
　　　　要略篇》之論，以爲諸子之興，皆因時勢之需要，應運而起，不必有其淵源
　　　　所自也。使徒牽於某家出於某官之說，則不足以明學術發展之因，而莫由推
　　　　演其興替，故其說必不可通。」（見《漢書藝文志通釋》，頁 204）以上二說各
　　　　具其理，但亦各有所偏。一方面我們雖然不甚同意《漢志》出於王官之說，
　　　　固爲每一家學說都不是孤立的，而是整體文化顯現的結果。但我們卻不得不
　　　　承認諸子的學說必有其根，這個根不如說在此之前的文化累積；而諸子的開
　　　　花就必需由時代來激刺，才有燦爛的結果。呂思勉云：「諸子之學之起源，舊
　　　　說有二：一出《漢志》，謂其源皆出於王官。一出《淮南・要略》，謂皆以救
　　　　時之弊。予謂二說皆是也。何則？天下無無根之物：使諸子之學，前無所承，
　　　　周秦之際，時勢雖亟，何能發生如此高深之學術。且何解於諸子之學，各明
　　　　一義，而其根本仍復相同邪？天下亦無無緣之事；使非周秦之時勢有以促成
　　　　之，則古代渾而未分之哲學，何由推衍之于各方面，而成今諸子之學乎。」（參
　　　　見《經子解題・論讀子之法》，頁 84，台北：臺灣商務印書館，1986 年 10 月

　　春秋（公元前 722～前 481 年）之時，周王朝的力量衰微，共主的實質地位喪失，已無法有效的號令諸侯國。因此，大欺小，強凌弱，兼併與略奪的戰爭連接著上演，根據文獻記載，當時齊桓公并國三十五；〔註77〕秦繆（穆）公并國二十；〔註78〕晉獻公并國十七，服國三十八；〔註79〕楚莊王并國二十六；〔註80〕楚文王兼國三十九。〔註81〕由周初八百個封國，到春秋中後期只剩幾十個。進入戰國（公元前 481～前 221 年）時期，〔註82〕相較於春秋時期，形勢更爲險峻，各國攻伐的規模愈來愈大，次數也愈見頻繁。越、魯亡於楚，宋爲齊、魏、楚瓜分，鄭滅於韓，中山亡於趙、魏，幾乎所有的小國滅亡殆盡，〔註83〕只剩秦、齊、楚、燕、韓、趙、魏七國。它們勢均力敵，彼此不能併吞，因而形成七雄對峙的局面。各國在這樣競爭激烈的時代，爲了求生存，不得不在各方面力求突破，而如何處理這亙古未有的變局，卻得需要理論的指導。當時各諸侯王擁有財力與物力，卻不見得有足夠的能力處理這個問題，因而他們急切需要智囊。另一方面，自從春秋以後，貴族階級破壞，官學流入民間，平民有機會接受教育，許多才智之士，無不希望在政治舞臺嶄露頭角，他們周游列國，干謁諸侯，彼此的目標一致，皆爲國家富強而發，但從不同的立場思考解決的方法，馳騁辯說，著書立言，以至於形成百家爭

臺四版）其說甚是公允。

〔註77〕 李滌生《荀子集釋・仲尼第七》，頁 113，台北：臺灣學生書局，1991 年 10月第六刷。

〔註78〕 《史記・李斯列傳第二十七》，卷八十七，頁 2542。

〔註79〕 朱守亮《韓非子釋評・難二第三十七》，頁 1410，台北：五南圖書公司，1992年 9 月初版。

〔註80〕 《韓非子釋評・有度第六》，頁 280。

〔註81〕 《呂氏春秋注疏・直諫》，卷第二十三，頁 2812。

〔註82〕 「先秦」是一個時間概念，是指春秋與戰國時代。一般而言，《春秋》是一部魯國史，起自魯隱公元年至魯哀公二十四年（公元前 722～481 年），治史者以周平王東遷洛邑起，即公元前 770 年到周元王元年，即公元前 481 年止，這段期間稱爲春秋。至於戰國，結束於秦始皇統一六國的公元前 221 年，這是毫無問題的。但是它的開始年代，從來就有許多種說法。有起於魯哀公十四年，即公元前 481 年。宋呂祖謙《大事記》就是從這一年開始的。有起於周元王元年，即公元前 475 年，司馬遷《史記・六國年表》就是從這年開始的。有起於周貞王元年，即公元前 468 年，清林春溥《戰國紀年》是從這一年開始的。有起於韓、趙、魏三國迫使周威烈王承認列爲諸侯之年，即公元前 403 年，宋司馬光《資治通鑑》就是從這年開始的。（楊寬《戰國史・緒論》，頁 3～4，上海人民出版社，1991 年 11 月第八刷）本文採取公元前 481～221 年的說法。

〔註83〕 僅剩衛國最後滅亡。至秦二世廢君角爲庶人，衛乃絕祀。

鳴的局勢，諸子學說就在這樣的潮流下應運而生。

　　中國古代道術是渾一不分的，春秋戰國時期，道術爲天下裂。剛開始各派學說界域清楚，壁壘分明，儒、墨相非，道、法不能並立，爭論十分劇烈，其它各派亦然。即使同一家派也各具不同面貌，互相攻訐。儒分爲八，墨離爲三，就說明了當時的情形。然而，天下一致而百慮，同歸而殊途，諸子之間都可以會通，並行不悖，彼此相反但相成，相滅但相生。尤其戰國中期以後，各家各派之間，相互批判辯論，而又相互影響，爲了適應時勢的發展，諸家的主張都不是絕對對立的，往往個別之「子」兼有幾個家派的特色。到了戰國晚期，這種局面益發明顯，慢慢走向兼容並包的路途。各學派雖打著它們原來固有的招牌，但內部卻有很大的改變。

　　黃老同樣是現實環境的產物，是諸子百家中的成員，爲先秦道家各派中的後起之秀，其學說是建立在《老子》思想的基礎上發展而來的。「黃老」合爲名詞雖然出現很晚，但黃帝與《老子》的理論結合要早的多。根據司馬遷《史記》推源它的來歷，最晚在戰國中期齊國稷下學宮興盛之時，〔註 84〕就已看到一批學黃老的學者。〔註 85〕而且從《史記》將黃老與稷下聯繫，應當

〔註84〕「稷下學宮」是指設置在齊國國都臨淄的稷門之下，故稱之。根據徐幹《中論‧亡國》的說法，稷下學宮創始於齊桓公田午（公元前 374～前 357 年）的時候。經過威王因齊（公元前 356～前 320 年）、宣王辟彊（公元前 319～前 301 年）、湣王地（公元前 300～前 284 年）、襄王法章（公元前 283～前 265 年）、王建（公元前 264～前 221 年）等百餘年經營，成爲先秦時期最重要的帶有政治性質的學術團體。史載齊宣王在位十餘年期間，齊國成爲學者薈萃的中心，是稷下學宮興盛時代。

〔註85〕黃老學說形成的問題，是一個最複雜的問題。黃老學說究竟形成於何時何地，爭辯尚多，目前未能得到很好的解決。就時代言，趙吉惠推定戰國中期以前就已形成（〈關於「黃老之學」、《黃帝四經》產生時代考證〉，《哲學文化》1990年第 12 期）；許抗生（〈略說黃老學派的產生和演變〉，《文史哲》1979 年第 3 期）、劉景泉（〈黃老之學考述〉，《南開史學》1982 年第 1 期）、劉蔚華、苗潤田（〈黃老思想源流〉，《文史哲》1986 年第 1 期）、知水（〈論稷下黃老之學產生的歷史條件〉，《中國哲學史》1988 年第 5 期）、江榮海（〈愼到應是黃老思想家—兼論黃老思想與老子〉，《北京大學學報》1989 年第 1 期）、莊萬壽（〈道家流變史論〉，《師大學報》1990 年第 36 期）等人則主張戰國中期；日人金谷治（〈法思想在先秦的發展〉，《中國文化》第 1 輯，復旦大學出版社，1984年）、吳光《黃老之學通論》，頁 100）等則認爲戰國晚期。就產生地點言，早年的錢穆（《先秦諸子繫年‧宋銒考》，頁 376，台北：東大圖書公司，1990年 9 月再版）、胡適（《中國思想史長編》，頁 25）、郭沫若（《十批判書‧稷下黃老學派的批判》，頁 157）主張黃老學說產生於齊，發育於齊，昌盛於齊。

是二者有密切關聯。根據研究，目前可考姓名的稷下先生有淳于髡、孟軻、彭蒙、宋鈃、尹文、慎到、接子、季眞、田駢、環淵、王斗、兒說、荀況、鄒衍、鄒奭、田巴、魯仲連等十七人，〔註86〕其中宋鈃、尹文、慎到、田駢、接子、環淵所學皆不離黃老道德之術，可見黃老爲稷下學宮的主流思想之一。

目前我們沒有足夠證據說明這些黃老學者們的思想歸趣是到稷下之後才形成的；還是這些人本已學有所成，只是將此種思想引進稷下；或是彼此聚集後互相激盪而形成的。但是由他們活動的情形看來，在幾個方面與黃老的形成相關。

第一是稷下先生他們來自四面八方，不同的地區，足見黃老思想在齊地之外仍有流行。然而當時的稷下聚集了相當多的學者，在學術界居於執牛耳的地位，許多著名的學者或長或短都在臨淄待過，以至於以齊地爲中心，勢力與影響力也最大。況且黃老之稱既然與田齊政權關係密切，更肯定了黃老在齊國的重要地位。另外《史記‧樂毅列傳》還記載一條線索：

> 樂臣公善修黃帝老子之術，顯聞於齊，稱賢師。樂臣公學黃帝老子，其本師號曰河上丈人，不知其所出。河上丈人教安期生，安期生教毛翕公，毛翕公教樂瑕公，樂瑕公教樂臣公，樂臣公教蓋公。蓋公教於齊高密、膠西，爲曹相國師。〔註87〕

日人瀧川資言在《史記會注考證》《史記‧春申君列傳》注中引俞樾的話說：

> 黃歇曰：臣聞物至則反，冬夏是也；致至則危，累棋是也。蔡澤曰：日中則移，月滿則虧，物盛則衰，天地之常數也。趙高曰：秋霜降者花草落，水搖動者萬物作，此皆黃老之說。蓋自河上丈人傳安期生，安期生三傳而至樂臣公，樂臣公傳蓋公，爲曹參師。而田叔亦學黃老於樂臣公，戰國楚漢之際，相傳不絕。漢初黃老，其來者由矣。〔註88〕

由此看出黃老思想在齊地有一定的傳承，不曾斷絕，也說明了黃老培植、興

此一說法影響甚大，至今仍受多數學者認同。另一說是產生於楚國，此較爲晚出，李學勤（《李學勤集‧新發現簡帛與秦漢文化史》，頁318，黑龍江教育出版社，1989年）、許抗生（〈略說黃老學派的產生和演變〉，《文史哲》1979年第3期）主之。他們認爲道家的開宗者老聃是楚人，學黃老道德之術的環淵也是楚人，黃老學說在楚地產生是非常有可能。

〔註86〕錢穆《先秦諸子繫年‧稷下通考》，頁233～235。
〔註87〕《史記‧樂毅列傳第二十》，卷八十，頁2436。
〔註88〕《史記會注考證》，頁966，台北：漢京文化有限公司，1983年9月。

盛於齊的觀點，同時更指出黃老思想在戰國中晚期流衍的情形。

　　第二是這些稷下先生在稷下有明確的的目，是爲齊國的政治提出建言，《新序》說：「齊有稷下先生，喜議政事。」〔註89〕是說他們的言論與政治的關係很密切，以政治服務爲中心。對於建言則有「不治而議論」〔註90〕與「各著書言治亂之事」〔註91〕的方式。他們的觀點紛歧，未有一致，在服務於政治的前提下，齊國的君王不干預言論，使得各種思想流派能夠相互爭論、辯難，促進彼此的交流，也有機會截長補短，進行修正以至改造。由於處在這種氛圍，兼合式的，甚至集大成式的思想家與著作紛紛出現。如田駢、愼到，《莊子・天下》將兩人列於道家，《荀子・非十二子》則列爲法家，而《漢書・藝文志》將田駢列爲道家，將愼到列爲法家，這說明這兩人同時兼具道、法特色，難以歸於某一家。又如《管子》一書，表現稷下學術的概況，《漢書・藝文志》列入道家，而《隋書・經籍志》則列入法家，通觀全書內容，以道家與法家爲主調，其中不乏陰陽家、儒家、兵家、縱橫家、農家的思想，是一部雜采眾說的著作。黃老思想是一種集大成的性質，與此環境同樣密不可分。

　　第三則是由於稷下學術是政治性的，所以它有很濃厚的現實性格，各家爲了施之於實際的政治運作，學說必須確實可行，而且必須求其全備。在學術上，一家之言雖然言之成理，持之有故，但必然有很強的純粹性與義理立場，也可說是一偏之見。尤其進入戰國晚期，政治大一統的形勢愈發明顯，諸子之學也往思考統一的方向進行，同時學術也往「合」的途徑走，標榜一家之言的、有門戶之見的將難以應付瞬息萬變的現實政治上的需求。當時齊國勢力與秦、楚鼎足而三，有稱帝的條件和舉動，〔註 92〕在政治上不能不預先規劃完善的理論作爲指導，這就更需要全方位式的政治理論。另一方面從可考的稷下先生來看，他們的思想旨趣分布各派，儒家的孟軻、荀況，陰陽家的鄒衍、鄒奭，名家的兒說、田巴等等，其中道家一派在稷下居於優勢地位。彭蒙、宋鈃、尹文、愼到、接子、季眞、田駢、環淵等八人與道家關係密切。基本上，他們沒有放棄以《老子》學說作爲核心思想的堅持，但隨著政治形勢的發展和齊國的現實需要，稷下道家融合了各家學派思想，而發生

〔註89〕 劉向撰，胡漸逵校點《新序・雜事第二》，百子全書本，頁 475，長沙：岳麓書社，1994 年 9 月第二刷。
〔註90〕 《史記・田仲敬完世家第十六》，卷四十六，頁 1895。
〔註91〕 《史記・孟子荀卿列傳第十四》，卷七十四，頁 2346。
〔註92〕 《史記・田仲敬完世家》記載齊湣王三十六年自稱東帝，秦昭王爲西帝。

了分化與重新組合，對於《老子》思想進行相當大的修正和改造，使道家能
夠完全適應現實的需要而爲統治者服務，道家這一派就是黃老。黃老在齊地
興盛之後，極可能藉由稷下這個學術中心傳播到其它地區，最終成爲戰國末
秦漢之際的主流思想。

第四節　黃老的核心理論

　　在本章第二節我們論及司馬談《論六家要指》的道家就是黃老。在《論
六家要指》中對於道家的黃老思想作出共時態定性方向的描述，讓後人瞭解
黃老總體的傾向與判定的原則。其思想特徵包括兼綜性、強調君術並不忽略
個人修養三大傾向。不過由於司馬談純粹從學理勾勒出黃老的內涵，並未說
明黃老思想的發展歷程，以及舉出代表人物，這種共時態的把握，未必能在
個別的黃老著作中完全得到印證，具體上會因個別而異，因此研究黃老思想，
應以《論六家要指》關於道家宗旨的評述爲主，同時以黃老著作爲參照。

　　目前研究黃老思想所根據的文獻，除黃老帛書作爲黃老之學的代表作，
先秦時期尙有《管子》四篇、《鶡冠子》、《文子》、《尹文子》等書可視爲黃老
思想的著作。另外，《莊子》與《呂氏春秋》中也保存部份黃老思想。

　　關於「黃老帛書」，指一九七三年底，長沙馬王堆三號漢墓出土了二十餘
種，近十二萬字的帛書，包括《老子》甲、乙本在內的書籍裡，其中《老子》
乙本卷前標有《經法》、《十六經》、《稱》、《道原》的四篇古佚書，〔註93〕總
計約一萬一千餘字，與《老子》合抄，是研究黃老思想的經典著作。其成書

〔註93〕關於這四篇的性質，學者無異議認爲是代表黃老思想的作品，也是判別黃老
　　　　思想的基準，至於如何稱呼則眾說紛紜。唐蘭首先提出四篇即是《漢書‧藝
　　　　文志》的《黃帝四經》（〈馬王堆出土《老子》乙本卷前古佚書的研究〉，《考
　　　　古學報》1975 年第 1 期）；稍後，鍾肇鵬稱之爲「黃帝帛書」與《老子》合抄
　　　　稱爲「黃老帛書」（〈黃老帛書的哲學思想〉，《文物》1978 年第 2 期）；李學勤
　　　　稱「黃帝書」（〈記在美國舉行的馬王堆帛書工作會議〉，《文物》1979 年 11
　　　　期）；朱曉海認爲稱「古佚書」似較適宜（《黃帝四經考辨》，頁 23，台北：臺
　　　　灣大學中文所碩士論文，1977 年 6 月）；裘錫圭主張稱「馬王堆《老子》卷前
　　　　佚書」或《經法》等四篇；金春峰、葛榮晉稱「黃老帛書」（金氏之說見〈論
　　　　黃老帛書的主要思想〉，《求索》1986 年第 2 期；葛氏之說見〈試論黃老帛書
　　　　的道和無爲思想〉，《中國哲學史研究》1981 年第 3 期）本文認爲這四篇是研
　　　　究黃老思想的重要資料，應名實相符，以「黃老帛書」爲名較爲恰當，因此
　　　　本論文對此四篇一律以「黃老帛書」稱呼。

時代大致在戰國中晚期，〔註94〕至於作於何人何地，則難以確考。〔註95〕《管子》四篇則指〈心術上〉、〈心術下〉、〈白心〉、〈內業〉四篇是代表稷下的黃

〔註94〕對於黃老帛書成書時代可説眾説紛紜，有紀元前四世紀初（唐蘭〈《黃帝四經》初探〉，《文物》1974 年第 10 期）、戰國中期以前（金春峰認爲佚書在《孟子》前已存在並有廣泛影響。見金春峰《漢代思想史》，頁 41，北京：中國社會科學出版社，1997 年 12 月修訂第二版。除此，陳鼓應、王博亦主之。陳氏之説見〈關於《黃帝四經》的幾點看法─序余明光先生《黃帝四經今注今譯》〉，《哲學研究》1992 年第 8 期；或見陳鼓應《黃帝四經今註今譯─馬王堆出土帛書》，頁 35，台北：臺灣商務印書館，1995 年 6 月初版。王氏之説見〈論《黃帝四經》產生的地域〉，《道家文化研究》第三輯，上海古籍出版社，1993 年 8 月第一刷）、戰國中後期（祝瑞開《先秦社會和諸子思想新探》，頁 151，福建人民出版社，1981 年 3 月）、戰國末（如任繼愈即主此説，《中國哲學發展史・秦漢卷》，頁 105，北京：人民出版社，1998 年 5 月第二刷）、戰國末到秦漢之際（此説吳光主之，見《黃老之學通論》，頁 133）、漢初（此説以康立、姜廣輝爲代表。康氏之説見〈十大經的思想和時代〉，《歷史研究》1975 年第 3 期；姜氏之説見〈試論漢初黃老思想─兼論馬王堆漢墓出土四篇古佚書爲漢初作品〉，《中國哲學史研究集刊》第二輯，上海人民出版社，1982 年）等多種説法。個人認爲黃老帛書最早不超過戰國中期，應該是中晚期的作品。重要的理由是黃帝傳説和黃帝書產生要戰國中期以後的背景才能出現；再者，黃老帛書揉合了各家的主張，這種兼融各家思想的歷史趨勢，只能在戰國中期，或者更晚。其次戰國時天下以氣力相爭，《十六經・五政》有「今天下大爭時至矣」之語。復以戰國晚期，政治上人心傾向於統一，而《十六經・立命》説：「唯余一人□乃肥（配）天。」《十六經・果童》有「唯余一人，兼有天下。」正顯示戰國中晚期，思想家對亂世思治，政歸一統的内心願望。

〔註95〕黃老帛書產生的地域問題，目前有韓（此説唐蘭主之）、楚（此説有龍晦、余明光、吳光等人主之。龍氏之説見〈馬王堆出土《老子》以本卷前古佚書探源〉，《考古學報》1975 年第 2 期；余氏之説見《黃帝四經與黃老思想》，頁 227；吳氏之説見《黃老之學通論》，頁 133）、越（越人之説，由魏啓鵬發端，但論點並不明確。隨後王博在魏氏的基礎上，重新提出，並作詳細説明，方使此説較爲明確。魏氏之説見《黃帝四經》思想探源〉，《中國哲學》1980 年 10 月第 4 期；王氏之説見〈論《黃帝四經》產生的地域〉，《道家文化研究》第三輯）、齊（此説有董英哲、胡家聰、黃釗、陳鼓應等人主之。董説見〈《經法》等佚書是田駢的遺著〉，《人文雜誌》1982 年第 1 期；胡氏之説見〈黃老帛書經法的政治哲學─兼論淵源於稷下之學〉，《中國哲學史研究》1988 年第 4 期；黃氏之説見《道家思想史綱》，頁 171；陳氏之説見《黃帝四經今註今譯─馬王堆出土帛書》，頁 38）等國諸説。這些説法已討論的相當全面，但即使如此，仍無法有一個確切的答案。原因在於戰國時期百家爭鳴，思想的傳播與交流非常頻繁，某種思想很難固守在某一地區，思想是共享的，因此，欲追溯某一個思想的註冊權就變得十分困難，而引爲證明的證據則具有多向的可能。如果除開這個問題，並不妨礙對其思想的把握。

老之學。〔註 96〕《鶡冠子》、《文子》、《尹文子》長期以來被認爲是偽書，經過出土資料的證實或比對的結果，《尹文子》非偽書，其思想屬於稷下道家黃老學派，理由是通觀全書，道法形名學說形成一個思想體系。〔註 97〕《鶡冠子》亦非偽書，將之與黃老帛書相較，發現二者不少語句相合，關係極爲密切，是南方黃老刑名學派的作品。〔註 98〕《文子》一書與《鶡冠子》同樣長

〔註 96〕 《管子》四篇的資料屬性的問題，學術界公認是稷下道家資料的彙編，如羅根澤考定《管子》四篇是戰國中世以後道家的著作（參〈《管子》探源〉，收錄於《羅根澤說諸子》，上海古籍出版社，2001 年 12 月第一刷），但究竟屬於先秦哲學的哪一個學派，有著不同的看法。較早時期，劉節、郭沫若以爲是宋鈃、尹文的遺著（劉節之說參〈《管子》中所見之宋鈃一派學說〉，《古史考存》1943 年 5 月；郭沫若之說參〈宋鈃尹文遺作考〉，《青銅時代》1944 年 8 月。不過，郭氏對於四篇也有不同的說法，在〈宋鈃尹文遺作考〉一文中指〈心術〉、〈內業〉、〈白心〉、〈樞言〉四篇，而在《十批判書·稷下黃老學派的批判》則指〈心術上〉、〈心術下〉、〈內業〉、〈白心〉四篇）。但對此說法一直爭論仍多，有把它當作慎到、田駢資料的（如裘錫圭即主此說，參〈馬王堆老子甲乙本卷前後佚書與「道法家」——兼論心術上、白心爲慎到田駢學派作品〉，《中國哲學》1980 年第 2 期）。蒙文通在其〈略論黃老學〉一文中指出「這些學者都是黃老學派，它們同在稷下，必然相互影響，說這幾篇書是黃老的學說就可以了，似不必確認其爲何人的書。」（《古學甄微》，頁 281，成都：巴蜀書社，1987 年 7 月第一版）今人朱伯崑說《管子》四篇，保存了黃老學派道論的史料（〈道家的思維方式與中國形上學傳統〉，《道家文化研究》第二輯，上海古籍出版社，1992 年 8 月）知水以爲「四篇是黃老之學的最初代表作」（〈論稷下黃老之學產生之歷史條件〉，《中國哲學史》1988 年第 5 期）；許抗生主張「《管子》裏的四篇，即稷下黃老之學，很可能是《經法》等二篇思想的繼續發展」（〈略說黃老學派的產生和演變〉，《文史哲》1979 年第 3 期）可以說此四篇與黃老帛書思想有較密切的關聯，可視爲道家黃老的資料。除此四篇，胡家聰又認爲〈宙合〉、〈樞言〉、〈九守〉、〈正〉等四篇也是黃老之作（〈《管子》中道家黃老之作新探〉，《中國哲學史研究》1987 年第 4 期）本文主要以〈心術上〉、〈心術下〉、〈白心〉、〈內業〉四篇爲主要依據。

〔註 97〕 胡家聰〈《尹文子》與稷下黃老學派——兼論《尹文子》並非偽書〉，《文史哲》1984 年第 2 期。

〔註 98〕 《鶡冠子》一書，長期以來多被認爲是偽書，柳宗元〈辨鶡冠子〉說：「讀之盡鄙淺言」、「意好事者偽爲其書，反用〈鵩賦〉以文飾之。」（《柳河東全集》，卷四，頁 51，台北：世界書局，1975 年 5 月第四版）近年通過對出土文獻的比對，尤其是與黃老帛書的研究發現，認爲它是先秦古籍，是研究黃老思想的重要資料。如唐蘭（〈馬王堆出土《老子》乙本卷前古佚書的研究——兼論其與漢初儒法鬥爭的關係〉，《考古學報》1975 年第 1 期）、李學勤（〈馬王堆帛書與《鶡冠子》〉，《江漢考古》1983 年第 2 期）、譚家健（〈鶡冠子試論〉，《江漢論壇》1986 年第 2 期）、吳光（《黃老之學通論》、《古書考辨集·鶡冠子非偽書》）、黃釗（《道家思想史綱》）等人皆有論述，可參之。

期以來被視爲僞書，一九七三年河北定縣漢墓出土了一批竹簡，其中有《文子》殘篇，經研究，傳世本《文子》有部份成書於戰國末期，充分表現出黃老的特點。〔註99〕《莊子》外雜篇中的〈天道〉、〈天地〉、〈天運〉、〈天下〉、〈在宥〉、〈刻意〉、〈繕性〉諸篇站在道家的立場，吸收融合儒、墨、法各家，體現了黃老之學的主要思想特點，是黃老之學的作品。〔註100〕《呂氏春秋》則內容龐雜，但保留部份黃老思想。〔註101〕

綜合《論六家要指》與黃老文獻二者的傾向，我們可以進一步細究黃老思想到底有那些重要內容。

首先，論「道」是黃老最根本的議題。司馬談認爲道家以「道」名家，強調「大道之要」，凡事要「合大道」。道家各派共同特徵在於以《老子》創論的「道」爲基準點，黃老同樣繼承《老子》形上的本體論和宇宙論，並作了發展。例如黃老帛書說：道「虛同爲一，恒一而止」，〔註102〕「虛無形，其裻冥冥，萬物之所從生。」〔註103〕道具有客觀必然性的規律，寓於虛而無形之中，可以生成萬物；《管子》四篇也突出道的地位，並將道與氣結合起來，認爲「虛而無形謂之道，化育萬物謂之德」；〔註104〕「道也者，動不見其形，施不見其德，萬物皆以得。」〔註105〕道非絕對的虛無，而是指「其細無內，其大無外」〔註106〕的精氣。總一而言，任何信持黃老的人，或無論那一部黃老著作，都不同程度顯現了以道爲本的思想傾向。「道」爲黃老思想的核心，也是最終形上根據，所有的理論完全由道所指引得來。

其次，黃老思想形成的原因在於解決現實面的問題，因此雖然以道爲核

〔註99〕《文子》一書，歷來頗多爭議，長期以來被認爲是抄襲雜湊之作。河北定縣竹簡《文子》出土，多數學者又紛紛肯定它是先秦古籍。根據研究，今傳本《文子》雜抄了許多如《淮南子》的資料，最早形成於東漢末，但仍有部分屬《文子》自身所有，其成書當在戰國晚期。而就這些形成於戰國晚期的資料分析，其思想歸屬當是道家黃老一系。請參拙著《文子研究》一文。

〔註100〕劉笑敢〈莊子後學中的黃老學派〉，《中國哲學史》1985年第7期。

〔註101〕許抗生〈黃老之學新論讀後的幾點思考〉，《中國哲學史》1993年第5期。

〔註102〕國家文物局古文獻研究室編《長沙馬王堆帛書〔壹〕·道原》，頁87，北京：文物出版社，1980年3月。

〔註103〕《經法·道法》，頁43。

〔註104〕管仲撰，劉皓宇校點《管子·心術上第三十六》，卷十三，百子全書本，頁1352，長沙：岳麓書社，1994年9月第二刷。

〔註105〕《管子·心術上第三十六》，卷十三，頁1353。

〔註106〕《管子·心術上第四十九》，卷十六，頁1374。

心，最終還是要落到現實面的操作。《論六家要指》說：「夫陰陽、儒、墨、名、法、道德，此務爲治也。直所從言之異路，有省不省耳。」〔註107〕就是說六家都同樣以治世爲宗旨，只不過取法各有不同，有省不省而已。對於陰陽、儒、墨、名、法各有褒貶，唯獨對於道家有褒無貶，肯定道家能夠擇善而從，吸收眾家之長，隨時變化，成爲治世最佳的學派。這種特色就如同《尹文子》所說「全治而無闕」〔註108〕的治國之術。

那些是黃老重要的「王術」呢？《論六家要指》認爲「無爲」是最重要的主張。「無爲」要透過「虛無爲本」、「因循爲用」而達到「無不爲」。「虛無」指「去健羨、黜聰明」，即君主空虛自己，在大臣面前不輕易顯露喜怒愛憎，不隨便表達主觀願望，要「不爲物先、不爲物後」，使大臣捉摸不透。如此，君主則能「究萬物之情」，「能爲天下主」。「因循」就是因應，以虛心體察事物的發展狀況，掌握其形勢、規律，依此辦事，不要以人爲去破壞它，做到「有法無法，因時爲業；有度無度，因物與合」。即雖有法度，但不受限於法度，應依據「時」、「物」的變化而確立法度，從而使「群臣並至，使各自明也。」這樣君王既不勞神思苦，又能養精蓄銳，駕御臣下，各得其當。

同時，由黃老講究無爲政治，要求君逸不勞而延伸出的問題，就是要求君王不僅要瞭解治世之道，更要注意治身之道。《論六家要指》說：「夫神大用則竭，形大勞則敝，形神騷動，欲與天地久長，非所聞也。」〔註109〕又說：「凡人所生者神也，所託者形也，神大用則竭，形大勞則敝，形神離則死，死者不可復生，離者不可復反，故聖人重之。由是觀之，神者生之本也，形者生之具也。不先定其神，而我有以治天下，何由哉！」〔註110〕這兩段話論述了黃老在人生論的生死觀和形神觀，說明黃老承襲了先秦道家各派一貫貴生、養神的思想，強調要先定其神才能治天下。由此可知黃老思想在處理人生現實問題上，要求治身與治國合一，治身爲治國之本。

再者，黃老是一種集大成式的思想，它綜合各家優點，成爲能夠應物變化，無所不宜的、具備開放性與多重性內涵的思想。其綜合的原則，可舉《尉

〔註107〕《史記‧太史公自序第七十》，卷一百三十，頁 3288～3289。
〔註108〕尹文撰，劉柯點校《尹文子‧大道上》，百子全書本，頁 2532，長沙：岳麓書社，1994 年 9 月第二刷。
〔註109〕《史記‧太史公自序第七十》，卷一百三十，頁 3289。
〔註110〕《史記‧太史公自序第七十》，卷一百三十，頁 3292。

繚子》「用天下之爲用以爲用，制天下之制以爲制」〔註111〕的話來概括。

黃老到底吸收了那些優點？根據司馬談說黃老思想是「因陰陽之大順，采儒、墨之善，撮名、法之要」，此明顯將陰陽、儒、墨、名、法各家的優點納入其中。

司馬談認爲陰陽家的優點在於「夫春生夏長，秋收冬藏，此天道之大經也，弗順則無以爲天下綱紀，故曰四時之大順，不可失也。」〔註112〕講究做事要因順天道的自然規律，否則無以成功。此種思想在黃老帛書中非常重要，「天地無私，四時不息。天地立，聖人故載。過極失當，天將降殃。」〔註113〕「不天天則失其神，不重地則失其根，不順四時之度則民疾。」「動靜不時，種樹失地之宜，則天地之道逆矣。」〔註114〕「四時有度，天地之理也。日月星辰有數，天地之紀也。三時成功，一時刑殺，天地之道也，……順則生，理則成，逆則死。」〔註115〕在《文子》中較具可信的資料也有這個線索：

> 大人以善示人，不變其故，不易其常，天下聽令，如草從風。政失於春，歲星盈縮，不居其常；政失於夏，熒惑逆行；政失於秋，太白不當，出入無常；政失於冬，辰星不效其鄉，四時失政，鎮星搖蕩，日月見謫，五星悖亂，慧星出。春政不失，禾黍滋！夏政不失，雨降時；秋政不失，民殷昌；冬政不失，國家康寧。〔註116〕

這可以瞭解黃老注重規律的客觀性和必然性與吸收陰陽家思想有關。

儒家的優點在於「若夫列君臣父子之禮，序夫婦長幼之別，雖百家弗能易也。」〔註117〕強調上下尊卑的不可移易，而且完全以尊君主父爲中心。黃老帛書說：

> 主主臣臣，上下不赿者，其國強。上執度，臣循理者，其國霸昌。
>
> 主失位，臣失處，命曰無本。上下無根，國將大損。〔註118〕

〔註111〕尉繚撰，曾德明校點《尉繚子·制談第三》，卷上，百子全書本，頁 1160，長沙：岳麓書社，1994 年 9 月第二刷。

〔註112〕《史記·太史公自序第七十》，卷一百三十，頁 3290。

〔註113〕《經法·國次》，頁 45。

〔註114〕《經法·論》，頁 53～54。

〔註115〕《經法·論約》，頁 57。

〔註116〕李定生、徐慧君《文子要詮·精誠》，頁 66，上海：復旦大學出版社，1988 年 7 月第一刷。

〔註117〕《史記·太史公自序第七十》，卷一百三十，頁 3290。

〔註118〕《經法·六分》，頁 49。

> 君臣易位謂之逆，賢不肖並立謂之亂。〔註119〕

> 主陽臣陰。上陽下陰。男陽女陰，父陽子陰。兄陽弟陰。長陽少陰。
> 貴陽賤陰。……制人者陽，制于人者陰。〔註120〕

這已經將儒家的君臣、父子之義，重視名分尊卑吸納成為自己思想的一部份，並且藉由陰陽的觀點將君臣、父子、夫婦的秩序絕對化。除了尊卑論之外，黃老對於《老子》批評的儒家仁、義、禮也吸納到思想系統中。如《文子》說：

> 夫無道而無禍害者，仁未絕，義未滅也；仁雖未絕，義雖未滅，諸
> 侯以輕其上矣。諸侯輕上則朝廷不恭，縱令不順。仁絕義滅，諸侯
> 背判，眾人力政，強者凌弱，大者侵小，民人以攻擊為業，災害生，
> 禍亂作，其亡無日，何期無禍也。〔註121〕

又說：

> 古之為君者，深行之謂之道德，淺行之謂之仁義，薄行之謂之禮智，
> 此六者，國家之綱維也。深行之則禍得福，淺行之則薄得福，盡行
> 之天下服。〔註122〕

明確肯定仁、義、禮、智與道德之治並不違背，其差異在於道德與仁、義、禮、智的作用程度只是深行、淺行、薄行的不同，對國家而言，都是理治之具。

墨家的優點，司馬談說：「要曰彊本節用，則人給家足之道也。此墨子之所長，雖百家弗能廢也。」〔註123〕所謂的「彊本節用」即要求統治者省事節欲，使用民力要有時有節，毋賦斂過度，毋奪民時，使百姓努力從事生產，而能自給自足。黃老帛書說：

> 不循天道，不節民力、周遷而無功。〔註124〕

> 人之本在地，地之本在宜，宜之生在時，時之用在民，民之用在力，
> 力之用在節。〔註125〕

就可以看到黃老已將墨家主張納入其中。

〔註119〕《經法・四度》，頁51。
〔註120〕《稱》，頁83。
〔註121〕《文子要詮・道德》，頁112。
〔註122〕《文子要詮・上仁》，頁185。
〔註123〕《史記・太史公自序第七十》，卷一百三十，頁3291。
〔註124〕《經法・論約》，頁57。
〔註125〕《經法・君正》，頁47。

　　名家的優點是「若夫控名責實，參伍不失，此不可不察也。」〔註126〕控
名責實，就是循名責實，黃老帛書這樣的思想特別顯目，尤其特別與君王馭
臣之術緊密結合爲一。黃老帛書說：

　　見知之道，唯虛無有。虛無有，秋毫成之，必有形名，形名立，則
　　黑白之分已。……是故天下有事，無不自爲形名聲號矣。〔註127〕

　　執道者之觀于天下也，必審觀事之所始起，審其形名，形名已定，
　　逆順有位，死生有分，存亡興壞有處，然後參之于天地之恒道，乃
　　定禍福死生存亡興壞之所在。〔註128〕

　　美惡有名，逆順有形，情僞有實，王公執□以爲天下正。〔註129〕
即是君王依照大臣所作所爲，進行考核，是否名實相符，以此決定賞罰。此
名家循名責實之論，也是黃老重要思想之一。

　　法家的優點則是「不別親疏，不殊貴賤，一斷于法，……若尊主卑臣、
明分職不得相逾越，雖百家弗能改也。」〔註130〕法家強調凡事以「法」爲斷
以及明尊卑之分。明尊卑之分，此與儒家主張同，唯「一斷於法」則是法家
的招牌。黃老帛書有濃厚的法家氣息，如：

　　道生法，法者，引得失以繩，而明曲直者也。故執道者，生法而弗
　　敢犯也，法立而弗敢廢也。〔註131〕

　　法度者，正之至也。而以法度治者，不可亂也。而生法度者，不可
　　亂也。精公無私而賞罰信，所以治也。〔註132〕

　　是非有分，以法斷之。虛靜謹聽，以法爲符。〔註133〕
可見，法家以法爲斷的思想精髓已被道家黃老吸收到了自己的思想體系中，
只是黃老並未走向極端。

　　根據以上的說明，我們大致對黃老思想的重要論點有了一個輪廓。黃老
以形上之道作爲理論的依據，其主要著眼在治國之「術」上。「術」的特色是

〔註126〕《史記・太史公自序第七十》，卷一百三十，頁 3291。
〔註127〕《經法・道法》，頁 43。
〔註128〕《經法・論約》，頁 57。
〔註129〕《經法・四度》，頁 51。
〔註130〕《史記・太史公自序第七十》，卷一百三十，頁 3291。
〔註131〕《經法・道法》，頁 43。
〔註132〕《經法・君正》，頁 47。
〔註133〕《經法・名理》，頁 58。

融合各家的優點，涵蓋範圍廣闊，包括大道以無為為中心，以虛無、因循為根本，重法度、時變、順勢、形名、尊卑、節儉等又不排斥仁、義、禮、智的具體內容；再配合黃老文獻觀之，如黃老帛書尚討論文武並用、刑德兼行、剛柔相濟的政治原則，為遂行政治目的，不惜以軍事作為最後手段。另一方面，生命的健全決定政治的成敗，因此應以愛惜生命，長養生命，不使生命損傷為根本，從而培養出重人貴生，調攝形神的思想。由此看來黃老思想兼具多個面相，難怪司馬談要說它是「無所不宜」了。

第五節　兩漢黃老的主要發展

　　戰國時期，諸子爭鳴，百家立異，學術繁榮，群星燦爛。秦自孝公，獨尊法家，稱霸西戎。到了始皇統一六國，為了更進一步鞏固中央集權的統治，不允許有任何違反法治的思想存在，於是禁止它家思想的傳播，實施一統的文化政策，打造成「無書簡之文」，「無先王之語」〔註 134〕的國家，窒息了本該活躍的學術空氣。然而憑恃專制主義思想統治，依靠高壓暴力疊起的政權，所付出的代價就是迅速覆亡。

　　漢帝國初立，以秦為鑑，革秦之弊，「破觚而為圜，斲雕而為朴」，〔註 135〕在文化方面實施開放政策，允許言論自由與書籍流傳，於是先秦各種思想又得到復甦。

　　當時出現了許多各家的代表人物，如代表儒家的伏生、叔孫通；道家的蓋公、曹參；縱橫家的酈食其、蒯通；法家的晁錯；陰陽家的張蒼。這些學派站在各自的思想領域互相爭論，也作出貢獻。

　　但由於漢初經過秦末大亂與楚漢相爭，天下疲憊不堪，人民渴望和平。戰事平息之後，統治者為了減緩社會衝突，穩定政局，痛定思痛，尋求長治久安之術之時，認為現實環境已不能再起事功，唯一之途就是讓百姓休養生息，勿過度干擾。為了因應這一客觀形勢的需要，漢初統治者看到各家思想當中，法家經過秦的實施，世人已見識到剛暴偏激的一面，令人難以奉行；儒家經過秦焚書之厄，尚在火堆中尋求其佚失的要義；唯獨道家的黃老講究求清靜無為、文武並用、刑德兼行、與民休息、輕徭薄賦的思想最適合作為政治的指導原則。

〔註 134〕《韓非子釋評・五蠹第四十九》，頁 1753。
〔註 135〕《史記・酷吏列傳第六十二》，卷一百二十二，頁 3131。

歷史的因素與黃老本身的思想特性與成熟，從而使這個思想流派取得優勢。由於當時君王功臣，外戚郡王的大力提倡，黃老即成爲這一時期統治者的指導思想。在高祖、惠帝、呂后、文帝、景帝約七十年間，舉凡政治、經濟、軍事、文化各方面的政策，都可清楚看到以黃老思想爲指導的影響。

現實的需求，促進理論的昌盛。這一時期不僅有一批如曹參、陳平、文帝、景帝等等的黃老思想奉行者，使黃老的無爲思想在政治上進一步得到實施。同時也出現了一批思想家，他們或以黃老爲中心，或吸取黃老爲自己思想的一部份，共同構築起充滿黃老特色的漢初學術。從陸賈到賈誼、韓嬰、董仲舒等人不論其思想傾向如何，黃老無不成爲他們著作中的組成分子。到了淮南王劉安主編的《淮南子》，是西漢學術發展中的重要環節，其中薈萃黃老思想於一書，對已往的黃老思想作了總結，爲黃老思想集大成的著作。黃老思想在戰國時期形成，卻在漢初發皇，特別是漢初不僅是學術思想，更是一股社會思潮。此時期的黃老思想仍繼承先秦黃老思想的基本論題，但鑒於時代需求，他們的重心放在政治思想。又爲了記取秦亡的教訓，思想家從黃老思想中特別注意到治國的根本原則、治國理想、實際的操作運用，這些觀念表現在文武刑德之論、無爲治術的探討、法治的改進等等的理論特色上。

漢初經過六十多年黃老政治的修養生息，到了武帝即位時，社會經濟已得到了恢復與發展，政治上已削平了諸侯王割據勢力，政權得到了統一，國力得到了加強，從而使西漢進入了全盛期。具有雄才大略的漢武帝希望能夠有一番作爲，於是符合漢初的黃老無爲思想已不能滿足新形勢的需求。統治者有感於必須要有一套新的文化思想和意識型態，來對新形勢的支持及合理化。

當時各家都爲建立鞏固統一的政權提出計策，並都在吸收和綜合各家的思想，改變自己的面貌，以便獲得採用。以董仲舒爲中心的儒家學說就應運而生了。董仲舒的儒學體系，以孔、孟儒家思想爲根本，兼採各家利於專制統治的思想。其主要具體內容是根據儒家的天人合一思想、法家的集權思想和陰陽家的五德終始說，重新解釋儒家經典，建立一套以天人感應的學說爲基礎，以三綱五常爲核心的思想體系。董仲舒的儒家學說得到了漢武帝的賞識，並且采納其罷黜百家，獨尊儒術建議，漢初作爲統治思想的黃老思想，就逐漸退出政治舞臺。

自漢武帝定儒術於一尊後，黃老之學讓位於儒學，學術空氣爲之一變。士人們爲利祿驅使，轉而投機儒學，讀經成爲風尚。在官學化的儒學的壓抑

下，黃老思想的地位已不如漢初那樣顯赫。但是作爲一種意識形態或學派，是不可能單純依一道命令就加以禁絕的。黃老之學雖然無法與儒家勢力抗衡，它並沒有消失，作爲一種學術理論，仍然受到一些學者重視，成爲學術界的一股暗流。其中西漢中晚期的大儒劉向，儘管他的的學術思想以儒立宗，實際上他的思想多元，一部分主要來自於黃老思想。他自覺吸收黃老思想的核心理論──無爲治術，並有所發展，但黃老的政治思想至此也僅是最後的餘光。東漢的王充，對儒、道二家都有批評，但其主旨仍不離道家之宗，在道論上，王充反復強調天道「自然無爲」的原則，而且他認爲自然無爲是黃老思想的核心。在天道觀這一方面，王充繼《淮南子》之後，有了不一樣的重心。另一方面，漢代由於儒家經學的原因，章句之學特別發達，許多思想家寄寓於解釋典籍，顯現其思想。這種風氣也影想了道家學術的表現方式，兩漢注解先秦道家典籍以《老子》爲主。〔註136〕當中《河上公老子章句》便是學術上發展黃老的重要著作。《河上公老子章句》繼承黃老的遺產，主張道爲宇宙根本，治身與治國道理相通，充分體現了黃老之學重視社會政治現實和現實人生的基本精神。但是由於時代的因素，《河上公老子章句》的道論與政論，並未對漢初黃老思想有進一步的發展，不外是以氣釋道，爲政簡靜無爲，無事，無欲，反對苛政等思想。倒是在各人修養見解方面有不同的表現，充分顯示黃老思想走下現實政治舞臺之後，黃老思想往養生的路途上走，代表黃老思想在西漢中期以後的理論特點。

在漢武帝獨尊儒術，黃老失去勢力，逐漸變化轉往養性之學的同時，另外一途就是黃帝與老子被神化，並與祠祀、求神、讖諱迷信結合而同方仙道合流，形成爲所謂的「黃老道」。這種由方仙道攀附黃老思想，將黃老思想改造爲宗教神學，以黃帝、老子並祀，求長生之福的傾向，最晚在東漢明帝時就已盛行了。當時楚王劉英已信奉黃老道；桓帝時，在宮中建祠祀黃老君，黃老道成爲宮廷流行的宗教信仰；到了漢末，已在民間廣爲流傳，從自稱大賢良師的張角以黃老道之名聚眾數十萬，就可以看出端倪。這一階段，「黃老

〔註136〕據王有三考證，兩漢注《老子》者有《老子河上公章句》二卷、鄰氏《老子經傳》四篇、傅氏《老子經說》三十七篇、劉向《說老子》四篇、毋丘望之《老子注》二卷、《指趣》三卷、嚴遵《老子注》二卷、《指歸》十三卷、馬融《老子注》、宋衷《老子注》、劉陶《匡老子》、張陵《老子注》、《想余（爾）老子注》等十餘家。（參《老子考》，台北：東昇出版公司，1982 年 1 月初版）至今大都不傳，僅存《老子河上公章句》、嚴遵《指歸》部份、《想爾老子注》殘卷。

道」通過吸收、改造黃老思想，從而使之成爲自己的理論基礎。目前代表黃老道的經典，一是《太平經》，另一則是《老子想爾注》。在這兩部著作裡，我們看到其中的黃老思想傾向與西漢初期的黃老思想在本質上大不相同。最大的區別是將黃老神學化，宗教化，如將世界本源的「道」解釋爲有意志、有喜怒好惡、能決定人事，能發號施令的最高主宰；再者，黃老思想治身養生最終目標在於治世，但黃老道則以治身爲中心，以個人爲本位，追求成仙不死等等，都有相當的差異。代表黃老思想進入新階段，也是黃老思想在兩漢時期最後的發展。

第六節　研究取向

從以上的論述瞭解，黃老思想有許多疑雲尚未得到明確的解答，致使近三十餘年來的各說紛紜，莫衷一是。雖然如此，誠如上述所言，以司馬談與被公認爲代表黃老著作所開出的思想線索仍是清楚的。因此，我們欲探討兩漢黃老思想就必須依照上述的理論內容爲方向，依此原則作判準，如此才可能明白當時思想家所關心的問題在那裡，那些思想家立於此基礎上，提出那些回應。這方向是確立事理最終依據的形上之道的思想；解決現實層面的人生思想，包括治人的無爲政治理論與治己的養生理論三大內容的上面。由探索這三個內容，可藉此勾勒出兩漢時期黃老思想主要輪廓，以及在這期間所表現的理論特點，並看出在各面相繼承與發展先秦黃老的情形。

基於這樣的目的，本文所採取的方法是在每個部份之下繫以足以代表黃老理論特點的思想家或著作，藉由其時間的順序來彰顯黃老思想的衍變。在這大方向上以爲了瞭解某一學說的產生、發展和流變，而採取歷時性的歷史法；不過在實際論述過程中，仍將根據不同的研究目的採用不同的方法。如爲了彰顯黃老思想的特點，將之與其它思想進行各種對比研究，則採用比較法；爲了把握黃老思想整個理論體系和精神實質，對其主要問題，以概念、範疇、命題進行共時性的勾勒和論述，則採用宏觀法。基本上既注重核心概念或基本命題的貫穿，又不忽略對對象本身主要特徵的重點放大。

最後說明本文論題使用「兩漢」與「思想」之意。「兩漢」爲時代界限，其縱向時間定點應指漢高祖元年（公元前 206 年）稱帝，至漢獻帝二十五年禪位曹丕（公元 220 年）這四百餘年，其中包括一個短命的「新」政權。不

過由於這是歷史的斷限，實際上，學術思想的演變，學說的發展，常常會跨越這種政權劃分的。尤其本文所欲瞭解的黃老思想其形成、成熟都在先秦，這就讓我們欲明白一個觀念的形成就必需先回溯過往。因此，雖然我們的探討重心在「兩漢」，仍有必要建立對先秦的瞭解。而使用「思想」之意，則是學術界常冠以「學」或「學派」論黃老，謂之「黃老之學」或「黃老學派」，甚至「黃老哲學」。誠然黃老在先秦的發展，有其一定路向，稱之為「學」，固無疑義，且黃老思想在各時段的發展，亦先後形成同中有異的思想特色，雖難以斷定像儒、墨在當時有所謂的「學術集團」，但就其思想特徵歸納得之，學派觀念用之於黃老，亦當成立。而本論文欲研究兩漢黃老學術，「思想」一詞為較寬泛之界域，可包括「學」或「學派」之概念，當然，最根本的「哲學」也就涵蓋其中。如此兩漢許多學者、奉行者，其黃老思想雖不能成「學」，皆可納入研究範圍；而且對於黃老在現實界的作用，尤其是政治層面的功用，亦可列入討論範圍，藉此看出兩漢黃老思想流行的情形。

　　本論文除第一章緒論，第七章結語之外，以下將分五章論述兩漢黃老思想的核心論題在各階段顯現的情形。

　　第二章探討黃老形上之道的理論特點與發展。《淮南子》與王充可代表前後階段的思想傾向。

　　第三章探討黃老的政治思想。主要表現在文武並用的治國根本原則、無為之治的理想、法治的理論革新、不廢用兵的軍事思想。

　　第四章探討黃老養生思想。從《淮南子》與《河上公老子注》的觀察，可以看到這一方面的思想變化。

　　第五章探討黃老思想在現實面的功用。黃老思想不單是史書記載在漢初政治彰顯其作用而已，往後各階段多少仍受其影響，而且黃老思想除了用諸政治之外，作為個人修養、行事準則，對兩漢士人也有很深的影響。

　　第六章討論黃老道教典籍中的黃老思想，由此瞭解黃老思想轉為宗教性質後的改變。

第二章　兩漢黃老的形上道論

第一節　先秦黃老之道概說

一、道的哲理化

　　先秦諸子論「道」是一個普遍的現象，儒家論道，墨家論道，法家也論道，然而道家之所以在諸子論道聲中，獨得「道」之名而成為一個學術派別，在於道家視道為思想核心範疇，把道看成最崇高的東西，它是人的思想最後依據，亦是人的最後關懷，人的生命最後安頓所在。即是人依道而行，以道行事，以道為指引，這是所謂的「唯道是從」的方式，而以「合於道」或「與道合一」為終極目標。儘管道家在時間的流動下，產生不同的類型的差異，但萬源不離其宗，終究不離以道為脈絡的思想風格。〔註1〕在漢代人們特別重

〔註1〕　道家為何以道名家，大致有三種說法：一是道家出於「史」，史為道術之總歸，
　　　　所以道家可用「道」為名。那意思就是說，道家是道術之全部，而諸子只不
　　　　過各是道之一端而已。二是道家特別強調「道」，一切討論都從道的觀點出發，
　　　　並且把道看成最崇高的東西。因此別人稱之為道家。三是老子《道德經》分
　　　　為兩部分，三十七章以前為一部分，三十八章以後又為一部份。第一章的頭
　　　　一句「道可道，非常道」。第三十八章的頭一句是：「上德不德，是以有德。」
　　　　因分別稱其兩部分為「道經」與「德經」，合稱「道德經」。這就如《詩》之
　　　　稱「關雎」，「麟趾」一樣。因此後人稱此派為道德家，簡化而稱為道家。例
　　　　如司馬談《論六家要旨》，即稱為道德家。（參張起鈞《老子》，頁11～12，台
　　　　北：協志工業叢書出版，1991年9月第一版第十三刷）揆諸此三說，如果從
　　　　《莊子·天下》所說的道術為天下裂的觀點，道家，也不過是古道術之一端，
　　　　即可明白第一說牽強；第三種說法起於西漢，然從馬王堆帛書當中，抄寫於

視，爲一專門之學，《淮南子‧要略》說：「道論至深」；〔註2〕《史記‧太史公自序》說：「習道論於黃子」，〔註3〕都說明論道在當時的普遍性。

「道」是什麼？從字源意義考察，道字最早出現於西周早期「貉子卣」，字形從行從首，爲行中間夾一首字。《爾雅‧釋宮》稱「行，道也。」〔註4〕可知行的本義是道路。至於首字，許愼《說文解字》說：「首，頁也。」「頁，頭也。」〔註5〕古文爲頁，首、頁同，皆象人之首。首爲人最重要部位，有部分替代全體之義，故首可指人。後來的古籀文有從行從人者。因此，不管從首或從人，皆是人行於道路之象。許愼《說文解字》說：「道，所行道也。從辵首。一達謂之道。」〔註6〕意爲人行於一條通達的大路，本身就含有遵守的一定法式、規則。

「道」尚有引導意義，與「導」原來同字。導字首見於春秋時期的「曾伯簠」，就字的結構來看，上半部爲道，下半部爲手。其意爲從手指道，有引導、指導之義，所以許愼《說文解字》說：「導，引也。」〔註7〕就是對其本義的說明。劉熙《釋名》說：「道，導也，所以通導萬物也。」〔註8〕道具教導萬物的功用，這是對道字本義的引申與發揮。

道字的產生，剛開始只指人行的一條大道，是一個具體對象的概稱，它並不具有哲學意義，但在人們不斷認識的過程中，逐漸將道的內涵豐富深化，而提升成爲哲學的一個範疇。道字的出現到成爲一個哲學範疇，它有一段演變過程。

秦始皇之前的《老子》甲本，篇前篇末無任何篇名，抄寫於漢初的《老子》乙本，雖有分「德」、「道」篇題，也非道德之稱；又《韓非子‧解老》中解釋《老子》的次序亦爲德篇在前，道篇在後。再如，西漢末年嚴遵《道德指歸》，按他的《說目》的說法，上經四十章，下經三十二章，而現存道藏中的《道德眞經指歸》德經部分恰好四十章，皆可說明以《老子》分道德二經爲道家得名原因，亦屬牽強。因此，諸說中，當以第二說最有理據。

〔註2〕　《淮南子校釋》，卷第二十一，頁2164。
〔註3〕　《史記‧太史公自序第七十》，卷一百三十，頁3288。
〔註4〕　邢昺《爾雅注疏》，卷五，頁4，四部備要本據阮刻本校刊，台北：臺灣中華書局，1977年12月台三版。
〔註5〕　許愼撰，段玉裁注《說文解字》，九篇上，頁423，422，台北：天工書局影經韻樓藏版，1987年9月再版。
〔註6〕　《說文解字》，二篇下，頁75。
〔註7〕　《說文解字》，三篇下，頁121。
〔註8〕　《釋名‧釋言語第十二》，卷四，頁15，四部叢刊影明嘉靖翻宋刻本，台北：臺灣商務印書館。

《易經》經文出現道字四次。〈小畜〉初九爻辭：

　　復自道，何其咎？吉。〔註9〕

〈履〉九二爻辭：

　　履道坦坦，幽人貞吉。〔註10〕

〈隨〉九四爻辭：

　　有孚在道，以明，何咎？〔註11〕

〈復〉卦辭：

　　反復其道，七日來復，利有攸往。〔註12〕

《易經》之道，基本上都指道路而言，偶有引申爲引導之義，不脫道路本義。

　　《詩經》道字出現了三十二次，多數仍依道路本意，如「逆洄從之，道阻且長。」〔註13〕「瞻彼日月，悠悠我思。道之云遠，何云能來。」〔註14〕另有由道路引申爲事理、法則者：「周道如砥，其直如矢。君子所履，小人所視。」〔註15〕周道可以解釋爲周之大路，但亦可解釋爲周朝的統治方法；相同的，「魯道有蕩，齊子由歸。」〔註16〕這裡的魯道，可以解釋爲魯之大路，也能解釋爲魯國的統治方法或魯地政令，具有雙關意義。另一個意義指道說：「牆有茨，不可掃也。中冓之言，不可道也。所可道也，言之醜也。」〔註17〕指宮中之事不可說，能夠說的，必定不是好事。

　　今文《尚書》二十八篇道字出現十二次。除了本義的用法外，更多被當作原則、法則。〈康王之誥〉：

　　　皇天用訓厥道，付畀四方，乃命建侯樹屛，在我後之人。〔註18〕

道爲法則。〈洪範〉：

〔註9〕 李鼎祚《周易集解》，卷三，頁67，台北：臺灣商務印書館，四庫全書排印本，1996年12月臺一版第二刷。

〔註10〕《周易集解》，卷三，頁71。

〔註11〕《周易集解》，卷五，頁103。

〔註12〕《周易集解》，卷六，頁129。

〔註13〕 屈萬里《詩經釋義·秦風·蒹葭》，頁163，台北：中國文化大學，1988年5月三版。

〔註14〕《詩經釋義·邶風·雄雉》，頁59。

〔註15〕《詩經釋義·小雅·大東》，頁271。

〔註16〕《詩經釋義·齊風·南山》，頁132。

〔註17〕《詩經釋義·鄘風·牆有茨》，頁75。

〔註18〕 屈萬里《尚書釋義·周書·康王之誥（合於顧命）》，頁186，台北：中國文化大學，1980年8月。

無有作好，遵王之道。無有作惡，遵王之路。無偏無黨，王道蕩蕩。

無黨無偏，王道平平。無反無側，王道正直。〔註19〕

此道有正直好惡的觀念，泛指一種統治方法和秩序。〈君奭〉：

天不可信，我道惟寧王德延，天不庸釋於文王受命。〔註20〕

此道為治理國家的方法與途徑。

從《易經》、《詩經》、《尚書》得到的觀察結果，道字涵義已愈來愈多使用引申意義而逐漸脫離本意用法的趨勢，不過它的哲理化仍然有侷限的，尚未上升到哲學範疇的層次。

在《左傳》與《國語》中，道的觀念明顯有極大的發展。突出道的哲理化而標示做為一個哲學範疇的形成。

《左傳》道字出現約一百五十次，《國語》道字出現六十餘次，最多是用於各種具體事物之道。

《左傳》文公六年：

事以厚生，生民之道於是乎在矣。

敵惠敵怨，不在後嗣，忠之道也。〔註21〕

襄公十年：

子產曰：眾怒難犯，專欲難成。合二難以安國，危之道也。〔註22〕

桓公六年季梁說：

所謂道，忠於民而信於神也。〔註23〕

僖公十三年晉國連年失收，向秦國借糧，百里奚曰：

天災流行，國家代有。救災恤鄰，道也。〔註24〕

《國語‧周語上》：有「精、忠、禮、信」的「長眾使民之道。」〔註25〕還有「敬王命」的「順之道」。〔註26〕《國語‧晉語一》：

報生以死，報賜以力，人之道也。臣敢以私利廢人之道，君何以訓

〔註19〕《尚書釋義‧周書‧洪範》，頁97。
〔註20〕《尚書釋義‧周書‧君奭》，頁159。
〔註21〕楊伯峻《春秋左傳注》，頁552～553，高雄：復文出版社。
〔註22〕《春秋左傳注》，頁981。
〔註23〕《春秋左傳注》，頁111。
〔註24〕《春秋左傳注》，頁345。
〔註25〕《國語》，頁35。
〔註26〕《國語》，頁41。

矣。〔註27〕

《國語‧晉語三》，秦公說：

> 寡人其君是惡，其民何罪？天殃流行，國家代有。補乏薦飢，道也。
> 〔註28〕

以上說明人間社會各種具體現象皆可稱之爲道。

《左傳》與《國語》還進一步將道提升爲普遍意義的「人之道」，它是社會諸事物原則或規則的總稱。如《左傳》成公十二年：

> 天下有道，則公侯能爲民干城，而制其腹心。〔註29〕

宣公四年：

> 凡弑君稱君，君無道也。〔註30〕

哀公十五年：

> 寡君聞楚爲不道。〔註31〕

《國語‧晉語三》：

> 不可以廢道於天下。〔註32〕
>
> 晉君之無道莫不聞，殺無道而立有道，仁也。〔註33〕

《國語‧吳語》：

> 越爲不道，背有齊盟。〔註34〕
>
> 今孤不道，得罪於君。〔註35〕

《國語‧晉語八》：

> 和於政而好其道。〔註36〕

這些都不是具體事物的人之道，而是一個總原則，至此道的演變，已具高度概括性質。

《左傳》、《國語》尚提出「天道」概念。《左傳》、《國語》的天道，包括

〔註27〕《國語》，頁251。
〔註28〕《國語》，頁323。
〔註29〕《春秋左傳注》，頁858。
〔註30〕《春秋左傳注》，頁678。
〔註31〕《春秋左傳注》，頁1691。
〔註32〕《國語》，頁323。
〔註33〕《國語》，頁328。
〔註34〕《國語》，頁605。
〔註35〕《國語》，頁627。
〔註36〕《國語》，頁460。

兩個層面，一指自然的運行規律、法則。《左傳》莊公四年：

> 盈而蕩，天之道。〔註37〕

哀公十一年：

> 盈必毀，天之道也。〔註38〕

天道有盈毀的變化，這是觀察月亮圓缺的描述，月圓月缺，是自然現象。〔註39〕

昭公九年：

> 歲五及鶉火，而陳卒亡，楚克有之，天之道也。〔註40〕

這是用自然界天體運行變化說明人類社會吉凶禍福。

《國語·周語下》：

> 將有亂，敢問天道乎？抑人故也？〔註41〕

《國語·越語下》：

> 天道皇皇，日月以為常。〔註42〕

> 天道盈而不溢，盛而不驕。〔註43〕

這都指天客觀存在的自然規律。第二個天道意義，是天道同於人道，以天道統攝人道。如《左傳》昭公三十二年：

> 社稷無常奉，君臣無常位，自古以然。故《詩》曰：高岸為谷，深
> 谷為陵。三后之姓，於今為庶，王所知也。在《易》卦，雷乘乾曰
> 大壯，天之道也。〔註44〕

社稷無常奉，君臣無常位，是社會變化無常的規律。襄公二十二年：

> 君人執信，臣人執共，忠信篤敬，上下同之，天之道也。〔註45〕

人臣之忠信篤敬亦是社會之道，此用天道說明人道。又《國語·晉語六》：

> 天道無親，惟德是授。〔註46〕

《國語·越語下》：

〔註37〕《春秋左傳注》，頁163。
〔註38〕《春秋左傳注》，頁1665。
〔註39〕參韋政通《中國哲學思想批判》，頁22，台北：水牛出版社，1986年10月。
〔註40〕《春秋左傳注》，頁1310。
〔註41〕《國語》，頁90。
〔註42〕《國語》，頁653。
〔註43〕《國語》，頁641。
〔註44〕《春秋左傳注》，頁1519～1520。
〔註45〕《春秋左傳注》，頁1068。
〔註46〕《國語》，頁421。

　　　　蚤晏無失，必順天道。〔註47〕

用天道表達社會道德規範，將天道與人道統一。

　　《左傳》、《國語》的道為普遍社會規律的「人道」，是得人之道、屬民之道等治國安民必須遵守的法則；同時它又是日月星辰所遵循的軌道，一切自然運行規律的「天道」兩重涵義。它們是統一又是有分別。其中最大的進展是將天道與人道區分。

　　在中國思想史上，有一件重要的大事：《左傳》昭公十八年記載鄭國裨竈觀察天文現象的變異預言將有火災，子產不以為然說：

　　　　天道遠，人道邇，非所及也，何以知之，竈焉知天道。〔註48〕

天道幽遠，人道近切。裨竈根據天文現象的變化預言將有火災，是不可信的。子產區別了天道與人道，無疑說明，天道是一個客觀現象，與人事毫無關係。這是劃時代之舉，具有思想突破的意義，否定了當時天命思想，對後來的老子有決定性的影響。

　　在老子之前，人們以「天」為萬物之父，天生成一切，也相信「天命」的存在和力量。因此，天被視為至高無上，主宰人們命運，它喜則降福於人，怒則災禍來臨。天有時又叫「帝」或「上帝」。人間帝王稱天之子，承受天命。天子與臣民受天的保護與災害，故應當敬天、畏天，祈求天的佑福。《尚書·湯誓》有「夏氏有罪，予畏上帝，不敢不正。」〔註49〕〈盤庚〉有「先王有服，恪遵天命。」「天其永我命於茲新邑」〔註50〕等記載，反映殷人對天命的遵循與天帝的崇拜，間接顯示天道即是萬能的上帝。周武王伐紂，誓詞是「恭行天之罰」。〔註51〕周代殷，周人認為是殷人不敬天修德，天命轉移於周，所謂「皇天上帝，改厥元子茲大國殷之命。惟王受命，無疆惟休，亦無疆惟恤。嗚呼！何其奈何弗敬！」〔註52〕後來，由於周朝的政治腐敗，周天子藉以統治的天命思想日益失去人心。人們由「不識不知，順帝之則」，〔註53〕到怨恨「昊天不平」〔註54〕而咒罵它「不駿其德」；由懷疑它「辟言不信」〔註55〕到

〔註47〕《國語》，頁653。
〔註48〕《春秋左傳注》，頁1395。
〔註49〕《尚書釋義·商書·湯誓》，頁69。
〔註50〕《尚書釋義·商書·盤庚》，頁71。
〔註51〕《尚書釋義·周書·牧誓》，頁92。
〔註52〕《尚書釋義·周書·召誥》，頁135。
〔註53〕《詩經釋義·大雅·皇矣》，頁330。
〔註54〕《詩經釋義·小雅·節南山》，頁242。

斷言「下民之孽，匪降自天」，〔註56〕認識到天只是自然的而不能賞善罰惡，終於大膽地否定了上天的權威。

可以說，老子之前，所謂的「天道」或「人道」，道是從屬於天的，是次要地位的。到了老子，乃求天之所由生，將天恢復爲沒有神秘意義的自然之天，他認爲天道無爲，說「天地不仁，以萬物爲芻狗」，〔註57〕天無意志，無法支配萬物的生成滅亡。在回答是否有一個至高無上的「帝」的問題上，用「道」取代天或上帝的地位，「道沖，而用之或不盈。淵兮，似萬物之宗」，「吾不知誰之子，象帝之先。」〔註58〕即道比天、帝還原始，還要根本。這就把帝從天上拉下來，剝奪其主宰一切的至上性，天出於道。〔註59〕

老子的貢獻，就是在《左傳》、《國語》的基礎上把道由一個哲學範疇明確地上升和抽象爲一個統攝宇宙和人生的最高本原或本體概念，它不再從屬於天，也非第二性的觀念。從老子開始，正式說明以道爲根本的學術流派——道家的產生。

二、《老子》之道

《老子》一書共提到「道」字七十餘次，道在各章中的涵義也不一致。分析起來不外三種意義。一是作本義道路解，如「明道若昧，進道若退，夷道若纇」〔註60〕中的道字；二是道說之義，如「道可道，非常道。」〔註61〕第二個道字。三是哲學專門術語用法，這是《老子》思想最重要的部分，也是我們分析的對象。

（一）道 義

《老子》的「道」內容豐富，包括天道與人道，除了承襲前人說法之外，當中有許多特殊之處，尤其以抽象的形而上概念出現在思想史上，是《老子》

〔註55〕《詩經釋義・小雅・雨無正》，頁253。
〔註56〕《詩經釋義・小雅・十月之交》，頁250。
〔註57〕陳鼓應《老子註譯及評介》，第五章，頁78，此書正文以臺灣中華書局據華亭張氏所刊王弼注本爲主，北京：中華書局，1994年8月第五刷。
〔註58〕《老子註譯及評介》，第四章，頁75。
〔註59〕《老子》的道，是從傳統的天道觀脫胎換骨改造過來的，《老子》書中仍有天命觀的影響而沒有完全清除。如《老子》有「天道無親，常與善人」的說法。
〔註60〕《老子註譯及評介》，四十一章，頁227。
〔註61〕《老子註譯及評介》，一章，頁53。

的一大發明。馮友蘭說：

> 古時所謂道，均謂人道，至《老子》乃予道以形而上學的意義。以爲
> 天地萬物之生，必有其所以生之總原理，此總原理名之曰道。〔註62〕

形上之道是《老子》一切主張的理論依據。這一點，陳鼓應認爲，《老子》哲學的理論基礎是由「道」這個概念開展出來的，而道的問題，事實上只是一個虛擬的問題，道所具有的種種特性，都是《老子》所預設的。而且《老子》的道是由形上學的性質逐漸落實到人生和政治層面。〔註63〕這說明了探討形而上之道是了解《老子》一切思想的總鑰匙。

所謂形而上學，主要討論宇宙萬有存在的最後原理。包括討論普遍的、共相的、抽象的存在的本體論，它是宇宙萬有的共同依據。以及討論宇宙的現象，如何會有次序，次序是如何而來，又如何發展的宇宙發生論與宇宙構成論。〔註64〕《老子》在這一方面，稱之爲「道」或「天道」或「天之道」，〔註65〕是其致力最深，收穫最大，它開啓了往後道家各流派的思維模式。

道是什麼？《老子》認爲道有無限奧妙，「道者，萬物之奧。」〔註66〕卻難以落入言詮，無法說解，「道可道，非常道；名可名，非常名。」〔註67〕「道

〔註62〕 馮友蘭《中國哲學史》，頁218，台北：藍燈文化事業，1989年10月初版。

〔註63〕 《老子注釋及評介・老子哲學系統的形成》，頁1。

〔註64〕 董光璧說：「《老子》作爲宇宙本原的道，常被人誤解爲構成的實體。我們可以借助對古代人的思辨宇宙原理的分類消除這種誤解。科學思想是從探討宇宙的本原和秩序開始的。所謂的本原意指一切存在物最初都由它生成，或一切存在物都由它構成。我把前一種觀點稱之爲生成論，而把後一種觀點稱爲構成論。生成論和構成論不同在於，前者主張變化是產生和消滅或者轉化；而後者則主張變化是不變的要素之結合和分離。這兩種觀點在古代東方和西方都產生過，但在東方生成論是主流，而在西方構成論是主流。構成論的思想經由古希臘原子論在近代科學中復活深遠地影響科學的思維，而生成論的思想則剛進入科學不久，尚未引起科學家的重視。《老子》的道生一，一生二，二生三，三生萬物的思想正是中國生成論宇宙觀的最早最明確陳述。」（〈道家思想的現代性和世界意義〉，《道家思想研究》第一輯，上海古籍出版社，1992年6月）

〔註65〕 作爲形上的「道」，《老子》並沒有完全擺脫前人的影響，因此，有時它又稱之爲「天道」或「天之道」，如第十六章：「天乃道，道乃久，歿身不殆。」第七十三章：「天之道，不爭而善勝，不言而善應，不召而自來，坦然而善謀。」七十七章：「天之道，其猶張弓！高者抑之，下者舉之，有餘者損之，不足者與之。天之道，損有餘而補不足；人道則不然，損不足，奉有餘。」七十九章：「天道無親。」八十一章：「天之道，利而不害。」

〔註66〕 《老子註譯及評介》，六十二章，頁303。

〔註67〕 《老子註譯及評介》，一章，頁53。

常無名」。〔註68〕儘管如此,《老子》還是強為之解釋,二十五章說:

> 有物混成,先天地生。寂兮寥兮,獨立而不改,周行而不殆,可以
> 為天地母。吾不知其名,強字之曰道,強為之名曰大。〔註69〕

是說有一個渾然而成的客觀存在,生於天地之先,不依靠也不接受任何外部
力量的作用而獨自存在,且無任何改變,總是循環運行而永不停歇,卻可以
說是生成天地萬物之母。我不知道它的名字,姑且就叫它做道,勉強給他起
個名號叫「大」。《莊子・大宗師》曾對「道」做詮解:

> 夫道,無為無形,可傳而不可受,可得而不可見;自本自根,未有
> 天地,自古以固存;神鬼神帝,生天生地;在太極之上而不為高,
> 在六極之下而不為深,先天地生而不為久,長於上古而不為老,故
> 曰大。〔註70〕

可知道是一個形上的永恆存在,它無來無去,無始無終,獨立的、客觀的,
為宇宙萬有的第一因。

　　由於它是宇宙萬有第一因,同時兼具二種涵義:

　　從本體論的角度來分析,道為宇宙萬物存在的根據,天地萬物化生的最
終原因。三十九章說:

> 昔之得一者:天得一以清,地得一以寧,神得一以靈,谷得一以盈,
> 萬物得一以生,侯王得一以為天下正。其致之也,謂天無以清,將
> 恐裂;地無以寧,將恐廢;神無以靈,將恐歇;谷無以盈,將恐竭;
> 萬物無以生,將恐滅;侯王無以正,將恐蹶。〔註71〕

一為道之別名,道無所不在,無處不存,道在天地,道在萬物,任何事物皆
無法離開道,萬物之生歸存於道,它是萬物存在的依據。道也被稱作「無」。
當道作為「天地之始」時又稱為「無」;而作為「萬物之母」時,則稱為「有」。
「無,名天地之始;有,名萬物之母。」〔註72〕「天下萬物生於有,有生於
無。」〔註73〕「無」指沒有任合規定性的自然原始狀態,「有」則指具有被賦
予規定性之可能的自然原始狀態。無高於有,因為它不是被別的東西生出來

〔註68〕《老子註譯及評介》,三十二章,194。
〔註69〕《老子註譯及評介》,頁163。
〔註70〕《莊子集釋》,卷三上,頁246～247。
〔註71〕《老子註譯及評介》,頁218。
〔註72〕《老子註譯及評介》,一章,頁53。
〔註73〕《老子註譯及評介》,四十章,頁223。

的，是初始的，比有更爲重要，這都說明道是萬有的根本。《老子》又說：

　　道生之，德畜之；長之育之；亭之毒之；養之覆之。〔註74〕

道生育了萬物，並非生出來就不管，尚要畜養萬物，使其成長、發育、結果、成熟，愛養它，保護它。另一方面，道雖然無所不能，無所不至，卻「功成而不有，衣養萬物而不爲主」，〔註75〕即產生萬物但不據爲已有，推動萬物生長而不自恃有功。同時，道由於埃攝萬物，萬物之中莫不有道，它也是萬物存在和運動變化的根據和規律，「孔德之容，惟道是從」，〔註76〕「人法地，地法天，天法道」。〔註77〕可以說《老子》強調萬物的存在莫不歸之於道，道是一切萬物存在的依據。

　　從宇宙生成論的角度分析，道爲萬物的本原。所謂的本原，就是萬物得以產生的最初始、最古早的端原，亦即萬物最初由它生成或構成，在時間上是先於萬物而存在。對於這個問題，第四章說：「道沖而用之或不盈，淵兮似萬物之宗。」道是看不見的潛能，也是萬物的來源與出處，所以說道與物並存。而宇宙形成的情形，第四十二章說：

　　道生一，一生二，二生三，三生萬物。萬物負陰而抱陽，沖氣以爲
　　　和。〔註78〕

道爲萬物之原，而自身卻不再有原，整個宇宙生成過程是從「道生一」開始的，再由一至二，二至三，三至於萬物。如果配合「無，名天地之始；有，名萬物之母。」〔註79〕「天下萬物生於有，有生於無」〔註80〕的話來看，我們可以知道，宇宙演變的程序，《老子》分成兩個階段。在恍惚渾沌未變之時，爲「無」；已變而尚未成具體事物之際，爲「有」。「道」爲「無」，「一」是「有」，從「有」之後開始將渾沌之狀具體化爲陰與陽二種屬性。「三」指陰陽氣合和之沖氣。沖氣是陰陽沖湧，產生的一種均調和諧的狀態。二合一爲三，即「二生三」。三氣變化於是天下萬物產生。《老子》所講的道生萬物過程：道（無）→一（有）→二（陰、陽）→三（陰陽合和）→萬物。〔註81〕《老子》這種

〔註74〕　《老子註譯及評介》，五十一章，頁261。
〔註75〕　《老子註譯及評介》，三十四章，頁200。
〔註76〕　《老子註譯及評介》，二十一章，頁148。
〔註77〕　《老子註譯及評介》，二十五章，頁163。
〔註78〕　《老子註譯及評介》，頁233。
〔註79〕　《老子註譯及評介》，一章，頁53。
〔註80〕　《老子註譯及評介》，四十章，頁223。
〔註81〕　《老子》第四十二章，歷來有許多解釋，但總分爲兩大說法。一種認爲道生

宇宙生成圖式，對往後的道家宇宙生成論有很大的影響。

就道之義的觀察，《老子》的形上學，道不僅僅是天地之始，而且是宇宙萬物存在的依據，所以它並不只是宇宙生成論，而更是本體論。本體論乃是討論存有的道，而道這個東西是無，誰也不能說它是形體物，因為《老子》特別強調它是無形無聲無色的東西，也一再說出它是萬物根，是萬物宗，推而論之，也可以說道是原則，是規律，這都是屬於本體論。而說到道的推演作用和伸張時，那是宇宙論的部分。因此，《老子》的道雖具有多重性格，它卻統攝萬有，包攬一切，它是一種道的一元論。

（二）道　性

1、無　形

《老子》思想中的道，不是西方哲學中由古希臘而來的存在論意義上的本體，也不是產生、構成萬物的質料，而是一種無形而實存，具有天地萬物的功能、作用的實體。

《老子》說道是一種「恍惚」的性質，「道之為物，惟恍惟惚」，〔註82〕何謂恍惚呢？十四章說：

> 視之不見，名曰夷；聽之不聞，名曰希；搏之不得，名曰微。此三

萬物是一個由簡單到複雜的過程而已，如蔣錫昌說：「道始所生者一，一即道也。自其名而言之，謂之道，自其數而言之，謂之一。三十九章『天得一以清』，言天得道以清也。此其證也。然有一即有二，有二即有三，有三即有萬，至是巧歷不能得其窮焉。《老子》一、二、三，只是以數字表示道生萬物，愈生愈多之義。如必以一、二、三為天、地、人；或以一為太極，二為天地，三為天地相合之和氣，則鑿矣。」（《老子校詁》，頁279，台北：東昇出版事業，1980年4月初版）另一種說法是《老子》的一、二、三確有所指。如馮友蘭說：「對於《老子》的這幾句話，可以作宇宙形成論的解釋，也可以作本體論的解釋。如果作宇宙形成論的解釋，一、二、三都是確有所指的。道先生出一個什麼東西，這是一，這個一又生出來些什麼東西，就是二或三，二、三都是確有所指的具體的東西如天地萬物之類。如果作本體論的解釋，一、二、三都不是確有所指，不是什麼具體的東西。只是說，無論道生多少東西，總有一個是先生出來的，那就叫一。有一個東西，同時就有它的對立面，那就是二。二與道加起來就是三。從三以後，那就是天地萬物了。就《老子》四十二章說，它大概是一種宇宙形成論的說法，因為它在下文說：『萬物負陰而抱陽，沖氣以為和。』照下文所說的，一就是氣，二就是陰陽二氣，三就是陰陽二氣之和氣，這都是確有所指的、具體的東西。」（《中國哲學史新編》（第二冊），頁52）這兩種說法當以後者較有理據。

〔註82〕《老子註譯及評介》，二十一章，頁148。

　　者不可致詰，故混而爲一。其上不暾，其下不昧。繩繩兮不可名，

　　復歸於無物。是謂無狀之狀，無物之象，是謂惚恍。〔註83〕

恍惚非自然界的物質實體，而是一種客觀實在，它沒有顏色，沒有聲音，沒有形體，人的感官不能認識。所以，《老子》第一章開頭就說：「道可道，非常道」，〔註84〕「道」是講不清楚的，「道常無名」，〔註85〕無法用任何言語加以界說，它是一種超驗的存在。

　　道雖然是「無狀之狀，無象之象」，一種渾沌不明的狀態，無法用「名」說清楚，但道是確實存在，「大道泛兮，其可左右」，它無處不在，無時不在，無物不在，無事不在的。因此，二十一章說：

　　孔德之容，惟道是從。道之爲物，唯恍唯惚。惚兮恍兮，其中有象。

　　恍兮惚兮，其中有物。窈兮冥兮，其中有精。其精甚眞，其中有信。

　　自古及今，其名不去，以閱眾甫。〔註86〕

道中潛藏象、物、精、眞、信，可作爲生成世界的依據，表明道是確實存在的東西，只是《老子》所講的這些物象、精、信到底爲何物，卻又恍惚而不能致知。

2、反　復

　　道是萬有第一因，合宇宙本體與宇宙本原爲一體，道產生萬物是自本自根，不需要外力的推動，但宇宙如果沒有「動因」就會完全一片虛寂，何來力量造就萬物？對於此，《老子》認爲道本身就具備動因，道產生時，就始終不斷運行，並產生天下萬物的原動力。由於有道的不斷變動，也就有物的不絕變動。

　　因此，《老子》認爲道永久不變，卻非靜止而是隨時運動的，道有其自身的運動規律，並將其概括爲「反者，道之動。」〔註87〕這是《易經‧復卦》「反復其道」〔註88〕觀念的高度抽象，「反」有反本復初和對立轉化兩個涵義。

　　二十五章說：

　　有物混成，先天地生。寂兮寥兮，獨立而不改，周行而不殆，可以

〔註83〕《老子註譯及評介》，頁114。
〔註84〕《老子註譯及評介》，頁53。
〔註85〕《老子註譯及評介》，三十二章，頁194。
〔註86〕《老子註譯及評介》，頁148。
〔註87〕《老子註譯及評介》，四十章，223。
〔註88〕《周易集解》，卷六，頁129。

為天下母。吾不知其名，強字之曰道，強為之名曰大。大曰逝，逝
曰遠，遠曰反。〔註89〕

道是「獨立而不改，周行而不殆」，宇宙現象隨時改變，本體卻永遠不變。但即使本體不變，道的性質卻變動不居，它是由「逝」開始，離開原本，運行不息，至於遙「遠」，運動至於極至不能再遠之後，就又由遠而「返」了。這樣運動的發展趨勢，最後返回何處？《老子》又說：「萬物並作，吾以觀復。」復即返，就是返回本原，「夫物芸芸，各復歸其根」，〔註90〕就是返還於道。這是一個週而復始，循環不已的運行模式。

除此之外，《老子》還看到道推動萬物變化發展，事物對立轉化運動是道運動的源泉。《老子》一書描述的相當多，試舉如下：

第二章說：

天下皆知美之為美，斯惡已；皆知善之為善，斯不善已。有無相生，
難易相成，長短相形，高下相盈，音聲相和，前後相隨。〔註91〕

二十二章說：

曲則全，枉則正，窪則盈，弊則新，少則得，多則惑。是以聖人抱
一為天下式。不自見，故明；不自是，故彰；不自伐，故有功；不
自矜，故長。夫唯不爭，故天下莫能與之爭。古之所謂曲則全者，
豈虛言哉？誠全而歸之。〔註92〕

三十六章說：

將欲歙之，必固張之；將欲弱之，必固強之；將欲廢之，必固興之；
將欲取之，必固與之。是謂微明。〔註93〕

四十一章說：

故建言有之：明道若昧；進道若退；夷道若纇；上德若谷；廣德若
不足；建德若偷；質真若渝；大白若辱；大方無隅；大器晚成；大
音希聲；大象無形。〔註94〕

五十八章說：

〔註89〕《老子註譯及評介》，頁163。
〔註90〕《老子註譯及評介》，十六章，頁124。
〔註91〕《老子註譯及評介》，頁64。
〔註92〕《老子註譯及評介》，頁154。
〔註93〕《老子註譯及評介》，頁205。
〔註94〕《老子註譯及評介》，頁227～228。

　　禍兮，福之所倚；福兮，禍之所伏。孰知其極？〔註95〕

世界一切事物無不相互矛盾，相反相成，各以自己的對立面，作為自己存在的前提。《莊子・齊物論》說：「物無非彼，物無非是」，「彼出於是，是亦因彼，彼此方生之說也。」〔註96〕沒有「彼」，「此」就不見；沒有「此」，「彼」也不存。僅從一面觀之，無法窺得全體。善惡、有無、長短、高下、難易、大小、前後、曲全、枉正、多少、張翕、強弱、興廢、與奪、明昧、進退、禍福、抑舉、損補等等無不伴隨相生，各自由相反的方向轉化，這是宇宙運動變化的普遍法則，宇宙變化的規律過程，是道的特性之一。

3、虛　靜

　　在宇宙本原的道的世界裡，所有對立都不存在，這時只有絕對的無、絕對的和〔註97〕、與絕對的靜止，沒有任何變化。而道並非死寂一片，它含有動因以化生萬物，這奧妙就在於道體虛狀。《老子》說道「寂兮寥兮」，《老子道德經河上公章句》注：「寂者，無聲也；寥者，空無形。」〔註98〕「寂寥」是道寂靜無聲，空虛無形。寂寥的道體，不僅是萬物根原，尚可發揮永不窮竭的力量，運動一經開始，萬物就從這空虛處湧現出來，是所謂的「天地之間，其猶橐蘥乎？虛而不屈，動而愈出。」〔註99〕

　　當道產生萬物之後，在萬物的世界裡出現對立和運動，這些運動最後還是都回到絕對靜止的道那裡。第十六章說：

　　致虛極，守靜篤。萬物並作，吾以觀復。夫物芸芸，各復歸其根。

　　歸根曰靜，靜曰復命，復命曰常。〔註100〕

虛靜是萬物的最初狀態，虛狀的東西，必然靜止。當事物經過「芸芸」的激烈變化，又復歸到它的起點──「根」。這復歸起點──「根」，就是事物運動的靜態。事物運動從靜態到動態，又回到靜態，這叫復命。「命」指運動，指事物運動從靜態到動態，又返回到靜態這一過程。「復歸」的過程，叫做「常」。這是一種永恆不變，不具任何盛衰存亡的普遍性與規律性。《韓非子・

〔註95〕　《老子註譯及評介》，頁289。
〔註96〕　《莊子集釋》，卷一下，頁66。
〔註97〕　《老子》五十五章：「知和曰常。」
〔註98〕　王卡點校《老子道德經河上公章句・象元第二十五》，卷二，頁101，北京：中華書局，1997年10月第二刷。
〔註99〕　《老子註譯及評介》，第五章，頁78。
〔註100〕　《老子註譯及評介》，頁124。

解老》說：

> 夫物之一存一亡，乍死乍生，初盛而後衰者，不可謂常；唯夫與天
> 地之剖判也俱生，至天地之消散也不死不衰者，謂常。〔註101〕

可說虛靜不僅是道的恆常狀態，也是天地萬物的最先出發點和最後歸宿點。因此，虛靜是道的另一個性質。虛與實相對，實由虛生，正猶如萬物由道生，動與靜也是相對，動爲暫時，靜爲根本，「靜爲躁君」，〔註102〕萬物始於虛靜而終於虛靜，即是自然之常態。

4、自　然

依照《老子》的看法，道的本性是自然而然，呈現自己本來的狀態。〔註103〕《老子》說：「人法地，地法天，天法道，道法自然。」〔註104〕法有取法、依循之義。道要取法自然，天地人也都要取法自然。王弼注說：

> 道不違自然，乃得其性。法自然者，在方而法方，在圓而法圓，於
> 自然無所違也。〔註105〕

即是指道在本質上是自然的，道本身無所作爲，而順應萬物之自然。陳鼓應認爲「自然」觀念是用以說明不加一毫勉強作爲的成分，任其自由伸展的狀態。自然一詞不是名詞而是狀詞，也就是說自然並不是指具體存在的東西，而是形容「自己如此」的一種狀態。〔註106〕這個「自然」就是道的法則和規律，是宇宙間最理想、最完善的存在模式。而「道法自然」，並不是在道之上另有一個自然，是道以它自身爲依據，自己決定了自己的存在和運動及發展。

這種特性作用於萬物，表現出道沒有目的，沒有意志，沒有私欲，使萬物各行其是，各安其份，相生相輔，和諧無間。三十四章說：

> 大道氾兮，其可左右。萬物恃之以生而不辭，成功不有。衣養萬物
> 而不爲主，可名於小。萬物歸焉而不爲主，可名爲大。以其終不爲

〔註101〕《韓非子釋評》，頁652。
〔註102〕《老子註譯及評介》，二十六章，頁171。
〔註103〕「自然」流行的解釋有三種：一是「自己如此」，「自」爲「自己」，「然」爲「如此」；二是「自然如此」，「自」爲「自然（地）」，「然」亦爲「如此」；三是「自然而然」，「自」、「然」二字合而釋之。（此參郭沂《郭店竹簡與先秦學術思想》，頁674，上海教育出版社，2001年2月第一刷）
〔註104〕《老子註譯及評介》，二十五章，頁163。
〔註105〕樓宇烈《王弼集校釋·老子道德經注》，上篇，頁65，台北：華正書局，1992年12月初版。
〔註106〕《老子注譯及其評介·老子哲學系統的形成》，頁29～30。

大，故能成其大。〔註107〕

五十一章說：

道生之，德畜之，物形之，勢成之。是以萬物莫不尊道而貴德。道
之尊，德之貴，夫莫之命而常自然。故道生之，德畜之；長之育之；
成之熟之；養之覆之。生而不有，爲而不恃，長而不宰，是謂玄德。

〔註108〕

玄德是道之大德，它產生萬物而不私有，成就萬物而不恃功，長養萬物而並
不爲之主宰。雖然萬物莫不崇道而貴德，但這不是由於誰的指令，而是自然
就如此的，是「莫之命而常自然」。〔註109〕

　　對於道之自然，《老子》還用「無爲」、「樸」來說明。他說：「道常無爲
而無不爲。」〔註110〕道永遠是無爲的，或者說無爲是道永恆特徵，但是沒有
一件事物不是道之所爲。它又說：「化而欲作，將鎮之以無名之樸。」〔註111〕
「道常無名，樸雖微，天地不敢臣。」〔註112〕樸指道，爲未經任何加工的、
完全保持其本來狀態的木材，在這裡，《老子》用它來形容道之自然面貌。

　　從天道自然無爲出發，萬物才能順應「自然」而「自化」、「自正」、「自
樸」；正因爲天道自然，「無爲而無不爲」，萬物才必須按照天道自然無爲的規
律運行。把握自然，順應自然，一切遵循自然，即能把握道的根本特性，而
與道同在。相反的，如果不能保持自然、違背自然即是「有爲」，「有爲」則
是「不知常」的「妄作」，就叫做「違道」或「不道」。而所謂的「物壯則老，
謂之不道，不道早已。」〔註113〕則脫離道的實際情形而魯莽行事，未有不偏
失的。

（三）道　用

余英時說：

中國文化祇對價值的超越源頭作一般性的肯定，而不特別努力去建
構另外一個完善的形而上的世界以安頓價值，然後再用這個世界來

〔註107〕　《老子註譯及評介》，頁200。
〔註108〕　《老子註譯及評介》，頁261。
〔註109〕　《老子註譯及評介》，五十一章，頁261。
〔註110〕　《老子註譯及評介》，三十七章，頁209。
〔註111〕　《老子註譯及評介》，三十七章，頁209。
〔註112〕　《老子註譯及評介》，三十二章，頁194。
〔註113〕　《老子註譯及評介》，五十五章，頁276。

反照和推動實際的人間世界。〔註114〕

這裡所講的確實是中國古代思想界常見的情形。中國古代思想家，尤其先秦諸子，普遍具有強烈入世精神，〔註115〕他們建立天道觀，主旨不在於探索宇宙的奧秘，而是要爲其人生與政治等學說提供最終根原的證明，增加它們治世學說的權威性。許多學者論說天道，是爲了給人的社會行爲建立可供效法的最高楷模。

《老子》思想可用「道論」來概括，最大的特點是建立形上學色彩的道論，這是無庸置疑的。但這是否代表《老子》思想的根本性質就是以形而上的道論爲中心呢？一種意見認爲，如果純就理論建構而言，《老子》道論的基礎點在於形上學，由自然宇宙的立場展開，是理論的必然，這是不錯的。荀子曾批評另一位道家鉅子莊子「蔽於天而不知人」，〔註116〕就是看到以形而上爲中心的方向，此批評仍適用於《老子》，間接顯露出《老子》學說的基本精神。另一種意見認爲，就理論目的來說，《老子》對於形上之道的描述，同其他諸子一樣，無非是要給人類社會建立一套自圓其說的理論框架。換言之，《老子》道論的歸宿是人，是針對人生現實問題的關懷，對於人生理想境界的渴望與追求，而非自然宇宙的興趣。

其實不管從何種立場，無論《老子》思想的中心旨趣是什麼，《老子》所論的「道」，並非只是空懸虛晃不食人間煙火，從《老子》更多描述「人之道」，即可窺得究竟。當然這也預示，《老子》的根本思想也在於關懷現實世界，只不過，《老子》異於如儒家孔子不重視天道，而特別費大力氣闡述形而上的天道。就是這樣，我們可以看到在《老子》思想當中，以天道概括社會規範，天道與人道統一，將自然、社會、個體作爲一個整體來處理的情形，也成爲《老子》思想的一個特色。《老子》二十三章說：「從事於道者，同於道；德者，同於德。」〔註117〕就是注重道的客觀存在，不僅可以效法，而且可以體悟，可以實現「人道合一」。基於這個理由，作爲道用，可以說它是形而上的意義，更重要的是可以將天道落實於形而下之經驗界，運用於人類社會，而形成人道觀。

〔註114〕《中國思想傳統的現代詮釋·從價值系統看中國文化的現代意義》，頁 20，台北：聯經出版事業公司，1995 年 12 月第一版七刷。

〔註115〕這個觀點可從《淮南子》、司馬談《論六家要旨》、班固《漢書·藝文志》得到證明。

〔註116〕《荀子集釋·解蔽第二十一》，頁 478。

〔註117〕《老子註譯及評介》，頁 157。

　　道之所以能夠如此，在於道具有無所不能的能力。道的能力，表現在「德」。陳鼓應說：

> 《老子》以體和用的發展說明「道」和「德」的關係。「德」是「道」的作用，也是「道」的顯現。混一的「道」，在創生的活動中，內化於萬物，而成爲各物的屬性，這便是「德」。簡言之，落向經驗界的道，就是德。因而，形而上的「道」落實到人生的層面上，其所顯現的特性而爲人類所體驗、所取法者，都可說是「德」的活動範圍了。〔註118〕

道具體化爲萬物屬性爲德，故德也可稱爲道，所有道的性質、規律都能夠運用於人間社會，如在治國、用兵、處世、修身、爲學、養生各方面，從而形成豐富多彩的內容。

　　關於道用，非本章重點，往後各章尚有論及，在此僅簡要舉出重要綱領。首先，對於個人方面，《老子》貴道，應用於人，則爲貴身思想。如第十三章：

> 貴以身爲天下，若可寄天下；愛以身爲天下，若可託天下。〔註119〕

將個體生命看的比國家天下更重要，才能統治天下，將治身與治國緊密聯繫在一起。爲了人能夠「久」、「壽」，「無遺身殃」，《老子》教人要「知和」、「知常」，要「精誠專一」，要「見小」、「守雌」、「貴柔」，重視修己的功夫。如第九章：

> 持而盈之，不如其已。揣而銳之，不可長保。金玉滿堂，莫之能守。
>
> 富貴而驕，自遺其咎。功遂身退，天之道也。〔註120〕

教人不要貪婪多欲，不要鋒芒畢露，不要富貴驕奢，要柔弱不爭，處下不盈，謙虛知足，一旦功成名就，就要激流勇退，這是遵循自然之道，如此能同二十二章說的「不自見，故明；不自是，故彰；不自伐，故有功；不自矜，故長。」〔註121〕即不自我表揚，反能顯明；不自以爲是，反而能自彰；不自己誇耀，反能有功；不自恃其能，反而可以「長生久視」。

　　其次，對於政治方面，自然無爲是道的根本特性，爲天地萬物和人類社會所必須遵循、不能違背的一切原則，因此，理想中的社會是絕對自然無爲的。對於統治者，任何有爲的動作都是違背道的精神。天道無私，不曲成萬物，人

〔註118〕《老子註譯及評介・老子哲學系統的形成》，頁12。
〔註119〕《老子註譯及評介》，頁109。
〔註120〕《老子註譯及評介》，頁93。
〔註121〕《老子註譯及評介》，頁154。

君也應該不以私欲害政，要「見素抱朴，少私寡欲」，〔註 122〕「我無欲而民自樸」，〔註 123〕以達到「不欲」的境界。而且在不以私心專用之下，君主也要避免「以智治國」。〔註 124〕因爲用各種德化、刑罰，使民心僞詐澆薄，競爭不已，造成國家危蕩，既違背了天道質樸清靜、無爲無爭的精神，也損害了「赤子」那種無知無欲，渾然天眞的原始心態。爲政惟有不擾、不煩，讓百姓自化、自正，回到清靜無爲的自然純樸狀態，讓「百姓皆謂我自然」，〔註 125〕才是「常知稽式，是謂玄德」〔註 126〕的統治之術。

三、黃老之道及與《老子》之道異同

黃老道家的思想根源於《老子》，〔註 127〕在道論上，一方面繼承《老子》思想，另一方面發展並改造《老子》思想。先秦黃老思想的著作，以黃老帛書、《管子》四篇最能代表黃老的論道思想。

（一）黃老帛書

同《老子》一樣，黃老也講「道」。道是黃老思想最高的、核心的範疇，是這個學派思想體系的出發點和歸宿。帛書提及的道有五、六十處，道主要

〔註 122〕《老子註譯及評介》，十九章，頁 136。
〔註 123〕《老子註譯及評介》，五十七章，頁 284。
〔註 124〕《老子註譯及評介》，六十五章，頁 312。
〔註 125〕《老子註譯及評介》，十七章，頁 130。
〔註 126〕《老子註譯及評介》，六十五章，頁 312。
〔註 127〕關於秦漢道家發展的階段問題，學術界有不同的看法。代表性的説法是：馮友蘭認爲：「先秦道家哲學的發展，一共有三個主要階段。屬於楊朱那些觀念，代表第一個階段。《老子》的大部分思想代表第二個階段。《莊子》的大部分思想代表第三個階段即最後階段。」（馮友蘭著，涂又光譯《中國哲學簡史》，頁 65，台北：藍燈文化事業公司）牟鍾鑑認爲：老子之後，道家出現了四次較大的綜合和發展，第一階段是從北方楊朱開始的，發生地點在齊國稷下學宮；第二次是莊子學派的形成；第三次是以道家爲宗的《呂氏春秋》；第四次是以西漢初年淮南王劉安組織編寫《淮南鴻烈》，並開始向道教轉化。（牟鍾鑑、胡孚琛、王葆玄《道教通論——兼論道家學說》，頁 43～49，山東：齊魯書社，1993 年 12 月第二刷）又牟鍾鑑在〈道家學說與流派述要〉中說：「道家創始階段的學說可稱爲老學。」「道家在先秦演變的第二階段是楊朱、田駢、慎到、宋鈃、尹文等人的言行。」「道家演變的第三個階段是莊周及其學派的學說。」「道家演變的第四個階段便是戰國末年到漢初的黃老之學。」「道家演變的第五階段便是漢末道教。」「道家發展的第六階段是魏晉玄學。」「道家發展的第七個階段便是它的餘緒不絕，綿綿若存，至今猶然。」（《道家文化研究》第一輯）

有兩種意義。

　　一種是繼承《老子》的思想，認爲「道」是形上之本體，是宇宙萬物的根源。請看以下相關的文字：

　　　　（道）虛無形，其裻冥冥，萬物之所從生。……故同出冥冥，或以死，或以生，或以敗，或以成。〔註128〕

　　　　有物始□，建於地而溢（溢）於天，莫見其形，大盈冬（終）天地之間而莫知其名。

　　　　道者，神明之原也。神明者，處於度之內而見於度之外者也。〔註129〕

　　　　黃帝曰：群群□□□□□□爲一囷，無晦無明，未有陰陽。陰陽未定，吾未有以名。今始判爲兩，分爲陰陽，離爲四時。〔註130〕

　　　　道有原而無端，用者實，弗用者藿。合之而涅於美，循之而有常。〔註131〕

　　　　無刑無名，先天地生，至今未成。〔註132〕

　　　　道無始而有應。其未來也，無之；其已來也，如之。〔註133〕

　　　　恒無之初，迵同太虛。虛同爲一，恒一而止。濕濕夢夢，未有明晦，神微周盈，精靜不熙。古（故）未有以，萬物莫以。古（故）無有刑（形），大迵無名。天弗能復（覆），地弗能載。小以小成，大以大成。盈四海之內，又包其外。在陰不腐，在陽不焦。一度不變，能適規（蚑）僥（蟯）。鳥得而蜚（飛），魚得而流（游），獸得而走，萬物得之以生，百事得之以成。人皆以之，莫知其名，人皆用之，莫見其刑（形）。一者其號也，虛其舍也，無爲其素也，和其用也。是故上（夫）道高而不可察也，深而不可測也。顯明弗能爲名，廣大弗能爲形。獨立不偶，萬物莫之能令（離）。天地陰陽，【四】時日月，星辰雲氣，蚑行蟯重（動），戴根之徒，皆取生，道弗爲益少；皆反焉，道弗爲益多。堅強而不撌（贊），柔弱而不可化。精微之所

〔註128〕《經法·道法》，頁43。
〔註129〕《經法·名理》，頁58。
〔註130〕《十六經·觀》，頁62。
〔註131〕《十六經·前道》，頁76。
〔註132〕《十六經·行守》，頁78。
〔註133〕《稱》，頁81。

不能至，稽極之所不能過。〔註134〕

以上都是形容道體，這些描述當中，我們可以歸納出幾個要點：一、如同《老子》的「淵兮似萬物之宗」,「象帝之先」〔註135〕的思想，道先於時間的存在，無時不在，無始無終；又先於空間存在，無所不在，無邊無際，道之上或之前沒有任何東西存在，它是天地萬物賴以產生的根源，同時也是萬物存亡的依據。道是唯一的，所以又可以稱為「一」，這和《老子》所說的道「混而為一」〔註136〕是一脈相通的。二、道混同絕對、無形無色、無可把捉，既然無物可指，自亦「無名」可稱。它是一個渾沌不明，難以捉摸的「太虛」，雖然如此，它卻是普遍存在的東西。這裡，黃老帛書也如《老子》一樣，並未確指實質的道是物質性的實體還是精神性的實體。不過就其中的形容，如道「濕濕夢夢」、「在陰不腐，在陽不焦」，再配合「寺（待）地氣之發也，乃夢（萌）者夢（萌）而茲（孳）者茲（孳），天因之而成。弗因則不成，（弗）養則不生。」〔註137〕地氣萌發滋生萬物，與天相輔相成的的描述，則似乎傾向於物質實體。〔註138〕三、道主要有無形、無名、虛靜、無為等特點。四、道無名無形，「莫能知見」，作用卻是無限、無所不在，無遠不達。它產生，支配萬物，而萬物不能對它發號命令。「道者，神明之原也。」即是形容道的變化之靈妙作用，也因為有道，「天地陰陽，四時日月，星辰雲氣，……皆取生。」

〔註134〕《道原》，頁 87。
〔註135〕《老子註譯及評介》，第四章，頁 75。
〔註136〕《老子註譯及評介》，十四章，頁 114。
〔註137〕《十六經·觀》，頁 62。
〔註138〕黃老帛書「道」的屬性問題，學術界有相當爭議。如余明光說道有三項特徵：虛、無、和。是只有氣才具備的。氣可以表現為虛，所以摸不著；也可以表現為無，所以看不見；還可以表現為和，即陰陽之氣可以混合為一體。因此道具有物質屬性，具有唯物論的傾向。是一個物質性的實體。(《黃帝四經與黃老思想》，頁 22) 又如趙吉惠也認為「黃老」把「道」視作與「天地陰陽，四時日月，星辰雲氣」混然一體，道不能使之益少，亦不能使之益多，「授之以其名，而萬物自定。」「獨立不偶，萬物莫之能令。」可見「黃老之學」之「道」，具有客觀的物質性質，而非精神性之實體。(趙吉惠〈黃老思想論略〉，《中國歷史文獻研究集刊》第三集，1983 年 2 月) 另一種意見則認為道是精神性實體，如萬榮晉認為道「莫能見知」的，所以黃老帛書所說的道絕不是客觀的物質實體，而是屬於絕對精神之類的神秘東西。(〈試論《黃老帛書》的「道」和「無為」〉，《中國哲學史研究》1981 年第 3 期) 蕭萐父、李錦全則認為道在《道原》篇中的描述，顯得含糊和有神秘性的一面，似沒有完全擺脫《老子》書中客觀唯心主義的「道」的範疇性質。(蕭萐父、李錦全《中國哲學史》，頁 289，1982 年 12 月第一版，北京：人民出版社)

即宇宙、天地、動物、植物才賴以發生。由於萬物得道的程度與氣質不同，便有「小以成小，大以成大」的區別，也才會有「鳥得而飛，魚得而游，獸得而走」的各自具有的特性。這是萬物得之以生，百事得之以成的根本原因。

黃老帛書另一種意義指為宇宙總規律之道。

道既是宇宙萬物的根本原因，顯然道也是宇宙萬物的根本法則。帛書說：「道之行也，由不得已。」〔註139〕道具有客觀而必然的性質，它不隨人的意志為轉移。這個不變的道，更多時候被稱為一，《十六經‧成法》說：

> 一者，道其本也，胡為而無長？□□所失，莫能守一，一之解，察於天地。一之理，施於四海。何以知訓之至，遠近之稽？夫唯一不失，一以騙（趨）化，少以知多。夫達望四海，困極上下，四鄉（向）相枹（抱），各以其道。夫百言有本，千言有要，萬【言】有蒽（總）。萬物之多，皆閱一空。〔註140〕

「一」是放諸四海皆準的真理，儘管天地萬物紛亂多雜，皆受一個總規律支配，如出一孔。掌握道，即可「少以知多」。這說明道作為規律法則的意義與作用。

除了道這個總原理總規律外，黃老帛書與《老子》不同之處，在於明確提出「理」的概念。按「理」之義，《說文解字》說：「理，治玉也，從玉，里聲。」本義指玉石之紋理，順其紋理而治之，引申有治理或規則之意。理字在《詩經》中已出現，但要到戰國中期，這個詞才變成一個重要的哲學概念。《莊子》首先提出了「天理」、「萬物之理」形而上觀念，到了《荀子》則具有純客觀之物理。〔註141〕在韓非變得十分確定：「道者，萬物之所然也，萬理之所稽也」，理則是「成物之文也」。又認為：「萬物各異理而道盡稽萬物之理。」〔註142〕道為萬物的根本，是萬理的依據，理是萬物各自的紋理與規律，理由道支配，也由道產生。

帛書中的理，與韓非同一個路數，「物各合于道者謂之理」，〔註143〕即是萬事萬物又各有自己不同的規律，這就叫「理」，而這個理從屬於道。它包括兩層涵義，《經法‧論約》說：「四時有度，天地之李（理）也。日月星辰有

〔註139〕《十大經‧本伐》，頁75。

〔註140〕頁72。

〔註141〕參唐君毅《中國哲學原論—原道篇卷一‧第一章‧原理上：「理之六義與名理」》，頁39、36，台北：臺灣學生書局，1986年10月全集校訂版。

〔註142〕《韓非子釋評‧解老第二十》，頁646。

〔註143〕《經法‧論》，頁53。

數，天地之紀也。」〔註144〕理既是天地運行的客觀規律；「極而反，盛而衰：天地之道也，人之李（理）也。」〔註145〕它又是社會人事變化的法則。顯而易見，理是道的作用，道與理兩者是同一個東西而不同方面。

　　帛書還對道、理的關係進一步說明，並提出「逆」、「順」兩個概念。《經法・論》說：

　　　　理之所在，謂之【順】。物有不合於道者，謂之失理。失理之所在，
　　　　謂之逆。逆順各自命也，則存亡興壞可知【也】。〔註146〕

合於道者，謂之有理，是謂「順」；反於道者，謂之失理，是謂「逆」，逆則壞亡。對於此，帛書認爲「執道循理」的重要性，凡事「必中天理」，此用之於治國，則無不治。所謂的「是故萬舉而不失理，治天下而無遺策」，〔註147〕「抱道執度，天下可一也。」〔註148〕從「執道循理」的觀念來看，就可以認識到黃老道家爲何重視「因循」之術。

　　帛書認爲道難以捉摸，卻可以通過理來把握，《經法・名理》說：

　　　　天下有事，必審其名。名【理者】，循名究理之所之，是必爲福，非
　　　　必爲材（災）。

又說：

　　　　審察名理終始，是謂究理。唯公無私，見知不惑，乃知奮起。故執
　　　　道者之觀於天下【也】，見正道循理，能與（舉）曲直，能與（舉）
　　　　終始。故能循名究理。〔註149〕

其方法是「循名究理」、「審察名理」，透過循名責實，掌握事物變化的規律，使之名實相符，清楚反映出事物的眞實面貌。這種效果，《十六經・順道》說：「形恒自定，是我愈靜。事恒自施，是我無爲。」〔註150〕就是無爲。

　　帛書以自然之「理」，說明萬事萬物各自的客觀規律，它具普遍性與共同性。帛書另有一個概念與理的涵義相當，那就是「法」。《經法・道法》說：「道生法。法者，引得失以繩，而明曲直者也。故執道者，生法而弗敢犯也，立

〔註144〕頁 57。
〔註145〕《經法・四度》，頁 51。
〔註146〕頁 53。
〔註147〕《經法・論約》，頁 57。
〔註148〕《道原》，頁 87。
〔註149〕頁 58。
〔註150〕頁 79。

法而弗敢廢也。故能自引以繩，然後見知天下而不惑矣。」〔註 151〕法是道所表現來的法則，〔註 152〕也就是道的本身。法是判斷得失曲直的標準，法不可或缺，不可侵犯。在《十六經・觀》也描述說當道「始判爲兩，分爲陰陽，離爲四時」，在分化完成之後，「其明者以爲法而微道是行」。〔註 153〕就認爲道是法的依據，法是道的應用，具有道的特性。就如《經法・道法》所說：

> 天下有事，必有巧驗。事如直木，多如倉粟。斗石已具，尺寸已陳，
> 則無所逃其神。故曰：度量已具，則治而制之矣。〔註 154〕

法爲一切存在物的衡量標準，也是萬物的法則。這裡我們可以看出，法與理同樣都是直接由道衍生，它們彼此站在同一個立足點，執道者「循名究理」、「審察名理」以辨「順」「逆」；同樣的，也可以是「是非有分，以法斷之；虛靜謹聽，以法爲符。」〔註 155〕

　　不過，法與理仍有差異，法雖具萬物客觀法則而無疑義，但在帛書當中，法並未如理具體賦予自然天道之義，它更多而且更明確被限定在爲社會目的而服務，表現於人治教化的準則。「法度者，正之至也。而以法度治者，不可亂也。而生法度者，不可亂也。精公無私而賞罰信，所以治也。」〔註 156〕「環（營）【刑】傷威，弛欲傷法，無隨傷道。數舉三者，有身弗能保，何國能守？」「有儀而儀則不過，侍表而望則不惑，案法而治則不亂。」〔註 157〕就這個角

〔註 151〕頁 43。
〔註 152〕帛書「法」字作法治之處不多，大多講的是規律，此可參見熊鐵基之說（《秦漢新道家略論稿・經法四篇的再研究》，頁 85〜88，97）。沈清松則認爲法在黃帝四經有兩層意義：一是指衡量的標準，此層意義的法較屬廣義，泛指一切存在及事件的衡量標準。其二是指治世的法律，此層意義的法較屬狹義，指政治統治用的法度。（見沈清松〈漢墓出土黃帝四經所論道法關係初探〉，國立政治大學中文系所主編《漢代文學與思想學術研討會論文集》，台北：文史哲出版社，1991 年 10 月初版）李增亦認爲所謂道生法，即是說立法者是效法自然律而創立自然法，設置於政府國家之內，而以「成文」的法典（法制、法度）的形式，即是「憲律制度」爲標準而以「以法治國」者也（〈帛書《黃帝四經》道生法思想之研究〉，1999 年元月輔仁大學哲學系主辦之「本世紀出土思想文獻與中國古典哲學研究兩岸學術研討」會議論文集）。陳鼓應說：「《黃帝四經》中的法，有時指法則，如《十大經・姓爭》：『居則有法』；有時指法度，如《經法・名理》：『以法爲符』。」（《黃帝四經今註今譯——馬王堆漢墓出土帛書》，頁 49）
〔註 153〕頁 62。
〔註 154〕頁 43。
〔註 155〕《經法・名理》，頁 58。
〔註 156〕《經法・君正》，頁 47。
〔註 157〕《稱》，頁 81。

度而言，法是理在社會方面的運用。

從以上的觀察，可知黃老道家會被稱爲「道法家」，或一度被歸屬於「法家」，實際上，黃老道家本來就重「法」，而且這種法涵蓋了法家所認定的律令制度。

（二）《管子》四篇

除了黃老帛書之外，《管子》中〈內業〉、〈心術上〉、〈心術下〉、〈白心〉被學術界稱爲《管子》道家四篇，簡稱《管子》四篇，也保存了黃老道論的史料。《管子》四篇同黃老帛書一樣，繼承了《老子》「道」爲宇宙本原的思想，認爲「道在天地之間也，其大無外，其小無內。」〔註158〕「道，所以充形」，「萬物以生，萬物以成，命之曰道。」「道滿天下，普在民所。」〔註159〕言道之所存，無所不在，它遍布於天地萬物之中，並爲天地萬物之所本。道是極細微的東西，不能再分割，具有無形無色，不可言不可見，卻支配著萬物的特點，「虛無無形謂之道」，「道也者，動不見其形，施不見其得，萬物皆以得，莫知其極。」〔註160〕道又有客觀規律的意義，如「天之道，虛其無形」，「地之道靜」，〔註161〕它是天地萬物的規律。

《管子》四篇並未停留在《老子》思想的階段，它最大的特徵是提出將「道」作「氣」或「精氣」解釋。〔註162〕這是對《老子》「有物混成」，「其中有精」的發展。〈心術上〉說：

> 天之道，虛其無形。虛則不屈，無形則無所低牾，無所低牾，故遍流萬物而不變。〔註163〕

〈內業〉則云：

> 精存自生，其外安榮，內藏以爲泉原，浩然和平，以爲氣淵。淵

〔註158〕《管子・心術上第三十六》，卷十三，頁1353。
〔註159〕《管子・內業第四十九》，卷十六，頁1372～1373。
〔註160〕《管子・心術上第三十六》，卷十三，頁1352～1353。
〔註161〕《管子・心術上第三十六》，卷十三，頁1353。
〔註162〕關於精氣說是吸收了古代「氣」學說，如《左傳》昭公元年醫和之言：「天有六氣，降生五味，發爲五色，徵爲五聲，淫生六病。六氣曰：陰、陽、風、雨、晦、明也」和子產的「物精」說，《左傳》昭公七年引鄭子產之言：「人始生化爲魄，既生魄，陽曰魂。用物精多則魂強，是以有精爽，至於神明。」並繼承《老子》關於萬物由陰陽二氣而成的「氣」同二十一章「道之爲物，其中有精」的思想聯繫起來。
〔註163〕《管子・心術上第三十六》，卷十三，頁1353。

之不涸，四體乃固，泉之不竭，九竅遂通。乃能窮天地，被四海。
〔註164〕

道流遍萬物而不變，氣亦能窮遍天地而不竭；〈心術上〉說：

道在天地之間也，其大無外，其小無內。〔註165〕

〈內業〉則云：

靈氣在心，一來一逝，其細無內，其大無外。〔註166〕

道與氣的作用都具絕對性與無限性；〈內業〉說：

道者，所以充形也。〔註167〕

〈心術下〉則云：

氣者，身之充也。〔註168〕

這些都表明《管子》四篇中「道」與「氣」是無所差別，具有同樣功能，同等的地位。

道既是氣或是精氣，《管子》四篇認為天地萬物皆由之構成。它說：「精也者，氣之精也者」，「凡物之精，此則為生，下生五穀，上為列星，流於天地之間，謂之鬼神，藏於胸中，謂之聖人。」〔註169〕精氣相結合，即產生萬物，地上五穀，天上列星，精氣流動於天地之間，成為鬼神；精氣藏於胸中，就成為聖人。人的產生也經過同樣的情形，「凡人之生也，天出其精，地出其形，合此以為人，合乃生，不和不生。」〔註170〕

《管子》四篇還認為，「精氣」並非靜止不動的，而是變化無窮，它「一往一來」，「其往不復，其來不舍」，「往來莫知其時」，〔註171〕「一氣能變曰精。」〔註172〕「變」是它存在的形式。但作為萬物根本，精氣的本質是永遠存在，萬古不朽的。「一物能化謂之神，一物能變謂之智，化不易氣，變不易智。」〔註173〕「神」是事物的變化，具體事物總處於變動之中，有生有滅，生滅不

〔註164〕《管子・內業第四十九》，卷十六，頁1373。
〔註165〕《管子・心術上第三十六》，卷十三，頁1353。
〔註166〕《管子・內業第四十九》，卷十六，頁1374。
〔註167〕《管子・內業第四十九》，卷十六，頁1372。
〔註168〕《管子・心術下第三十七》，卷十三，頁1354。
〔註169〕《管子・內業第四十九》，卷十六，頁1372。
〔註170〕《管子・內業第四十九》，卷十六，頁1373。
〔註171〕《管子・內業第四十九》，卷十六，頁1372～1373。
〔註172〕《管子・心術下第三十七》，卷十三，頁1354。
〔註173〕《管子・內業第四十九》，卷十六，頁1372～1373。

已，惟獨精氣是不變的。這與《老子》說道是循環不已，運動不止，但不論如何，道的本質永遠不變，最終也要「歸根」的思想是一致的。

總而言之，在黃老帛書注重客觀規律之時，《管子》四篇將精氣說導入於形上論，這是一大創舉，標誌著黃老思想的另一大特色。〔註 174〕對於後來如《呂氏春秋》以精氣說明「天道」的性質也有影響。「天道圓，地道方。……何以說天道之圓也？精氣一上一下，圓周復雜，無所稽留，故曰天道圓。」〔註 175〕天是藉由精氣一上一下的循環運動所構成的一個客觀的東西。宇宙萬物也由精氣形成，「精氣之集也，必有入也。集於鳥羽與為飛揚，集於走獸與為流行，集於珠玉與為精朗，集於樹木與為茂長，集於聖人與為敻明。精氣之來也，因輕而揚之，因走而行之，因美而良之，因長而養之，因智而明之。」〔註 176〕無論無生命的珠玉，或是有生命的動物植物，乃至於聖人，都由精氣凝聚而形成。同樣是黃老著作的《鶡冠子》也以「氣」或「元氣」闡述道與天地萬物的關係。〈泰錄〉說：「天地成於元氣，萬物成於天地。」〔註 177〕〈度萬〉說：「陰陽者，氣之正也。」〔註 178〕〈環流〉又說：「陰陽不同氣，然其為和同也。」〔註 179〕即天地始於元氣，元氣又分陰陽不同性質的氣，萬物乃是陰陽二氣整合的結果。只不過，氣或元氣並不是宇宙最終究竟，〈環流〉說：「有一而有氣，有氣而有意，有意而有圖，有圖而有名，有名而有形，有形而有事，有事而有約，約決而時生，時生而物生。故氣相加而為時……萬物相加而為勝敗，莫不發于氣，通于道。」「空之謂一，無不備之謂道，立之謂氣，通之謂類。」〔註 180〕「一」，即是空虛而無形的「道」，它是宇宙的終極存在，而「氣」是連結這個終極存在

〔註 174〕近人以「氣」為論著主題的研究甚夥，對中國歷代「氣」思想作通論性的介紹，可參考羅光〈氣—中國哲學的基本概念第三講〉，《輔仁學誌》第八期；周桂鈿〈氣，元氣及其一元論〉，《中國哲學史研究》，1983 年第 4 期；李申〈氣範疇研究〉，《中國哲學》第十三輯；莊耀郎《原氣》，國立台灣師範大學國文研究所集刊第二十九期；王曉波〈論氣—就教於余英時先生〉，《食貨月刊》第十四期；劉長林〈氣概念的形成及哲學價值〉，《哲學研究》，1991 年第 10 期。
〔註 175〕《呂氏春秋注疏・圓道》，卷第三，頁 357。
〔註 176〕《呂氏春秋注疏・盡數》，卷第三，頁 295～296。
〔註 177〕陸佃注，馮孝忠校點《鶡冠子・泰錄第十一》，卷中，百子全書本，頁 2608，長沙：岳麓書社，1994 年 9 月第二刷。。
〔註 178〕《鶡冠子・度萬第八》，卷中，頁 2596。
〔註 179〕《鶡冠子・環流第五》，卷上，頁 2590。
〔註 180〕《鶡冠子・環流第五》，卷上，頁 2588～2590。

萬物的中介，是構成天地萬物的質料。〔註181〕這也有相當程度的關係。

（三）黃老與《老子》之道異同

根據本節所論，我們大概有一個明顯的輪廓來說明黃老之道的特徵。

首先，黃老道論是對《老子》道論的的繼承，這是無庸置疑。《老子》所開出道是宇宙本體，也是本原，這些都被黃老所吸收，同時也是道家各派共同的看法。《老子》雖然把道作爲哲學體系的最高範疇，但對道的性質規定卻不甚清晰。道是物質性，還是精神性，《老子》並未說明清楚。道沒有意志，也非感官可以感知，所以道並不是精神性的。儘管說恍惚之中有象、有物、有精，似乎爲我們辨別道的性質提供了一個線索，但在象、物、精這些關鍵的字眼上卻沒有作出任何明確說明，道也非物質或是觀念。正因爲道的涵義多重，而具有鮮明的渾沌色彩。《老子》思想恰如陶鴻慶說：「狀道之要妙，多爲支離倘恍之辭。」〔註182〕或如傅偉勳所指出的那樣：「道家形上學同時具有超形上學的自我解放性與容許高低遠近多層觀點同時成立的哲理伸縮性。」〔註183〕《老子》思想具有極大的包容性與極大的開放性，可以容納許多方向的發展。黃老思想就是在這個基礎上有所發展的。

再者，正由於《老子》的道是模糊抽象不可言說，在《老子》那裡，道是本體的存在，是萬物的根據，其中雖有法自然的規律思想，但也並不明顯。〔註184〕黃老針對由道法自然，道無所不在的思想發展爲道是物之所導的規律論思想，突出地強調道支配萬物，規定人事的作用，認爲天有天之道，人有人之道，萬物都由道來主導。其中黃老帛書以理、法表示具體事物的規律，這既克服了《老子》關於道及規律義蘊的不足，又將規律內在於具體對象之中，從而賦予道以客觀實在性的內容。這便深化了《老子》對道的認識，發展了規律論的思想。陳鼓應說「道」的向社會性傾斜，是黃老對《老子》思想的一種發展，也是道家黃老的一大特點。〔註185〕

最後，黃老對《老子》宇宙本原的「道」做了新的解釋。《老子》曾談到

〔註181〕參丁原明〈鶡冠子及其在戰國黃老之學中的地位〉，《文史哲》，1996年第2期。
〔註182〕陶鴻慶撰，王元化主編，陳引馳編校《陶鴻慶學術論著・讀諸子札記・老子》，頁4，浙江人民出版社，1998年6月第一刷。
〔註183〕傅偉勳《從西方哲學到禪佛教》，頁386，北京：三聯書店，1989年5月版。
〔註184〕此可參閱王中江〈道的突破—從老子到金岳霖〉，收錄於《道家思想研究》第八輯，上海古籍出版社，1995年11月第一刷。
〔註185〕《黃帝四經今註今譯——馬王堆漢墓出土帛書・先秦道家研究的新方向》，頁3。

氣，如《老子》第四十二章所提及陰陽二氣和沖（和）氣；也提到精，如二十一章道中有精。但是《老子》只把氣視爲道之化生，並未將道等同於氣，更未有精氣聯用。而且道被講成是已經包含有物有精的東西。但並沒有講清是什麼物，什麼精。在黃老思想中，氣、道已經同而爲一，因此氣與道一樣，具有構成萬物根源和始基的本原特點。這是非常明確的「氣化」概念，把這一確定的自然元素看成宇宙萬物的本源，在中國思想史上第一次把道論證爲客觀存在的物質實體。試圖用精氣一元說，揭示生命起源的奧秘，把古代流行的物質觀念引向高一級的發展。〔註 186〕

就這些特徵而言，黃老與《老子》對於道體及道的規律的描述上，已可見黃老思想已由抽象而逐漸具體，由形上之道轉爲形下之道的趨勢，而這些線索同時開啓了兩漢以氣爲中心的形上道論。

第二節　兩漢黃老思想之道論代表與特色

了解先秦黃老道論的特質之後，我們可以依此基礎一探兩漢時期，黃老「道」的形上思想被繼承與發展的情形。兩漢時期，劉安的《淮南子》、王充的《論衡》可代表黃老道論形上思想特色，以下分別論述之，並可由其中看出繼承與發展的關係。

一、《淮南子》

漢朝初期，黃老道家思想不僅成爲官方的治國依據，在思想的發展上，思想家也做出了許多貢獻，自覺地繼承或發展先秦的道家黃老思想。今人勞思光說：

> 《淮南》一書，若作爲一理論著作看，可取之處甚少，作爲一種資料，代表漢代人心目中之『道家』者，則是最適當之文件。〔註 187〕

────────────

〔註 186〕西周末年史伯曾提出「先王以土與金、木、水、火雜，以成萬物」（《國語‧鄭語》）的見解。以五種物質構成世界萬物的思想。《管子‧水地》提出水爲萬物的本原說。「是以水集於玉，而九德出焉，凝寒而爲人，而九竅五慮出焉。此乃其精也。……故曰：水者何也？萬物之本原也，諸生之宗寶也，美惡、賢不肖、愚俊之所產也。」水本原說，似乎比諸五種本原說有所進步，但是，仍然沒有克服將世界本原歸之於某種具體物質的根本缺失。

〔註 187〕勞思光《新編中國哲學史》（二），頁 114，台北：三民書局，1993 年 8 月增訂七版。

勞氏認爲《淮南子》作爲一理論著作看，可取之處甚少，這是著眼於原創性而言，或有可議，至於將《淮南子》視爲漢代人心目中的道家，即是黃老道家的適當文件，則是見解之語。兩漢眞正第一個對黃老道家的形上之道做出論述，當推《淮南子》。

《淮南子》是漢初淮南王劉安（公元前179～公元前122年）招集門下客，由他總其成的一部論文集。〔註188〕《漢書・淮南衡山濟北王傳第十四》說：

> 淮南王安，爲人好書鼓琴，不喜弋獵狗馬馳騁，亦欲以行陰德，拊
> 循百姓，流名譽，招致賓客方術之士數千人，作爲内書二十一篇，
> 外書甚眾，又有中篇八卷，言神仙黃白之術，亦二十餘萬言。〔註189〕

目前外書、中篇皆已亡佚，只留下內書二十一篇，原名《淮南鴻烈》，今稱《淮南子》。劉安作此書自稱「天地之理究矣，人間之事接矣，帝王之道備矣。」是一部探求天地之理、人間歷史經驗與治國之道的著作。它的內容十分豐富，標榜「非循一跡之路，守一隅之指」，〔註190〕對於先秦諸家思想兼收並蓄，但實際上以道家爲主，梁啓超說：「《淮南鴻烈》爲西漢道家言之淵府，其書博大而有條貫，漢人著述中第一流也。」〔註191〕高誘說它：

> 旨近《老子》，淡泊無爲，蹈虛守靜，出入經道。言其大也，則燾天
> 載地；說其細也，則淪於無垠，及古今治亂存亡禍福，世間詭異瑰
> 奇之事。其義也著，其文也富，物事之類，無所不載，然其大較歸
> 之於道。

對於天地人間各類問題，最終都歸結於「道」的根本上。因此，高誘又說：「學

〔註188〕關於《淮南子》著成的時間，史無明載。據《漢書》本傳說：「初，安入朝，獻所作内篇。」關於這次入朝的時間，《漢書》本傳說「安入朝，雅善太尉武安侯」，武安侯即田蚡。《漢書・武帝紀》與《漢書・百官公卿表》皆記田蚡於武帝建元二年免去太尉之職。《漢書・武帝記》敘述此事緊接著御史大夫趙綰、郎中令王臧下獄自殺事，當在歲首冬十月之時。可見田蚡爲太尉，只是建元元年之事，劉安的入朝及獻《淮南子》當即在此年。則《淮南子》的寫成，應在漢武帝建元元以前的景帝時代。據徐復觀研究，劉安集合門下客寫《淮南子》的時間，大約在景帝四年至武帝建元元年，即平定吳楚七國之亂至武帝即位之間，也是劉安二十七歲至四十歲之間。（《兩漢思想史卷二》，頁178～179）
〔註189〕卷四十四，頁2145。
〔註190〕《淮南子校釋・要略》，卷第二十一，頁2152。
〔註191〕見《中國近三百年學術史・清代學者整理舊學之總成績（二）》，頁292，北京：東方出版社，1996年3月第一版。

者不論《淮南》，則不知大道之深。」〔註192〕《漢書‧藝文志》雜家類著錄：
「《淮南內》二十一篇，《淮南外》三十三篇。」顏師古注曰：「《內篇》論道，
《外篇》雜說。」〔註193〕《內篇》即是今之《淮南子》。

　　《淮南子》以「道」作爲思想的根本基礎，〈要略〉說：「夫道論至深，
故多爲之辭以抒其情。」〔註194〕這「多爲之辭」即表明了《淮南子》對「道」
費了一番描述功夫。黃老帛書有《道原》專述道的各種性徵，《淮南子》二十
一篇爲首的就是〈原道〉，〔註195〕其性質與《道原》一樣以道爲宗，而其它篇
章也無不以道爲中心。《淮南子》對「道」作了系統的說明，並全面繼承先秦
黃老道家的道論。《淮南子》對於道的論述，不僅注重本體，討論天地起源；
而更多的是黃老道家重視道的規律性，即是道的發展歷程，強調如何由道的
根源演化而形成天地萬物，尤其繼承道家各派「氣」的觀念，將道詮釋爲氣，
發展出兩漢最具特色的氣化宇宙論。

（一）宇宙本體

1、萬有本根

　　《淮南子》認爲「道」是形上本體的最高原理，是萬有本根，是天地萬物
存在的最終依據。〈原道〉：「道者，一立而萬物生矣。」宇宙萬物統一於道，構
成一不可分割的總體，「萬物之總，皆閱一孔，百事之根，皆出一門」〔註196〕。

　　道又是「一」或是「太一」。〈精神〉說「一生二」，高誘注說：「一，謂
道也。」〔註197〕〈詮言〉說：「一者，萬物之本也，無敵之道也。」〔註198〕
〈原道〉：「所謂一者，無匹合於天下者也。卓然獨立，塊然獨處，上通九天，
下貫九野，員不中規，方不中矩，大渾而爲一。」又說：「是故，一之理，施

〔註192〕《淮南鴻烈解敘》，引自張雙棣《淮南子校釋》，頁2。
〔註193〕《漢書‧藝文志第十》，卷三十，頁1742。
〔註194〕《淮南子校釋》，卷第二十一，頁2146。
〔註195〕關於《淮南子》二十一篇之名，有無「訓」字之疑，姚範云：「疑『訓』字高
　　　　誘自名其注解，非《淮南》篇名所有，即誘〈序〉中所云『深思先師之訓也』，
　　　　要略無『訓』字。」張雙棣云：「書中高誘注多次言及篇名，均無『訓』字，
　　　　俗本有『訓』字乃後人所加。又〈要略〉篇言及各篇名者，亦無『訓』字，
　　　　姚說是。」（見張雙棣《淮南子校釋》，頁3）故本文有引用《淮南子》篇名，
　　　　皆不用「訓」字。
〔註196〕《淮南子校釋》，卷第一，頁87。
〔註197〕《淮南子校釋》，卷第七，頁722。
〔註198〕《淮南子校釋》，卷第十四，頁1494。

四海，一之解，際天地。」〔註199〕〈詮言〉說：「洞同天地，渾沌爲樸，未造而成物，謂之太一。」〔註200〕道之所以稱之爲一，就因爲它是在宇宙中沒看任何可與之匹敵的，是天地萬物生成之前的東西，那時候只有它獨立存在，渾然一體，包容一切。一是唯一，渾然如一，故稱之爲「一」或「太一」。

2、物質實體

　　《老子》之「道」既有物質的屬性，又有非物質的超驗性質，具有模糊恍惚的特點；黃老帛書與《管子》四篇逐漸發展成道具有氣的物質屬性。《淮南子》繼承黃老道家的看法，認爲「大道無形」，〔註201〕即〈原道〉說道是：

　　　　忽兮怳兮，不可爲象兮。怳兮忽兮，用不屈兮。幽兮冥兮，應無形
　　　　兮。遂兮洞兮，不虛動兮。〔註202〕

或像〈道應〉中太清、無窮、無爲、無始之間說的那樣：

　　　　道不可聞，聞而非也；道不可見，見而非也；道不可言，言而非也。
　　　　孰知形之不形者乎？〔註203〕

都強調道無形無象，似虛無；不見不聞，似不存。只是這看似虛無、不存，並非眞的虛無不存，是「若無而有，若亡而存」，〔註204〕一種無形卻實有的存在。這種實有是一種覆天載地，籠罩、包容一切，在時間上無休無止，無窮無盡，其自身可大可小的東西，是「源流泉浡，充而虛盈，混混滑滑，濁而徐清」，「塞于天地」，「彌于四海」〔註205〕的，它「行而不可得窮極也；微而不可得把握也，擊之無創，刺之不傷，斬之不斷，焚之不然」，〔註206〕但它又利貫金石，強濟天下，是作爲「萬物之大祖」〔註207〕的東西。它剛開始是混沌純樸，混濁不清，象深淵一樣深沉，如浮雲一樣飄蕩，後來才逐漸分化開來，清濁相分，形成了天地萬物。這表明《淮南子》的道，是一種實存，如同道家黃老所認定近於物質的實存。

　　這種實存是否就是氣呢？《淮南子》並未像《管子》四篇直接了當說道

〔註199〕《淮南子校釋》，卷第一，頁86～87。
〔註200〕《淮南子校釋》，卷第十四，頁1469。
〔註201〕《淮南子校釋・詮言》，卷第十四，頁1527。
〔註202〕《淮南子校釋》，卷第一，頁2。
〔註203〕《淮南子校釋》，卷第十二，頁1205～1206。
〔註204〕《淮南子校釋・原道》，卷第一，頁87。
〔註205〕《淮南子校釋・原道》，卷第一，頁1。
〔註206〕《淮南子校釋・原道》，卷第一，頁73。
〔註207〕《淮南子校釋・原道》，卷第一，頁86。

即氣，〈天文〉說：

> 道始於虛霩，虛霩生宇宙，宇宙生氣，氣有涯垠。〔註208〕

基本上，道先於氣而存在，道是一，是宇宙萬物的本體，但氣化生之後，道即作為物質實體看待，道便是氣，氣具有明顯的物質性，是產生天地萬物的物質材料，〈本經〉說：「天地之合和，陰陽之陶化萬物，皆乘一氣者也。」〔註209〕從這樣的觀點，產生萬物的東西道──氣則可以明確說是物質性的東西。

3、無限存在

黃老帛書認為道「高不可察」、「深不可測」、「顯明弗能為名，廣大弗能為刑（形）」。〔註210〕《淮南子‧原道》也認為：

> 夫道者，覆天載地，廓四方，柝八極，高不可際，深不可測，包裹天地，稟授無形。源流泉浡，沖而徐盈；混混汩汩，濁而徐清。故植之而塞于天地，橫之而彌于四海，施之無窮而無所朝夕。舒之幠於六合，卷之不盈於一握。〔註211〕

以植之、橫之、舒之、卷之等一系列詞彙來說明道的瀰漫性，此同於〈主術〉所說：

> 天道玄默，無容無則，大不可極，深不可測。」〔註212〕

或〈繆稱〉說：

> 道至高無上，至深無下，平乎準，直乎繩，員乎規，方乎矩，包裹宇宙而無表裏，洞同覆載而無所礙。〔註213〕

都是描述道不可極限；用無所朝夕、幠於六合則說明道的時空超越性；合此兩者，即是道在空間上包容一切，在時間上亦無窮盡。〈齊俗〉說：「往古來今謂之宙，四方上下謂之宇。道在其間，而莫知其所。」〔註214〕可見道是無限的存在，並且普遍於宇宙萬物。

4、無成無毀

道變化無窮，可全而為一，又可以散之而為天地萬物。《淮南子‧原道》說：

〔註208〕《淮南子校釋》，卷第三，頁245。
〔註209〕《淮南子校釋》，卷第八，頁819。
〔註210〕《道原》，頁87。
〔註211〕《淮南子校釋》，卷第一，頁1。
〔註212〕《淮南子校釋》，卷第九，頁894。
〔註213〕《淮南子校釋》，卷第十，頁1031。
〔註214〕《淮南子校釋》，卷第十一，頁1165。

其全也，純兮若樸；其散也，混兮若濁。〔註215〕

在全散之間，道的本質並未有任何改變。〈精神〉說：

夫造化者之攓援物也，譬猶陶人之埏埴也：其取之地而已爲盆盎也，
與其未離於地也無以異；其已成器而破碎漫瀾而復歸其故也，與其
爲盆盎亦無以異矣。〔註216〕

那些從地裡取土和泥作成盆盎器物的，與還在地裡沒被挖出製成時沒有任何
不同；那些已經製成器具後又被敲碎散離回到泥土裡去的，與製成的盆盎也
沒有任何不同。這裡的不同不在於現象的差異，而是它們彼此有一個共同的
根源，即是一個渾沌的「一」，只有當「一」有所爲，外在的現象方顯現不同。
〈詮言〉說：

同出於一，所爲各異，有鳥有魚有獸，謂之分物。方以類別，物以
群分，性命不同，皆形於有。隔而不通，分而爲萬物，莫能及宗。
故動而謂之生，死而謂之窮。〔註217〕

「同出於一」，是萬物同出於一道；「所爲各異」，是同一之道卻形成互相差異的
萬事萬物，其本質是同一之道分爲各種事物。〈詮言〉又說：「物物者亡乎萬物
之中。」〔註218〕道散於萬物，遍在於各種具體對象之中。這是一個變化的過程，
「天地之道，極則反，盈則損，五色雖朗，有時而渝；茂木豐草，有時而落；
物有降殺，不得自若」，〔註219〕因此由道所爲而成的有形之物，「未嘗有張而不
弛，成而不毀者也」，〔註220〕而無形的道並不受這樣的限制，它具有絕對性，
不隨現象界的成毀而有成毀，不因現象界有生死而有生死。〈俶眞〉說：

夫化生者不死，而化物者不化。〔註221〕

〈精神〉說：

不化者，與天地俱生也。夫木之死也，青青去之也。夫使木生者豈
木也？猶充形者之非形也。故生生者未嘗死也，其所生則死矣；化
物者未嘗化也，其所化則化矣。〔註222〕

〔註215〕《淮南子校釋》，卷第一，頁87。
〔註216〕《淮南子校釋》，卷第七，頁738。
〔註217〕《淮南子校釋》，卷第十四，頁1469。
〔註218〕《淮南子校釋》，卷第十四，頁1469。
〔註219〕《淮南子校釋·泰族》，卷第二十，頁2060。
〔註220〕《淮南子校釋·泰族》，卷第二十，頁2059。
〔註221〕《淮南子校釋》，卷第一，頁225。
〔註222〕《淮南子校釋》，卷第七，頁748。

所謂的「化生者」與「不化者」皆指道而言，它的本質是永恆不變，無成毀也未嘗化。此與《老子》「谷神不死」，〔註223〕《莊子‧大宗師》:「殺生者不死，生生者不生。」〔註224〕道的本身是不生不死的意思一樣。

5、變化規律

《淮南子‧原道》說:「大道坦坦；去身不遠，求之近者，往而復返。」〔註225〕道是一條通行的大路，指引一切事物的走向。因此，《淮南子》道的另一個意義，有法則、規律之義。〈齊俗〉說:「率性而行謂之道。」〔註226〕〈繆稱〉說:「道者，物之所導也。」〔註227〕道是引導萬物生化的軌道。〈人間〉也說:

> 居智所為，行智所之，事智所秉，動智所由謂之道。道者，置之前而不輊，錯之後而不軒，內之尋常而不塞，布之天下而不窕。〔註228〕

道空虛無形，遍布天下；遵循事物一定的運動軌跡而行止便是道。認識了這軌道法則，就有了智慧，按照智慧啟示指引出軌道、法則行事，就會暢通無阻。這個道理通行於宇宙萬物，即使是天地人不同的事物也一樣，「天愛其精，地愛其平，人愛其情。天之精，日月星辰雷電風雨也；地之平，水火金木土也；人之情，思慮聰明喜怒也。」〔註229〕三者各具特性，因此不能混為一談。但無論是自然界或是人類社會，都有自己的不以人的意志為轉移的規律與法則。「欲知天道，察其數；欲知地道，物其樹；欲知人道，從其欲。勿驚勿駭，萬物將自理；勿撓勿攖，萬物將自清。」〔註230〕這裡講的天道、地道、人道就是指自然界和人類社會的一定法則與規律，這都由道而來。因此，〈原道〉說:

> 山以之高，淵以之深，獸以之走，鳥以之飛，日月以之明，星歷以之行，麟以之游，鳳以之翔。〔註231〕

〔註223〕《老子註譯及評介》，六章，頁85。
〔註224〕《莊子集釋》，卷三上，頁252～253。
〔註225〕張本無之，此據劉文典撰，馮逸、喬華點校《淮南鴻烈集解》，頁32，北京：中華書局，1997年1月第二刷。
〔註226〕《淮南子校釋》，卷第十一，頁1109。
〔註227〕《淮南子校釋》，卷第十，頁1031。
〔註228〕《淮南子校釋》，卷第十八，頁1831。
〔註229〕《淮南子校釋‧本經》，卷第八，頁859。
〔註230〕《淮南子校釋‧繆稱》，卷第十，頁1102。
〔註231〕《淮南子校釋》，卷第一，頁1。

這與黃老帛書《道原》認為鳥得道而飛、魚得道而游、獸得道而走、萬物得道以生、百事得道以成一樣，都是肯定道的規律性的作用。

6、反復運動

《老子》認為，道並非靜止，而是隨時隨地不停地運動，其過程是透過「反復」，即由一定時間回歸於自身的模式。《淮南子》也吸收這樣的說法，〈齊俗〉說：

> 既出其根，復歸其門；已雕已琢，還反於樸。〔註232〕

〈泰族〉說：

> 天地之道，極則反，盈則損。五色雖朗，有時而渝；茂木豐草，有時而落。〔註233〕

這種歸根返樸，由極而反，由盈而損的即是道運動的方式，而其動力的根源，來自於本身。《淮南子》在繼承《老子》思想之後又有大進展，它特別強調道的運動主要靠內部陰陽兩種特性互相對立，相摩相盪的結果。〈天文〉說：

> 道始於一，一而不生，故分而為陰陽，陰陽合和而萬物生。〔註234〕

〈覽冥〉說：

> 故至陰飂飂，至陽赫赫，兩者交接成和而萬物生焉。〔註235〕

〈本經〉：

> 陰陽者，承天地之和，形萬殊之體，含氣化物以成埒類，贏縮卷舒，淪於不測，終始虛滿，轉於無原。〔註236〕

這裡的陰陽其實是陰陽二氣，道是一，但一而不生，必須藉由至陰與至陽二氣兩者接合，然後化生萬物。陰陽的變化無窮無盡，是一切事物運動發展的原則，是宇宙變化的根原。這已將陰陽範疇納入氣化理論，成為宇宙生成論與萬物構成論中的一環，與《老子》講陰陽指事物構成的特性，即「萬物負陰而抱陽，沖氣以為和」，〔註237〕萬物皆包含陰陽兩個特性，已有不同。

7、自然無為

道家黃老主張「道」自然而然地生成萬物，生而不有，為而不恃，長而

〔註232〕《淮南子校釋》，卷第十一，頁1152。
〔註233〕《淮南子校釋》，卷第二十，頁2060。
〔註234〕《淮南子校釋》，卷第三，頁341，本作「道曰規，始於一」，今改。
〔註235〕《淮南子校釋》，卷第六，頁643。
〔註236〕《淮南子校釋》，卷第八，頁849。
〔註237〕《老子註譯及評介》，四十二章，頁232。

不宰，《淮南子·原道》認為：

> 夫太上之道，生萬物而不有，成化像而弗宰。跂行喙息，蠉飛蝡動，
> 待而後生，莫之知德，待而後死，莫之能怨。〔註238〕

又認為浮萍植根於水中，樹木植根於土中，鳥兒在天空飛翔，獸類在地上奔走，以至「蛟龍水居，虎豹山處」，這些都屬於天地之性；木頭摩擦而燃燒，金屬火煉而液化，圓的東西會轉動，空的東西會漂浮，這都由於自然之勢；植物因春雨而生榮，羽禽靠孵卵而化育，毛獸憑胎孕而生仔，又都是「莫見其為者，而功既成矣。」草木因秋霜而殞落，昆蟲到冬天都蟄藏，魚鱉也因寒冷而潛入深淵，又都「莫見其為者，滅而無形」。〔註239〕還進一步認為：

> 道出一原，通九門，散六衢，設於無垓坫之宇，寂漠以虛無，非有
> 為於物也，物以有為於己也。〔註240〕

這些事實，《淮南子》主張道生萬物並非有意，而純屬自然而然地發揮自己功能的結果。道自然無為，所以天下物性自足，「跂行喙息，蠉飛蝡動」等生物體不因生命生存而要對誰感恩戴德。反之，如育成某物，卻要某物為此感恩戴德，這就不符合天道自然、物性自足的原則。這意味道沒有人格精神，不施行任何賞罰，與自然造化同表裡。「萬物固以自然，聖人何事焉。」〔註241〕便是萬物本來就是自然而然，大自然「其生物也，莫見其所養而物長；其殺物也，莫見其所喪而物亡。此之謂神明。」〔註242〕神明指大自然微妙的變化。這種微妙的變化誰也說不清楚，只能說「非有為焉，正其道而物自然。」〔註243〕既然萬物的關係及特性並不是有心作為而是無為，即是遵循自然本身的法則或規律，此又是道的另一項特徵。

（二）化生萬物的宇宙模式

楚國詩人屈原（西元前343～西元前290？）曾在〈天問〉提出許多問題：

> 遂古之初，誰傳道之？上下未形，何由考之？冥昭瞢暗，誰能極之？
> 馮翼惟象，何以識之？明明暗暗，惟時何為？陰陽三合，何本何化？

〔註238〕《淮南子校釋》，卷第一，頁2。
〔註239〕《淮南子校釋》，卷第一，頁47。
〔註240〕《淮南子校釋·俶真》，卷第二，頁172。
〔註241〕《淮南子校釋·原道》，卷第一，頁47～48。
〔註242〕《淮南子校釋·泰族》，卷第二十，頁2035。
〔註243〕《淮南子校釋·泰族》，卷第二十，頁2044，本作「非有道而物自然」，今依
《文子》校改。

圜則九重，孰營度之？惟茲可功，孰初作之？〔註244〕

這些是對於宇宙的起源、演變、結構、運動等一系列問題的疑問。可見此等問題在戰國時期，已引起人們的注意。根據研究，中國古代天文學在春秋戰國時期，就初步確立了自己的獨立體系，隨著天文觀測的認識，人們逐漸了解天體運行的一定規律，進而做出理論上的概括，產生對宇宙起源、結構和演化的推測，出現了關於宇宙的各種理論，給後世宇宙論發展有一定的基礎。〔註245〕

道家對此較早做出探索，但仍屬粗疏階段。羅光說：

> 老子《道德經》論道，從道的本體立言。雖說道不可道，但是老子還是勉強講論道的本體。莊子論道，已經注重道的演變。《淮南子》論道則專從道的演變去說，是描述宇宙演變的源起時的狀態。〔註246〕

這話是不錯的，道家各派對於道的體性的體會並未有很大的差異，大致站在相同的一面，認為道具生生不息的性能，而化生萬物純屬自然，但如何由道化生宇宙萬物，《老子》僅說道生一二三至於萬物；《莊子》則以氣的聚散，決定萬物的生滅；黃老帛書與《管子》四篇也不脫這種簡單的說法。到了戰國晚期，有了長足的變化，如《呂氏春秋》說：

> 太一出兩儀，兩儀出陰陽。陰陽變化，一上一下，合而成章。渾渾沌沌，離則復合，合則復離，是謂天常。天地車輪，終則復始，極則復反，莫不咸當。日月星辰，或疾或徐，日月不同，以盡其行。四時代興，或暑或寒，或短或長。或柔或剛。萬物所出，造於太一，化於陰陽。〔註247〕

天地有始也有終，天地終了，還會出現新的天地，如車輪循環，日月星辰、四時寒暑，也同樣循環往復。萬物皆從太一產生，都是陰陽之化。成書於戰國末期儒家典籍《易傳》也有進一步的探討：

> 天地壹壹，萬物化醇；男女構精，萬物化生。〔註248〕

> 有天地，然後有萬物；有萬物，然後有男女；有男女，然後有夫婦；

〔註244〕洪興祖補注、蔣驥註《楚辭·天問》，頁 85～86，台北：長安出版社，汲古閣標點排印本，1991 年 8 月出版。

〔註245〕陳遵嬀《中國天文學史》上冊，頁280，台北：明文書局，1984 年 2 月。

〔註246〕羅光《中國哲學思想史·兩漢南北朝篇》，頁 556，台北：臺灣學生書局，1985 年 8 月再版。

〔註247〕《呂氏春秋注疏·大樂》卷第五，頁 496～499。

〔註248〕《周易集解·繫辭下傳》，卷十六，頁 381。

有夫婦，然後有父子；有父子，然後有君臣；有君臣，然後有上下；

有上下，然後禮義有所錯。〔註249〕

這種講關於宇宙構成、宇宙演化、萬物生成的問題，逐漸成為秦漢哲學中心的問題之一。〔註250〕

《淮南子》全面繼承先秦黃老道家道論，並且有意識地發展黃老道家明顯尚在摸索階段，關於宇宙演化系統的問題。《淮南子・原道》專篇論道，致力於描述道的體性，只粗略說道「稟授無形」，「無形」化生宇宙萬物。《淮南子》其它篇章則有多處描繪宇宙的生成過程：

〈俶真〉說：

有始者，有未始有有始者，有未始有夫未始有有始者。有有者，有

無者，有未始有有無者，有未始有夫未始有有無者。〔註251〕

《淮南子》這一段文字襲自《莊子・齊物論》，文字稍有差異。原來在於討論道是否有始，萬物生於何時，有無是什麼，重點是「依據否定思辨而達到物之始源的『無』的『始之始』的否定追求」。〔註252〕但《淮南子》在這裡所說的七種情形又加了內容，反而作為探求宇宙生成從「無」往「有」的發展情形，這包含二個部分，一是對宇宙形成過程在時間上所作的由近而遠的描繪：「有始者」、「有未始有有始者」、「有未始有夫未始有有始者」三個階段。「所謂有始者，繁憤未發，萌兆牙蘗，未有形埒垠堮，無無蠕蠕，將欲生興而未成物類。」〔註253〕是描述天地已分，萬物將要萌生的情景；「有未始有有始者，天氣始下，地氣始上，陰陽錯合，相與優游，競暢于宇宙之間，被德含和，繽紛蘢蓯，欲與物接而未成兆朕。」〔註254〕是描述天地初分，陰陽二氣尚未能合和，萬物尚未萌生的情景；「有未始有夫未始有有始者，天含和而未降，地懷氣而未揚，虛無寂寞，蕭條霄霓，無有仿佛，氣遂而大通冥冥者也。」〔註255〕則是天地之間，一片冥冥，天地之間只有混沌的氣，

〔註249〕《周易集解・序卦傳》，卷十七，頁435～436。
〔註250〕任繼愈編《中國哲學發展史・秦漢卷》，頁4、21，北京：人民出版社，1998年5月第二刷。
〔註251〕頁137。
〔註252〕宇野精一主編，邱棨鐊譯《中國思想（二）：道家與道教》，頁63，幼獅文化事業公司，1994年7月五印。
〔註253〕《淮南子校釋》，卷第二，頁137。
〔註254〕《淮南子校釋》，卷第二，頁137。
〔註255〕《淮南子校釋》，卷第二，頁137。

陰陽二氣尚未相接，萬物的影子尚未形成的情景。

其次，敘述了宇宙萬物從無到有，四種發展變化的型態：

> 有有者，言萬物摻落，根莖枝葉，青蔥苓蘢，萑葦炫煌，蠉飛蝡動，
> 蚑行噲息，可切循把握而有數量。〔註256〕

就是指已經發展形成的宇宙萬物，包括草木鳥獸等的物質世界，都可以使人感覺到其具體存在。

> 有無者，視之不見其形，聽之不聞其聲，捫之不可得也，望之不可
> 極也，儲與扈冶，浩浩瀚瀚，不可隱儀揆度而通光耀者。〔註257〕

這是與「有有者」相對而言，即是在現在有形的宇宙萬物而言，是指這些具體宇宙萬物形成之前「無形」的狀態。這時，什麼具體事物都沒有，但它又是存在的，並非絕對的無，絕對的無並無法構成宇宙發生的過程。

> 有未始有有無者，包裹天地，陶冶萬物，大通混冥，深閎廣大，不
> 可為外，析豪剖芒，不可為內，無環堵之宇而生有無之根。〔註258〕

這是在「有有者」前的一種狀態，此時天地已形成，在無垠的天地中，宇宙萬物正由無到有慢慢形成之中。

> 有未始有夫未始有有無者，天地未剖，陰陽未判，四時未分，萬物
> 未生，汪然平靜，寂然清澄，莫見其形，若光耀之間於無有，退而
> 自失也。〔註259〕

是指天地尚未分開，具體的宇宙萬物還未產生的一種渾沌一體的無形狀態，此時尚無天地、陰陽、四時和萬物，而只有氣在光耀閃爍，若有若無，汪然平靜，寂然清澄的情形。

更具體的描繪者，如〈天文〉說：

> 天墜未形，馮馮翼翼，洞洞灟灟，故曰太昭。道始于虛霩，虛霩生
> 宇宙，宇宙生元氣。元氣有涯垠，清陽者薄靡而為天，重濁者凝滯
> 而為地。清妙之合專易，重濁之凝竭難，故天先成而地後定。天地
> 之襲精為陰陽，陰陽之專精為四時，四時之散精為萬物。〔註260〕

天地的產生有一個發展過程，最初天地未形之前，無形無象、混而不可分，

〔註256〕《淮南子校釋》，卷第二，頁137。
〔註257〕《淮南子校釋》，卷第二，頁137～138。
〔註258〕《淮南子校釋》，卷第二，頁138。
〔註259〕《淮南子校釋》，卷第二，頁138。
〔註260〕《淮南子校釋》，卷第三，頁245。「元氣」據王念孫校改。

名爲「太昭」，是「虛霩」的狀態，道肇始於此；然後從「虛霩」的狀態中生
「宇宙」；接著又從宇宙中生出「元氣」，這三個階段是原始物質之道自身處
於一種「馮馮翼翼，洞洞灟灟」的狀態；最後元氣化爲陰陽之氣，清陽者形
成天，元氣之重濁者形成地，陰陽之精華又分爲四時、四時之精華再散爲萬
物。將宇宙演化分爲幾個階段：虛廓（道）——宇宙——元氣——天地——
陰陽——四時——萬物。《淮南子》這段話的前幾句與黃老帛書《道原》的「恒
先之初，迥同太虛。虛同爲一，恒一而止。濕濕夢夢，未有晦明」是一個意
思，但與之不同的是，《淮南子》更清楚地說明了混沌就是元氣，天地是由元
氣分化而來，氣構成了各種具體有形的事物，並且具體描述了由「道」到「元
氣」的分化過程。

〈天文〉又說：

道始於一，一而不生，故分而爲陰陽，陰陽合和，而萬物生。故曰：
一生二，二生三，三生萬物。〔註261〕

這個說法，顯然從《老子》四十二章得來。但與《老子》不同是將「道生一」
改變成「道始於一」。〔註262〕《老子》的道是在時間上先於「一」存在，是「一」
的生有者，道生一，即道產生渾沌，已經是混混沌沌，沒有形狀，不好命名
的「一」，尚非本原，這樣的道，不能是物，而只能是虛無或神。《淮南子》
修改了《老子》的見解，認爲在「一」之前不存在獨立的道，道是從「一」
發端的，否認《老子》道在「一」之前獨立存在的觀點。這具有重要意義。
即是作爲「一」的道，便是一種渾沌未分的實體。擺脫道是無所規定的絕對
「虛無」，與魏王弼（公元226～249年）解釋《老子》「凡有皆始於無」，「無」
是「默然無有」〔註263〕不同。《淮南子》將天地萬物的產生歸諸於「非不物而
物物者矣」，〔註264〕產生宇宙萬物的東西是物質的東西，這樣，《老子》道的
超越自然的神秘性就被消除了。

在〈精神〉中，對宇宙起源還有另一種說法：

〔註261〕《淮南子校釋》，卷第三，頁341。
〔註262〕「道始於一」的命題，是《淮南子》對《老子》有意的改造。《淮南子》全書
無「道生一」句，知《淮南子》引用四十二章「道生一」三字並非傳寫遺漏。
〈精神〉亦云：「夫精神者，所受于天也；而形體者，所稟於地也。故曰一生
二，二生三，三生萬物。萬物背陰而抱陽，沖氣以爲和。」高誘注「一謂道」，
亦可知《淮南子》本無「道生一」句，如有，高又不得有此注。
〔註263〕《王弼集校釋‧老子道德經注》，上篇第一章注，頁1～2。
〔註264〕《淮南子校釋‧詮言》，卷第十四，頁1469。

古未有天地之時，惟像無形，窈窈冥冥，芒芠漠閔，澒濛鴻洞，莫知其門。有二神混生，經天營地，孔乎莫知其所終極，滔乎莫知其所止息，於是乃別爲陰陽，離爲八極，剛柔相成，萬物乃形，煩氣爲蟲，精氣爲人。是故精神，天之有也，而骨骸者，地之有也；精神入其門，而骨骸反其根。〔註265〕

將宇宙演化分爲五段：混一（道）──陰陽──八方之極（天地）──萬物──動物（人）。認爲天地形成前，是一種模糊不清，幽暗不明，無具體形狀，無法知道它的門道。後有陰陽二神同時產生，一起營造天地。經過極長的時間，終於分而爲陰陽，天地生成。陰陽二氣相互作用，萬物從中形成。雜亂的氣成爲昆蟲鳥獸，精純的氣則產生人類。這樣的說法，與〈天文〉所說有些差異，卻明顯對於黃老思想《管子》四篇精氣論「天出其精，地出其形」具體化的發展，並且首次從氣的角度作說明，區分氣之精粗，化生之有形物有高低之分，解釋「人」爲何比「蟲」高貴，更解釋清楚人的「精神」與「軀體」的差異。這就解決了前人的理論缺陷，成爲兩漢氣化宇宙論的特色。

以上幾種宇宙論，有含混不清或自相矛盾之處，如認爲天地由氣之陰陽而成，又說陰陽爲天地之合氣所成，而且萬物生成過程也有所差異。此缺失根源於《淮南子》的作者並非一元，劉安又試圖要牢籠諸說，以至於互有不同。不過，我們仍可以清楚看到，整個宇宙萬物生成的基本模式：道（虛霩、無形）──元氣──陰陽二氣──天地──四時──萬物（人）。宇宙的演化是一種從一片混沌開始，由簡單到複雜的不斷分化過程。這是從先秦以來最完整也最細緻的宇宙生成論，〔註266〕儘管其中脫離不了想像臆測的成分，在當時的思想界，卻是站在最高處。

《淮南子》宇宙論最大特色，在於明確地將道、氣、元氣結合起來，視爲宇宙本原和萬物存在的方式，用氣與元氣解釋宇宙構成，強調陰陽二氣交合是形成萬物的內在原因。此思想雖源於先秦，但先秦時期強調氣的本體論，而漢代則強調氣化的宇宙論，這是一項大變化，代表兩漢黃老的宇宙演化論，也代表漢代人的宇宙觀念。

〔註265〕《淮南子校釋》，卷第七，頁719。

〔註266〕這一點也是進一步發展黃老的宇宙論。黃老帛書《十六經・觀》說：「群群（混混）沌沌，窈窈冥冥，爲一囷。無晦無明，未有陰陽。陰陽未定，吾未有以名。今始判爲兩，分爲陰陽，離爲四時，剛柔相成，萬物乃生。」即可看出是《淮南子》的張本。

　　關於氣的觀念，在《淮南子》之前，就已有豐富的發展。最基本的認識，氣是物質，由視而可見的雲氣、霧氣等構成。《說文解字》說，氣是雲氣，象形。〔註267〕這是外在觀察，直覺思維的產物。《呂氏春秋》有一段對氣觀察入微，極富想像的文字描述：

> 其雲狀：有若犬、若馬、若白鵠、若眾車。有其狀若人，蒼衣赤首，
> 不動，其名曰天衡；有其狀若懸旌而赤，其名曰雲旌；有其狀若眾
> 馬以鬥，其名曰滑馬；有其狀若眾植華以長，黃上白下，其名蚩尤
> 之旗。〔註268〕

對氣進一步的理解，則認為氣是客觀自然的存在，透過內部作用，推動萬物的運動變化。如周幽王二年（公元前780年）發生地震，伯陽父解釋這件事說：

> 周將亡矣。夫天地之氣，不失其序；若過其序，民亂之也。陰伏而
> 不能出，陽迫而不能蒸，於是有地震。今山川實震，是陰陽失其所
> 而鎮陰也。陽失而在陰，川源必塞，源塞，國必亡。〔註269〕

天地之氣即陰陽二氣。地震是陰陽二氣失其宜所引起的。《左傳‧昭公元年》：

> 天有六氣，……六氣曰陰、陽、風、雨、晦、明也。分為四時，序
> 為五節。過則為菑，陰淫寒疾，陽淫熱疾，風淫末疾，雨淫腹疾，
> 晦淫惑疾，明淫心疾。〔註270〕

天氣化生四時五節，若凝滯不調，失其常軌，則影響人之生命。到了《莊子》，也肯定了氣是瀰漫宇宙的普遍存在，並進一步認為氣的基本性質，就是陰與陽。《莊子》說：「陰陽者，氣之大者也。」〔註271〕「陰陽之氣有沴，其心閒而無事。」〔註272〕「自以比形於天地而受氣於陰陽。」〔註273〕如此，對於氣顯現於宇宙萬物之中，皆可歸諸於陰陽的對立或合和。例如〈天運〉說：「乘雲氣而養乎陰陽。」〔註274〕〈在宥〉說：「人大喜邪，毗於陽；大怒也，毗於陰。」〔註275〕即是雲氣之中有陰陽，人之情感也有陰陽。正由於陰陽兩種性

〔註267〕《說文解字》，一篇上，頁20。
〔註268〕《呂氏春秋注疏‧明理》卷第六，頁663～665。
〔註269〕《國語‧周語上》，頁26～27。
〔註270〕《春秋左傳注》，頁1222。
〔註271〕《莊子集釋‧則陽第二十五》，卷八下，頁913。
〔註272〕《莊子集釋‧大宗師第六》，卷三上，頁258～259。
〔註273〕《莊子集釋‧秋水第十七》，卷六下，頁563。
〔註274〕《莊子集釋》，卷五下，頁525。
〔註275〕《莊子集釋》，卷四下，頁365。

質的相互作用，宇宙萬物就產生了。

　　《淮南子》以道爲宇宙生成的根本，這是道家各派的共同意見。《淮南子》在前人的基礎上，吸收《鶡冠子》的「元氣」觀念，又融合《管子》四篇的「精氣」說，尤其接受《莊子》以陰陽的運動化生萬物，將這些融爲一爐，其演進過程的秩序性、條理性都更爲鮮明。本章說過，道的動力來源，是透過陰陽的交互作用。既是交互作用，則陰陽兩者缺一不可。同時《淮南子》也認爲，萬物是陰陽的統一體，皆背陰而抱陽，並因陰陽稟氣的多少或清濁而相互區別，如說：

> 積陽之熱氣生火，火氣之精者爲日；積陰之寒氣爲水，水氣之精者爲月。日月之淫精者爲星辰。〔註276〕

> 夏日至則陰乘陽，是以萬物就而死，冬日至則陽乘陰，是以萬物仰而生。晝者陽之分，夜者陰之分，是以陽氣勝則日脩而夜短，陰氣勝則日短而夜脩。

> 天之偏氣，怒者爲風；地之含氣，和者爲雨。陰陽相薄，感而爲雷，激而爲霆，亂而爲霧。陽氣勝則散而爲雨露，陰氣勝則凝而爲霜雪。毛羽者，飛行之類也，故屬於陽。介鱗者，蟄伏之類也，故屬於陰。日者，陽之主也，是故春夏則群獸除，日至而麋鹿解。月者，陰之宗也，是以月虛而魚腦減，月死而蠃蛖膲。〔註277〕

這些無不說明陰陽氣化生萬物。如日、月、星辰是各類氣的精華凝結而成；水、火、風、雨爲各類氣所積聚；雷、霆、霧是陰陽二氣相爭的結果；甚至連毛、羽、介、鱗四大類動物分屬陰陽；人是裸蟲代表，是陰陽結合的產物，是乘天地合氣的精華所生，天氣產生精神，地氣產生形體。《淮南子》將陰陽氣化融於天地萬物之中，讓《老子》的「萬物負陰而抱陽」〔註278〕得到本體論的解釋，也確立了道的本根地位。

　　《淮南子》形上道論另一個特色，就是將宇宙萬物生成的各個環節給予具體化的說明。如由渾沌之氣所生出的「天」、「地」，〈天文〉說「清陽者薄靡而爲天，重濁者凝滯而爲地」，於是天、地便產生了。《淮南子》還進一步認爲：「天有九野，九千九百九十九隅，去地五億萬里。五星、八風、二十八宿、五官、

〔註276〕　《淮南子校釋・天文》，卷第三，頁245。
〔註277〕　《淮南子校釋》，卷第三，頁318、245～246。
〔註278〕　《老子註譯及評介》，四十二章，頁232。

六府、紫宮、太微、軒轅、咸池、四守、天阿。」〔註279〕將天空分爲九個星域，分布於八方和中央，二十八宿分布其中；「地形之所載，六合之間，四極之內，昭以日月，經之以星辰，紀之以四時，要之以太歲。天地之間，九州八極。土有九山，山有九塞，澤有九藪，風有八等，水有六品」，〔註280〕「闔四海之內，東西二萬八千里，南北二萬六千里，水道八千里。通谷其（六）。名川六百。陸徑三千里」。〔註281〕這是當時人們所能觀察到與想像到的宇宙天地的範圍，這也是《淮南子》在吸收漢代天文、地理知識的基礎上，作了更加詳細而又具體的描述，將「天」與「地」的概念進一步具體化了。

又如「四時」，《淮南子》有〈時則〉專論時令。《淮南子》吸收《呂氏春秋》的月令圖式，將春、夏、秋、冬四季又分爲孟春、仲春、季春、孟夏、仲夏、季夏、孟秋、仲秋、季秋、孟冬、仲冬、季冬十二個月份，並根據每個月份的時令特點規定了相應的政治、經濟政策。認爲春天當行春令，夏天當行夏令，秋天當行秋令，冬天當行冬令。如果在秋天「行春令，則秋雨不降，草木生榮，國有大恐；行夏令，則其國乃旱，蟄蟲不藏，五穀皆復生；行冬令，則風災數起，收雷先行，草木早死」；在冬天「行春令，則凍閉不密，地氣發泄，民多流亡；行夏令，則多暴風，方冬不寒，蟄蟲復出；行秋令，則雪霜不時，小兵時起，土地侵削」。這也是道逐漸落實於形而下的結果，是繼承黃老帛書主張「四時有度」，要求「毋逆天時」、「毋亂民功」的思想；同時又是漢代發達的農業文化在哲學領域的反映。

徐復觀說：

> 老子以道爲創生的原動力，本是一種創說。……但創生問題提出後，戰國時期，便出現各種說法；大約屬於道家系統的，則追溯天地以前；而屬於儒家系統的，皆以天地爲創生的起點。自戰國中期，陰陽之說盛行後，便出現以氣說明創生的歷程。〔註282〕

關於以氣爲本源的創生論出現的原因，徐復觀又做了如下的解釋：

> 總之，老莊以道言創生，是出自思維的推理，是純抽象的形而上學的性格。其自身含有嚴格的合理性。但中國一般人心態，不安心於

〔註279〕《淮南子校釋‧天文》，卷第三，頁262。
〔註280〕《淮南子校釋‧地形》，卷第四，頁417。
〔註281〕《淮南子校釋》，卷第四，頁431。
〔註282〕《兩漢思想史卷二》，頁216。

純思維的抽象思考，常喜歡把具體物夾雜到裡面去，尤其是在論創生時，則氣夾雜到裡面去；僅就氣而言，氣也是抽象的；但氣對道而言，則氣是具體的；氣在四時中表現，則更是具體的；以具體的東西談形而上的問題，便只有出之於想像，便不能不夾雜，不能不矛盾。〔註283〕

按這種解釋，《淮南子》等書中描述的以氣為源的宇宙創生論是對老、莊形而上學的創生論之改造，用具體的氣替換了抽象的道。李增也說：

《淮南子》提倡氣化宇宙論，以氣為萬物之本質。道乘氣而落實於萬物。道若沒有氣為萬物之質而乘之，則老莊之道只能是懸空而不切實際的形而上的抽象觀念。若是沒有氣分化為陰陽相互推移、聚散變化以絪縕萬物，則道之周行不殆無所附著而其能力變為空幻。有了氣論，老莊之道才有可能落實於形而下之宇宙萬物，而後才能具體之顯現。〔註284〕

這就如本章所言，黃老道家討論形上之道，有逐漸物質化與具體化的傾向，可以說《淮南子》注重「有」的一面。《淮南子》是兩漢時期黃老道論發展的重心，也開啟往後思想界的整個走向。

（三）氣物相感

感應思想是《淮南子》思想中另一個重要論題，它是形上與形下聯繫的中介，故一併在此討論。顧名思義，感應指宇宙萬物間彼此的互動關係。這種思想起源很早，在《尚書》、《詩經》中就有許多天人感應的記載。根據研究，《尚書》與《詩經》的天人感應理論有兩種型態：一種是神學觀念，天被理解為活龍活現的人格化至上神，通過「天使」來監察人間善惡，由天來直接決定社會事物，而不是通過某種自然現象作為媒介。如《尚書·召誥》說：

我不可不監于有夏，亦不可不監于有殷。我不敢知曰，有夏服天命，惟有歷年。我不敢知曰，不其延。惟不敬厥德，乃早墜厥命。〔註285〕

就是說夏朝的統治本可多維持一點時間，但由於未能敬德，喪失了上帝的任命。即政權維持之久暫，皆取決於「敬德」與否。或如《詩經·周頌·敬之》：「敬之敬之，天維顯思，命不易哉。無曰高高在上，陟降厥士，日監在茲。」

〔註283〕《兩漢思想史卷二》，頁218。
〔註284〕〈淮南子之道論〉，《大陸雜誌》第69卷第6期。
〔註285〕《尚書釋義·周書·召誥》，頁137。

〔註286〕上天隨時監視地上人間，適時給予懲罰與獎賞。第二種主要強調人的行為會引起自然現象的相應變化，《尚書・洪範》說：

> 八、庶徵：曰雨，曰暘，曰燠，曰寒，曰風，曰時。五者來備，各以其敘，庶草蕃廡。一、極備凶，一、極無凶。曰休徵：曰肅，時雨若；曰乂，時暘若；曰哲，時燠若；曰謀，時寒若；曰聖，時風若。曰咎徵：曰狂，恆雨若；曰僭，恆暘若；曰豫，恆燠若；曰急，恆寒若；曰蒙，恆風若；曰王省惟歲，卿士惟月，師尹惟日。歲月日時無易，百穀用成，乂用明，俊民用章，家用平康。日月歲時既易，百穀用不成，乂用昏不明，俊民用微，家用不寧。庶民惟星，星有好風，星有好雨。日月之行，則有冬有夏，月之從星，則以風雨。九、五福：一曰壽，二曰富，三曰康寧，四曰攸好德，五曰考終命。六極：一曰凶短折，二曰疾，三曰憂，四曰貧，五曰惡，六曰弱。〔註287〕

這是認為政治好，就會風調雨順；政治不好就會風雨不時。某種具體的行為會引起不同的自然現象，強調人事與自然現象之間的直接影響、交流，而不強調天或神在其中的作用。〔註288〕

戰國後期，感應思想有了新的發展，《易・乾・九五・文言》說：

> 同聲相應，同氣相求，水流濕，火就燥，雲從龍，風從虎，聖人作而萬物睹，……各從其類也。〔註289〕

《易・咸・彖辭》：

> 咸，感也。柔上而剛下，二氣感應以相與。……天地感，而萬物化生；聖人感人心，而天下和平，觀其所感，而天地萬物之情可見矣。
> 〔註290〕

《荀子・勸學》：

> 施薪若一，火就燥也；平地若一，水就濕也。草木疇生，禽獸群焉，物各從其類也。〔註291〕

〔註286〕《詩經釋義》，頁411。
〔註287〕《尚書釋義・周書・洪範》，頁100～101。
〔註288〕向世陵、馮禹《儒家的天論》，頁23、29，山東：齊魯書社，1991年12月第一刷。
〔註289〕《周易集解》，卷一，頁13。
〔註290〕《周易集解》，卷七，頁159～160。
〔註291〕《荀子集釋・勸學第一》，頁5。

即是承認天地萬物以相類性質而共鳴的特性。在《呂氏春秋》中說的更爲清楚：「人之與天地也同。萬物之形雖異，其情一體也。」〔註292〕這是對宇宙一體化的理論總的概括。所謂萬物「其情一體」，正指宇宙萬物、包括自然、人和社會，儘管殊類異形，卻具有統一的本質，彼此有可以互相感應的關係。《呂氏春秋》說：

> 類固相召。氣同則合，聲比則應。鼓宮而宮應，鼓角而角動。平地注水，水流溼；均薪施火，火就燥。山雲草莽，水雲魚鱗，旱雲煙火，雨雲水波，無不皆類其所生以示人。……黃帝曰：芒芒昧昧，因天之道，與元同氣。故曰同氣賢於同義，同義賢於同功，同功賢於同居，同居賢於同名。〔註293〕

「類固相召」，這個類，依其自然觀氣化宇宙論來講，實爲氣類，氣是萬物的共通本質，透過氣的流轉，於是萬物殊類殊形，皆可以相感。而不同類的物由於精氣相通，也能互相感召。「人或謂兔絲無根。兔絲非無根也，其根不屬也，茯苓是。慈石召鐵，或引之也。數樹相近而靡，或軒之也」。〔註294〕兔絲是一種附在別的植物上的寄生植物，它當然沒有根。古人不了解它的寄生性，而把在兔絲下面挖出的茯苓當成它的根，這是囿於當時的生物知識所致。這裡認爲，兔絲不是沒有根，只是和根不連接而已。兔絲的生長，能夠靠同它不相連接的茯苓，是因爲它們精氣相通。磁石和鐵，能夠互相吸引，也是由於精氣相通。

1、同類相動

《淮南子・原道》說：「萬物回周旋轉，不爲先唱，感而應之。」〔註295〕〈要略〉也說：「明物類之感，同氣之應。」〔註296〕即承認萬物互相感應的存在。萬物何以會有感應呢？《淮南子》與《呂氏春秋》的看法類似，同樣依據事物的本質相類性爲基礎來展開論述。它從自然觀點，以陰陽氣運解說宇宙萬物構成，〈本經〉說：「萬殊爲一」，是承「天地之合和，陰陽之陶化，萬物皆乘一氣」〔註297〕而來，因此，天地萬物可以總而爲一類，彼此可以感應。

〔註292〕《呂氏春秋注疏・情欲》，卷第二，頁196。

〔註293〕《呂氏春秋注疏・應同》，卷第十三，頁1282～1290。

〔註294〕《呂氏春秋注疏・精通》，卷第九，頁927～930。

〔註295〕《淮南子校釋》，卷第一，頁72。

〔註296〕《淮南子校釋》，卷第二十一，頁2127。

〔註297〕《淮南子校釋》，卷第八，頁819。

〈天文〉說：

> 天道曰圓，地道曰方。方者主幽，圓者主明。明者，吐氣者也，是
> 故火曰外景；幽者，含氣者也，是故水曰內景。吐氣者施，含氣者
> 化，是故陽施陰化。天之偏氣，怒者為風；地之含氣，和者為雨。
> 陰陽相薄，感而為雷，激而為霆，亂而為霧。陽氣勝則散而為雨露，
> 陰氣勝則凝而為霜雪。毛羽者，飛行之類也，故屬於陽。介鱗者，
> 蟄伏之類也，故屬於陰。日者，陽之主也，是故春夏則群獸除，日
> 至而麋鹿解。月者，陰之宗也，是以月虛而魚腦減，月死而贏蛖膲。
> 火上葦，水下流，故鳥飛而高，魚動而下。物類相動，本標相應，
> 故陽燧見日則燃而為火，方諸見月則津而為水，虎嘯而谷風至，龍
> 舉而景雲屬，麒麟鬥而日月食，鯨魚死而彗星出，蠶珥絲而商弦絕，
> 賁星墜而勃海決。〔註298〕

〈覽冥〉說：

> 夫物類之相應，玄妙深微，知不能論，辯不能解。故東風至而酒湛
> 溢，蠶咡絲而商弦絕，或感之也。畫隨灰而月運闕，鯨魚死而彗星
> 出，或動之也。……故山雲草莽，水雲魚鱗，旱雲煙火，涔雲波水，
> 各像其形類，所以感之。〔註299〕

〈泰族〉說：

> 夫濕之至也，莫見其形而炭已重矣；風之至也，莫見其象而木已動
> 矣。日之行也，不見其移；騏驥倍日而馳，草木為之靡；縣烽未轉，
> 而日在其前。故天之且風，草木未動而鳥已翔矣；其且雨也，陰曀
> 未集而魚已噞矣：以陰陽之氣相動也。故寒暑燥濕，以類相從；聲
> 響疾徐，以音相應也。〔註300〕

寒暑、燥濕、聲響、疾徐，這些大都是自然界同類感應現象，是由於「物類
相同，本標相應。」〔註301〕「萬物有以相連，精祲有以相蕩。」〔註302〕「陰
陽同氣相動」〔註303〕的結果。而其基礎就是氣類相感相動。

〔註298〕《淮南子校釋》，卷第二，頁 245～246。
〔註299〕《淮南子校釋》，卷第六，頁 642。
〔註300〕《淮南子校釋》，卷第二十，頁 2035。
〔註301〕《淮南子校釋·天文》，卷第三，頁 246。
〔註302〕《淮南子校釋·泰族》，卷第二十，頁 2035。
〔註303〕《淮南子校釋·覽冥》，卷第六，頁 642。

　　這種感應的方式，著重於同類事物的物理性，因此感應是自鳴的，不是什麼神在支配，而是由事物的必然性所決定，含有合理的因素。尤其自然界有些感應，是真實的。如用陽燧取火於日，用方諸取露於月，磁石可以吸鐵，都是可以實驗而符合科學的。有的則是根據傳說而加以臆測，如用蘆草灰畫圈則月暈出現缺口，鯨魚死了彗星出現，都不是事實，這就不具任何意義。

2、天人相感

　　《淮南子》以事物的相類來推論天人相類，進而論證天人相通、相感，同時這是《淮南子》感應思想的核心。

　　〈泰族〉說：「天之與人，有以相通也。」〔註304〕人的精神肢體「取象于天」，以「比類其喜怒」。〔註305〕所以認為「天地宇宙，一人之身也；六合之內，一人之制也」。〔註306〕天有什麼，人就有什麼，天與人相副。《淮南子》說：

> 天地以設，分而爲陰陽。陽生於陰，陰生於陽。陰陽相錯，四維乃通。或死或生，萬物乃成。蚑行喙息，莫貴於人。孔竅肢體，皆通於天。天有九重，人亦有九竅。天有四時，以制十二月，人亦有四肢，以使十二節。天有十二月，以制三百六十日，人亦有十二肢，以使三百六十節。故舉事而不順天者，逆其生者也。〔註307〕

> 故頭之圓也象天，足之方也象地。天有四時五行九解，三百六十六日，人亦有四肢五臟九竅，三百六十六節。天有風雨寒暑，人亦有取與喜怒。……是故耳目者，日月也；血氣者風雨也。〔註308〕

人身是一個具體而微的宇宙，與自然界的天象、氣候、時令在數目上相同，以此來證明天人一同。推而廣之，天有一套完善的組織，亦相對應於人間社會。如天有九野，與人世九州相應；天有木、火、土、金、水五星，分別管理上天東、南、中、西、北五方，每方都有一個天帝和輔佐之臣，其中中央的天帝是黃帝，負責統領四方。〔註309〕這與世間以帝王爲中心的統治組織是

〔註304〕《淮南子校釋》，卷第二十，頁2036。
〔註305〕《淮南子校釋·要略》，卷第二十一，頁2127。
〔註306〕《淮南子校釋·本經》，卷第八，頁819。
〔註307〕《淮南子校釋·天文》，卷第三，頁387。
〔註308〕《淮南子校釋·精神》，卷第七，頁722。
〔註309〕《淮南子校釋·天文》：「何謂五星？東方，木也，其帝太皞，其佐句芒，執規而治春。其神爲歲星，其獸蒼龍，其音角，其日甲乙。南方，火也，其帝

一致的。

　　肯定天人相副，天人一同，進而認定天人可以相感。〈覽冥〉說：

> 昔者，師曠奏白雪之音，而神物爲之下降，風雨暴至，平公癃病，
> 晉國赤地。庶女叫天，雷電下擊，景公臺隕，支體傷折，海水大出。
> 夫瞽師、庶女，位賤尚菜，權輕飛羽，然而專精厲意，委務積神，
> 上通九天，激厲至精。由此觀之，上天之誅也，雖在壙虛幽閒，遼
> 遠隱匿，重襲石室，界障險阻，其無所逃之，亦明矣。〔註310〕

這裡說明即使連瞽師、庶女輕賤之人，皆可透過專精厲意，委務積神而達到
感通上天。而人間帝王，稟受道之精氣，更能與天相感通。

> 武王伐紂，渡于孟津，陽侯之波，逆流而擊，疾風晦冥，人馬不相
> 見。於是武王左操黃鉞，右秉白旄，瞋目而撝之，曰：「余任，天下
> 誰敢害吾意者！」於是風濟而波罷。魯陽公與韓搆難，戰酣日暮，
> 援戈而撝之，日爲之反三舍。夫全性保眞，不虧其身，遭急迫難，
> 精通于天。若乃未始出其宗者，何爲而不成！〔註311〕

武王伐紂，遇陽侯大波興風作浪，武王瞋目怒斥使之風平浪靜，之所以能產
生這種風平浪靜的感應，即是含至合之氣，而能「知之所不知」，〔註312〕與天
感通。以此證明只要是人就具感知的能力。

　　《淮南子》認爲天人感應是一種雙向式的感應，人能感動天，天亦能影
響人。〈天文〉說：

> 四時者天之吏也，日月者天之使也，星辰者天之期也，虹霓慧星者
> 天之忌也。〔註313〕

天象是天意的表現，人的行爲是否符合天意，天能透過天象來顯示，天象的
運行與人類社會治亂興衰有相互感應的關系，預示人間的禍福。因此，順理
成章地推出天象正常與否說明人事的和順與否，如「營惑，……司無道之國，

炎帝，其佐朱明，執衡而治夏。其神爲熒惑，其獸朱鳥，其音徵，其日丙丁。
中央，土也，其帝黃帝，其佐后土，執繩而制四方。其神爲鎭星，其獸黃龍，
其音宮，其日戊己。西方，金也，其帝少昊，其佐蓐收，執矩而治秋。其神
爲太白，其獸白虎，其音商，其日庚辛。北方，水也，其帝顓頊，其佐玄冥，
執權而治冬。其神爲辰星，其獸玄武，其音羽，其日壬癸。」

〔註310〕《淮南子校釋》，卷第六，頁631。
〔註311〕《淮南子校釋‧覽冥》，卷第六，頁631。
〔註312〕《淮南子校釋‧覽冥》，卷第六，頁631。
〔註313〕《淮南子校釋》，卷第三，頁246。

為亂為賊，為疾為喪，為饑為兵」，「歲鎮行一宿，當居而弗居，其國亡；未當居而居之，其國益地，歲熟」，〔註314〕「辰星，……一時不出，其時不和，四時不出，天下大饑。」〔註315〕相對的，也能從人事推斷天象會如何，與從天象推測人事會發生怎樣的變化。

　　《淮南子》的天人感應，主要目的在於強調政治行為必須遵循天道自然無為的原則。〈泰族〉說：

> 高宗諒闇，三年不言，四海之內，寂然無聲；一言聲然，大動天下。
> 是以天心呿唫者也，故一動其本而百枝皆應，若春雨之灌萬物也，
> 渾然而流，沛然而施，無地而不澍，無物而不生。故聖人者懷天心，
> 聲然能動化天下者也。故精誠感於內，形氣動於天，則景星見，黃
> 龍下，祥鳳至，醴泉出，嘉穀生，河不滿溢，海不溶波。〔註316〕

殷高宗武丁居喪，三年內閉口不言，四海之內寂靜無聲；一旦他發布命令，便震撼天下，這是遵循天意而使天下像呼吸那樣感應。所以，觸動根本，則百枝萬葉隨之搖晃，如同春雨澆灌萬物，渾渾源源不斷地施澤著。何以如此？主要是聖王內含天的精誠之氣，律己修政，此氣與民相通，他還沒有發出號令，百姓已伸長脖子、踮起腳根等待了。聖王如此，上天也應之以祥瑞之象。如果，君王不遵循這種規律，就要受到自然的懲罰，〈天文〉說：

> 人主之情，上通于天。故誅暴則多飄風，枉法令則多蟲螟，殺不辜
> 則國赤地，令不收則多淫雨。〔註317〕

〈泰族〉說：

> 逆天暴物，則日月薄蝕，五星失行，四時干乖，晝冥宵光，山崩川
> 涸，冬雷夏霜。……天之與人有以相通也。故國危亡而天文變，世
> 惑亂而虹蜺見，萬物有以相連，精祲有以相蕩也。〔註318〕

〈覽冥〉說：

> 君臣乖心，則背譎見於天。神氣相應徵矣。〔註319〕

君主在政事或私德的缺失，或是君臣不和，表現為逆氣或邪穢濁溷之氣，相

〔註314〕《淮南子校釋‧天文》，卷第三，頁262。
〔註315〕《淮南子校釋‧天文》，卷第三，頁264。
〔註316〕《淮南子校釋》，卷第二十，頁2035～2036。
〔註317〕《淮南子校釋》，卷第三，頁246。
〔註318〕《淮南子校釋》，卷第二十，頁2036。
〔註319〕《淮南子校釋》，卷第六，頁642。

應於天，天自然應之以災異。

這裡，《淮南子》特別強調「精誠」的重要作用。人雖然也是氣所構成，但得到的是氣之「精」者，精氣作用神妙，不可言喻。此如同《管子》四篇所說精氣可使人「自至神明之極，照乎知萬物」。〔註320〕《淮南子》也說：

> 勇士一呼，三軍皆辟，其出之也誠。故倡而不和，意而不戴，中心必有不合者也。故舜不降席而王天下者，求諸己也。故上多故，則民多詐矣。身曲而景直者，未之聞也。說之所不至者，容貌至焉。容貌之所不至者，感忽至焉。感乎心，明乎智，發而成形，精之至也。

又說：

> 心之精者，可以神化而不可以導人；目之精者，可以消澤而不可以昭誋。在混冥之中，不可諭於人。故舜不降席而天下治，桀不下陛而天下亂，蓋情甚乎叫呼也。無諸己，求諸人，古今未之聞也。同言而民信，信在言前也。同令而民化，誠在令外也。〔註321〕

政治上下能夠和諧互動，全在於以誠感人，只有出乎誠，才能明乎智；誠是一種無跡可尋，卻是自然界和社會的普遍現象，它是以情感化的內在基礎，而誠的發用，又是「精之至」的表現。我們看到，《淮南子》以精誠玄妙不可言的作用為君王感化人民的橋樑，其用意在於肯定精氣對於人心靈的提昇，也為統治者提供一個方向。

最後，我們必須指出的，《淮南子》物類同氣而相感，有一定的說服力，但是對於天人感應，認為天能感人，人亦能感天，雖然強調以氣為中介的機械感應觀點，但仍無法避免讓天成為一個帶有意志的「天帝」，這就與董仲舒天有意志的神學目的觀點有了相似之處。然而感應在《淮南子》思想中並非一無價值，它具有一個積極而重大的作用，即是《淮南子》將宇宙萬物化分成各種相對應的「類」，如天有中心，地也有中心，天分九野，地分九州，星宿與州郡一一對稱，天象與地象一一掛鉤，季節、方位、風向、物，物候與人事也都互相匹配，將戰國以來流行的陰陽、五行、八卦、九宮等理論綜合成了一個整齊有序、層次分明，能夠兼容天地人物事的大結構，這是通過感應的關係連結完成的。〔註322〕可以說，感應在《淮南子》中是一種絕對的觀

〔註320〕《管子‧內業第四十九》，卷十六，頁1373。
〔註321〕《淮南子校釋‧繆稱》，卷第十，頁1039～1047。
〔註322〕葛兆光《中國思想史》第一卷，頁246～247，上海：復旦大學出版社，2002

念，它是宇宙萬物間的一種客觀的、自然的聯繫。〔註323〕

二、王充《論衡》

（一）其人其書

王充，字仲任，東漢會稽上虞人，生於光武帝建武三年（公元 27 年），卒於和帝永元中（永元計 16 年，公元 89～104 年），享年七十歲左右。〔註324〕祖上因有軍功被封於會稽陽亭，到了他曾祖父時就失去了封爵，以農桑為業，後來又轉而經商，因此王充自稱出身於「細族孤門」。〔註325〕王充一改祖宗之業，轉而讀書習文，勵心學問，力求學得治國安民的本領，有所作為。但因承襲「祖世任氣」〔註326〕的性格，「仕數不耦」，〔註327〕一生只做過州縣幕僚的小官吏，在政治上始終未得重任，於是罷歸鄉里，以教授為業。王充在政

　　　年 2 月第二刷。

〔註323〕白光華〈我對淮南子的一些看法〉，《道家文化研究》第六輯，上海古籍出版社，1995 年 6 月第一刷。

〔註324〕王充之生平事蹟，見於《論衡・自紀》及《後漢書》本傳。惟本傳與王符、仲長統合傳，而關於王充部分，僅二百餘字：「王充、字仲任，會稽上虞人也。其先自魏郡元城徙焉。充少孤，鄉里稱孝。後到京師，受業太學，師事扶風班彪。好博覽而不守章句，家貧無書，嘗遊洛陽市肆，閱所賣書，一見輒能誦憶，遂博通眾流百家之言。後歸鄉里，屏居教授。仕郡為功曹，以數諫爭，不合去。充好論說，始若詭異，終有理實。以為俗儒守文，多失其真；乃閉門潛思，絕慶弔之禮，戶牖牆壁，各置刀筆，著《論衡》八十五篇，二十餘萬言。釋物類同異，正時俗嫌疑。刺史董勤辟為從事，轉治中，自免還家。友人同郡謝夷吾薦充才學，肅宗特詔公車徵，病不行。年漸七十，志力衰耗，乃造《養性書》十六篇。裁節嗜欲，頤神自守。永元中，病卒於家。」故欲觀王充生平事蹟，當以〈自紀〉為主。王充卒年，已不可確考。據《論衡・自紀》云和帝永元二年（公元 90 年），年漸七十（時年六十四），志力衰耗。依此推斷，約卒於永元中，年約七十。可參考黃暉《論衡校釋》附編二〈王充年譜〉、鍾肇鵬《王充年譜》（濟南：齊魯書社，1983 年）、蔣祖怡編撰《王充卷》（鄭州：中州書畫社，1983 年）、林麗雪《王充》附錄〈王充年譜〉（台北：東大圖書公司，1991 年 9 月初版）。

〔註325〕《論衡・自紀第八十五》，卷第三十，頁 1205。以下引文據黃暉《論衡校釋》。黃氏此書，以明通津草堂本為依據，參考宋本殘卷、楊守敬校宋本、孫詒讓校元本、朱宗萊校元本、明天啟本、程榮刻本、何鏜刻本、黃嘉惠刻本、錢震瀧刻本、潮陽鄭氏刻本、湖北崇文局本等，考辨同異，擇審精當，仍是目前最佳之本。

〔註326〕《論衡校釋・自紀第八十五》，第三十卷，頁 1187。

〔註327〕《論衡校釋・自紀第八十五》，第三十卷，頁 1204。

治上失意，於是他發憤著書，批判當時社會流行的各種思想。他的著作豐富，重要有《譏俗》、《政務》、《論衡》、《養性》。這些著作當中，僅存《論衡》一書，而現存之《論衡》也非完璧，計八十五篇，其中〈招致〉僅存篇名，實際爲八十四篇，〔註328〕是研究王充思想的主要依據。

王充的時代，是一個迷信的儒學最盛行的時代。從漢武帝提倡種種方士迷信之後，直到哀帝、平帝、王莽、光武帝的時候，爲了利用儒家天人感應的宗教，將統治的王權神化，一些俗儒，爲了趨附時尚，普遍的穿鑿附會儒家經義，於是讖緯神學大興。《四庫全書總目提要》說：

> 蓋秦漢以來，去聖日遠，儒者推闡論說，各自成書，與經原不相比附。如伏生《尚書大傳》、董仲舒《春秋陰陽》，核其文體，即是緯書。〔註329〕

章太炎對此作了更具體的闡述。他在〈駁建立孔教義〉中說：

> 及燕齊怪迂之士興于東海，說經者多以巫道相糅。故〈洪範〉舊志之一篇耳，猶相與抵掌樹頰，廣爲抽繹。伏生開其源，仲舒衍其流。是時適用少君、文成、五利之徒，而仲舒亦以推驗火災，救旱止雨，與之校勝。以經典爲巫師豫記之流，而更曲傅《春秋》云爲漢氏制法，以媚人主而棼政紀。昏主不達，以爲孔子果玄帝之子，真人尸解之倫。讖緯蜂起，怪說布彰，曾不須臾，而巫蠱之禍作，則仲舒爲之前導也。自爾或以天變災異，宰相賜死，親藩廢黜，巫道亂法，鬼事干政，盡漢一代，其政事皆兼循神道。〔註330〕

〔註328〕王充的著作，凡有五部：一、《譏俗》；二、《政務》；三、《論衡》；四、《養性》；五、《六儒論》。前四種皆見〈自紀〉，後一種據《後漢書》章懷太子注引《袁山松書》。《譏俗》之書十二篇，《養性》之書十六篇，《政務》之書未知篇數，可以考察只有〈乏備〉、〈禁酒〉二篇，《六儒論》篇數不詳。諸書皆不傳，所傳獨《論衡》八十五篇，惟《論衡》本在百篇以外。黃暉認爲王充的手定稿，或者有百篇，但《抱朴子》、《後漢書》本傳都只有著錄八十五篇，蓋《論衡》最初傳世，是由蔡邕、王朗兩人，他兩人入吳，都得到百篇全稿。虞翻說：「王充著書垂藻，絡繹百篇。」足爲當時尚存百篇之證。後來因爲蔡邕所得者，被人捉取數卷持去，故只剩八十五篇。見存的《論衡》，大概就是根據蔡邕所得的殘本，所以葛洪、范曄都只能見到八十五篇本（詳見《論衡校釋·自序》，頁5）。

〔註329〕《四庫全書總目提要·經部·易類六附錄》，卷六，頁166，台北：藝文印書館，1989年1月六版。

〔註330〕章太炎《太炎文錄初編·文錄》，卷二，頁39，章氏叢書，章氏國學講習會

儒學讖緯化與進一步神秘化，肇始於董仲舒，至東漢則變本加厲，儒學變成讖緯之學。〔註331〕《隋書・經籍志》說：

> 王莽好符命，光武以圖讖興，遂盛行於世。漢時，又詔東平王蒼，正五經章句，皆命從讖。俗儒趨時，益爲其學。篇卷第目，轉加增廣。言五經者，皆憑讖爲説。〔註332〕

最後在章帝建初四年（公元 79 年），由章帝親自主持召開的白虎觀會議所得的結論——《白虎通》集其大成。可以說，學術駁雜不純，學風曲邪，爲王充時代的學術特色。

王充自言：

> 《論衡》篇以百數，亦一言也，曰：疾虛妄。〔註333〕

又說：

> 是故《論衡》之造也，起眾書並失實，虛妄之言勝眞美也。故虛妄之語不黜，則華文不見息；華文放流，則實事不見用。故《論衡》者，所以銓輕重之言，立眞僞之平，非苟調文飾辭，爲奇偉之觀也。其本皆起人間有非，故盡思極心，以機世俗。世俗之性，好奇怪之語，說虛妄之文。何則？實事不能快意，而華虛驚耳動心也。是故才能之士，好談論者，增益實事，爲美盛之語；用筆墨者，造生空文，爲虛妄之傳。聽者以爲眞然，說而不舍；覽者以爲實事，傳而

編，國民叢書三編影上海書店 1924 年版。

〔註331〕 案讖緯之書，《四庫全書總目提要》說：「儒者多稱讖緯，其實讖自讖，緯自緯，非一類也。讖者，詭爲隱語，預決吉凶。《史記・秦本紀》稱盧生圖書之語，是其始。緯者，經之支流，衍及旁義，……間雜以術數之言，……因附會以神其說，殆彌傳彌失，又益以妖妄之詞，遂與讖合而爲一。」圖讖之書，據《隋書・經籍志》載有《孔子讖》十二卷，《老子河洛讖》一卷，《尹公讖》四卷，《劉向讖》一卷，《雜讖》二十九卷。讖之內容，皆詭爲隱語，預知未來之事，言得失之兆。各種讖的作者，以明其隱語事後有徵信，所以又稱作「符」，由於這種符說成是出自天意，所以又稱「符命」，圖讖是神化的符命之書。緯書是相對經書而言，經有七經，《詩》、《書》、《禮》、《樂》《易》、《春秋》、《孝》：緯亦有七緯與之相對應，每種緯有許多著作，名稱怪異。如《春秋緯》，有《演孔圖》、《元命苞》、《文耀鉤》、《運斗樞》等十三種。緯書內容龐雜，但以託言孔子爲主，與讖結合，神化孔子與儒家經典，編造五花八門的神奇怪說，宣揚君權神授的天命論。

〔註332〕 《隋書・志第二十七・經籍一》，卷三十二，頁 941。

〔註333〕 〈佚文〉，頁 870。其中「《論衡》篇數以百數」，原作「《論衡》篇數以十數」，似誤。據劉盼遂〈王充《論衡》篇數殘佚考〉校改。

不絕。不絕，則文載竹帛之上；不舍，則誤入賢者之耳。至或南面
稱師，賦姦僞之說；典城佩紫。讀虛妄之書。明辨然否，疾心傷之，
安能不論？孟子傷楊、墨之議大奪儒家之論，引平直之說，褒是抑
非，世人以爲好辯。孟子曰：『予豈好辯哉？予不得已！』今吾不得
已也。虛妄顯於眞，實誠亂於僞，世人不悟，是非不定，紫朱雜廁，
瓦玉集糅，以情言之，豈吾心所能忍哉！〔註334〕

由此得知，《論衡》整部書以批判諸家說法，斥爲虛妄爲主，充分顯露出批判
的精神。

王充批判的對象相當廣泛，只要是他認爲虛妄的，無不借詞發揮，從天
人感應、現實政治、鬼神迷信等等都在其範圍。在現存《論衡》八十四篇，〈自
然〉、〈談天〉、〈物勢〉、〈說日〉等篇，是批判天有意志與目的論；〈譴告〉、〈變
動〉、〈遭虎〉、〈商蟲〉、〈寒溫〉等篇，是批判緯書天人譴告說；〈明雩〉、〈奇
怪〉、〈變虛〉、〈異虛〉、〈感應〉、〈感類〉、〈福虛〉、〈禍虛〉、〈龍虛〉、〈雷虛〉
等篇，是批判緯書感應論等神秘主義；〈逢遇〉、〈累害〉、〈氣壽〉、〈命祿〉、〈命
義〉、〈幸遇〉等篇，以自然命定論否定天命與報應論；〈死僞〉、〈論死〉、〈訂
鬼〉等篇，是批判鬼神論；〈四諱〉〈譏日〉、〈卜筮〉、〈辨崇〉、〈難歲〉、〈詰
術〉、〈解除〉、〈祀義〉、〈祭意〉等篇，全面辨析與批判世俗迷信；〈道虛〉篇
則批評神仙方術；〈講瑞〉、〈指瑞〉、〈是應〉等篇，則分析祥瑞說；〈問孔〉、
〈非韓〉、〈刺孟〉等篇，是專門批判先秦諸子之說。這種批判特色，在當時
是全面而創新的，正是如此，王充成爲東漢社會批判思潮的先鋒，爲東漢末
王符（約生於東漢和帝、安帝之間，卒於桓、靈之際）、崔寔、仲長統（公元
179～219年）等人的先導。

《論衡》一書，歷代史志，咸列雜家，以其立論所涉非一，內容豐富，
難以歸於一家。《抱朴子·喻蔽》說：

抱朴子曰：余雅謂王仲任作《論衡》八十餘篇，爲冠倫大才。有同
門魯生難余曰：夫瓊瑤以寡爲奇，磧礫以多爲賤，故庖犧卦不盈十，
而彌綸二儀；老氏言不滿萬，而道德備舉。王充著書兼箱累袠，而
乍出乍入，或儒或墨，屬辭比義，又不盡美。所謂陂原之蒿莠，未
若步武之黍稷也。」〔註335〕

〔註334〕《論衡校釋·對作第八十四》，第二十九卷，頁1179。
〔註335〕楊明照《抱朴子外篇校箋·喻蔽》，頁423，北京：中華書局，1997年10月

> 抱朴子答曰：子又譏云：「乍入乍出，或儒或墨」，夫發口爲言，著紙爲書，書者所以代言，言者所以書事，若用筆不宜雜載，是論議當常守一物。昔諸侯訪政，弟子問仁，仲尼答之，人人異辭，蓋因事托規，隨時所急。譬猶治病之方千百，而針灸之處無常，卻寒以溫，除熱以冷，期於救死存身而已，豈可詣者逐一道如齊楚而不改路乎？陶朱、白圭之財不一物者，豐也；雲夢、孟諸，所生萬殊者，曠也。故《淮南鴻烈》，始於〈原道〉、〈俶眞〉，而亦有〈兵略〉、〈主術〉，莊周之書，以死生爲一，亦有畏犧慕龜，請粟救飢。若以所言不純而棄其文，是治珠瑿而剜眼，療濕痹而刖足，患莨莠而刈谷，憎枯枝而伐樹也。〔註336〕

這一段話說明「雜載」是《論衡》的特色；「或儒或墨」正是不主一家的風格。宋人高似孫也說：

> 《論衡》者，後漢治中王充所論著也。書八十五篇，二十餘萬言。其爲言皆敘天證，敷人事，析物類，道古今，大略如仲舒玉杯繁露。而其文詳，詳則理義莫能聚而精，辭莫能肅而括，幾於蕪且雜矣。
>
> 〔註337〕

孫氏以雜蕪視之，今觀《論衡》一書，確實言說萬端，有許多內容矛盾，前後不能一貫之處。如〈率性〉說子貢不受天之富貴，用貨殖之術而致富，〈問孔〉則說以術不能求富，需待天之降富命；又如極力批判災異說，認爲天並無意志，不因君王有錯誤而示警，以此推論，天也不因君王之善而現瑞，可是王充卻大談瑞應，藉此稱頌漢朝。這些例子正好說明，《論衡》一書並非像先秦諸子爲了建立一套理論體系的著作，而是基於「與人爭勝，炫鬻才華的樂趣」而作，〔註338〕因此會有如前人所說「隨事各主一說，彼此自相背馳」〔註339〕的情形出現。

　　由於王充不主一家，對於諸家思想有吸收也有批評。

　　　　　第一刷。
〔註336〕《抱朴子外篇校箋・喻蔽》，頁435～438。
〔註337〕《子略》，卷四，頁4，台北：臺灣中華書局四部備要本，據學津討原本刊校，1976年9月臺三版。
〔註338〕龔鵬程《漢代思潮・世俗化的儒家：王充》，頁271，嘉義：南華大學編譯出版中心，1999年8月。
〔註339〕黃震《黃氏日抄・讀諸子三》，卷五十七，頁448，台北：臺灣商務印書館影文淵閣四庫全書本第708冊。

對於儒家，在〈問孔〉中對孔子言行有批評，但在〈辨祟〉尊孔子為聖人；在〈別通〉稱讚孔子是「百世之聖」，是智慧、道德的榜樣，是一個典型的大聖人；〈刺孟〉中批評孟子「五百年必有王者興」是「信浮淫之言」，與「俗儒無疏」，王充卻經常將之與孔子並言，以為聖賢的代表。另外，在〈超奇〉說：「夫能說一經者為儒生，博覽古今者為通人，采掇傳書以上書奏記者為文人，能精思著文連結篇章者為鴻儒。」〔註340〕按照王充的解釋，鴻儒要通「聖教」即傳統儒家經典，並通百家之言，且具有獨具的創造力。王充以鴻儒自許，即可看出受儒家思想的影響。

對於法家，〈非韓〉批評商鞅、韓非「獨任刑法」、「以法為教」、「以吏為師」，而輕視禮義，鄙薄儒生。但也吸收「貴耕戰」、「明賞罰」的主張；〈齊世〉說治世尊今之論則是法家之義。

對於墨家，〈薄葬〉批評墨家「右鬼」之說，而「節葬」的主張有所採納。

對於道家，〈道虛〉說：「世或以老子之道為可以度世，恬淡無欲，養精愛氣。夫人以精神為壽命，精神不傷，則壽命長而不死。成事：老子行之，踰百度世，為真人矣。夫恬淡少欲，孰與鳥獸？鳥獸亦老而死。鳥獸含情欲，有與人相類者矣，未足以言。草木之生何情欲？而春生秋死乎？夫草木無欲，壽不踰歲；人多情欲，壽至於百。此無情欲者反夭，有情欲者壽也。夫如是，老子之術，以恬淡無欲、延壽度世者，復虛也。」〔註341〕又說：「道家相誇曰：『真人食氣。』以氣而為食，故傳曰：『食氣者壽而不死。雖不穀飽，亦以氣盈。』此又虛也。」〔註342〕又說：「道家或以服食藥物，輕身益氣，延年度世。此又虛也。」〔註343〕此皆批評道家神仙長生之術不足取；然而在〈自然〉論天道時說：「試依道家論之」〔註344〕同篇又說：「道家論自然，不知引物事以驗其言行，故自然之說未見信也。」〔註345〕自然之說是對的，由於沒有舉出例證，因此人們不相信。這說明王充在天道觀接受了道家的觀點。

以上說明，「雜」是《論衡》的思想特色。我們知道王充的天道觀是來自於道家，他自主的吸收道家天道的思想，胡適說是為了推翻當時的天人感應的迷

〔註340〕《論衡校釋》，卷第十三，頁607。
〔註341〕《論衡校釋》，第七卷，頁334～335。
〔註342〕《論衡校釋》，第七卷，頁336。
〔註343〕《論衡校釋》，第七卷，頁337～338。
〔註344〕《論衡校釋》，第十八卷，頁775。
〔註345〕《論衡校釋》，第十八卷，頁780。

信，要打破天人同類的天道觀念，不能不用一種自然的天道觀來代替；〔註346〕
馮友蘭也說是就道家自然主義之觀點，以批評當時一般人之迷信。〔註347〕

《論衡》的道家之學，是當時流行的黃老之學。《論衡》一書中有五處黃
老並舉：

> 夫天道，自然也，無爲；如譴告人，是有爲，非自然也。黃、老之
> 家，論說天道，得其實也。〔註348〕

> 至德純渥之人，稟天氣多，故能則天，自然無爲。稟氣薄少，不遵
> 道德，不似天地，故曰不肖。不肖者，不似也。不似天地，不類聖
> 賢，故有爲也。天地爲鑪，造化爲工，稟氣不一，安能皆賢？賢之
> 純者，黃、老是也。黃者，黃帝也；老者，老子也。黃、老之操，
> 身中恬澹，其治無爲，正身共己而陰陽自和，無心於爲而物自化，
> 無意於生而物自成。〔註349〕

> 夫寒溫、譴告、變動、招致，四疑皆已論矣。譴告於天道尤詭，故
> 重論之，論之所以難別也。說合於人事，不入於道意。從道不隨事，
> 雖違儒家之說，合黃、老之義也。〔註350〕

> 〔以〕恬憺無欲，志不在於仕，苟欲全身養性爲賢乎？是則老聃之
> 徒也。道人與賢殊科者，憂世濟民於難，是以孔子棲棲，墨子遑遑。
> 不進與孔、墨合務，而還與黃、老同操，非賢也。〔註351〕

> 夫論說者閔世憂俗，與衛駿乘者同一心矣。愁精神而幽魂魄，動胸
> 中之靜氣，賊年損壽，無益於性，禍重於顏回，效力篇謂顏淵力不
> 任，劣倦罷極，髮白齒落，有仆頓之禍。違負黃、老之教，非人所
> 貪，不得已，故爲《論衡》。〔註352〕

這幾段引文，可了解王充對於黃老之學的看法。首先，他推崇黃老的天道自
然無爲及無爲而治，並且認爲他的天道觀念來自於黃老的自然無爲原則；其
次，他不認同道家志不在於仕，不知憂世濟民，消極事功的態度，此與前面

〔註346〕胡適〈王充的論衡〉，黃暉《論衡校釋》附編四，頁1285。
〔註347〕馮友蘭《中國哲學史》，頁588。
〔註348〕《論衡校釋・譴告第四十二》，第十四卷，頁636。
〔註349〕《論衡校釋・自然第五十四》，第十八卷，頁781。
〔註350〕《論衡校釋・自然第五十四》，第十八卷，頁785。
〔註351〕《論衡校釋・定賢第八十》，第二十七卷，頁1113。
〔註352〕《論衡校釋・對作第八十四》，第二十九卷，頁1179～1180。

說王充以道家神仙養生之術爲虛妄，站在批判的路線是一樣的。

錢穆曾認爲王充「私心所宗，實在黃老。」〔註353〕從王充整體思想而言，可以商榷，但從天道觀這一個層面來看，確實吸收了黃老思想作爲批判他人思想的武器。徐道鄰說王充之推崇黃老，只限於談到天道的時候，〔註354〕這是合乎實情的，而且王充對於黃老的天道思想在繼承之餘，又有發展，應該視爲兩漢道家黃老學說重要的里程碑。

（二）天道觀

1、天爲無意志的實體

關於宇宙的根源、宇宙的運作，以及萬物的形成的相關問題，王充用「天道」一詞來總括說明，它是王充的形上思想。

在王充的時代，最得勢力是神學化的天人感應思想，天人感應中的天是有意志的「百神之君」，〔註355〕天的一切行爲，都是有目的的，「天高其位而下其施，藏其形而見其光，序列星而近至精，考陰陽而降霜露。高其位所爲尊也，下其施所以爲仁也，藏其形所爲神也，見其光所以爲明也，序列星所以相承也，近至精所以爲剛也，考陰陽所以成歲也，降霜露所以生殺也。」〔註356〕它「居高理下，爲人鎮也。」〔註357〕是能夠影響人間所有禍福的管理者，具有決定萬物生死的天帝。王充爲了批判當時流行的這種說法，將矛頭對準「儒書」所提的「天」，認爲天無意志，無目的，天道自然。

在《老子》的哲學體系中，有關天的理論顯然是次要的，服從於道，用道來取代天的至上地位，正是《老子》哲學的一大特色，往後的黃老帛書、《管

〔註353〕參《中國思想史》，錢賓四先生全集第 24 冊，頁 111，錢賓四先生全集編委會編，台北：聯經出版事業公司，1998 年 5 月初版。此意見，近年學者多有此論者，如熊鐵基認定王充屬於「新道家」，新道家指的就是漢初興起的黃老新道家（詳見熊鐵基《秦漢新道家略論稿・王充的思想也屬於新道家》，頁 169。或另見《秦漢新道家・「合黃老義」的王充》，頁 481，上海人民出版社，2001 年 3 月第一刷）。

〔註354〕徐道鄰〈王充論〉，《中國哲學思想論集（第三冊）・兩漢魏晉隋唐篇》，頁 171，台北：水牛出版社，1992 年 5 月再版二刷。

〔註355〕蘇輿撰，鍾哲點校《春秋繁露義證・郊義第六十六》，卷第十五，頁 402，北京：中華書局，1996 年 9 月第二刷。

〔註356〕《春秋繁露義證・天地之行第七十八》，卷第十七，頁 458。

〔註357〕陳立撰，吳則虞點校《白虎通疏證・天地》，卷九，頁 420，北京：中華書局，1997 年 10 月第二刷。

子》四篇、《淮南子》莫不如此。在王充的天道觀中，道家哲學的基本範疇「道」，並不被強調。王充沒有具體討論道的種種特徵，它已失去重要性，而是天高於道，優先於道，天實質的涵義與道具有宇宙本體或本原的意義相同，王充只在通常意義上使用「道」這個名詞。可以說由「天」或「自然」原則，替代「道」成為解釋宇宙的基礎，但自然觀的基本傾向都是道家式的，與黃老「道法自然」的思想一致。因此王充論天道，重點在天不在道，這是王充在吸收黃老形上思想有些改變的地方。

如何看待天道呢？王充認為黃老道家天道之說最為切理，只是不知引例子驗證，所以時人不信。為了彌補這個缺失，王充以「考察前後，效驗自列」，〔註358〕「考之以心，效之以事」，〔註359〕「事莫明於效，論莫定於有證」，〔註360〕實事求是的精神，大量運用科學的成果，作為論述的依據。對於天的看法，它提出天由何物所構成的疑問，〈變虛〉說：

　　使天體乎？耳高，不能聞人言；使天氣乎？氣若雲煙，安能聽人辭？
　　〔註361〕

〈談天〉又說：

　　且夫天者，氣邪？體邪？如氣乎，雲煙無異，安得柱而折之？女媧
　　以石補之，是體也。如審然，天乃玉石之類也。〔註362〕

天有體或氣之說，但天到底是氣還是體，王充並未正面回答。從整體看來，王充傾向於天是體而不是氣。〈道虛〉：「天之與地皆體也，地無下，則天無上矣。」〔註363〕〈談天〉：「儒者曰：天，氣也。……如實論之，天，體，非氣也。」〔註364〕〈祀義〉：「夫天者，體也，與地同。天有列宿，地有宅舍，宅舍附地之體，列宿著天之形。」〔註365〕

按漢代流行天的構成論，主要有蓋天說、宣夜說、渾天說三大派。據《隋書・志第十四・天文上》記載：

　　蓋天之說，即《周髀》是也。其本庖犧氏立周天曆度，其所傳則周

〔註358〕《論衡校釋・語增第二十五》，第七卷，頁344。
〔註359〕《論衡校釋・對作第八十四》，第二十九卷，頁1183。
〔註360〕《論衡校釋・薄葬第六十七》，第二十三卷，頁962。
〔註361〕《論衡校釋》，第四卷，頁206。
〔註362〕《論衡校釋》，第十一卷，頁471。
〔註363〕《論衡校釋》，第七卷，頁319。
〔註364〕《論衡校釋》，第十一卷，頁482。
〔註365〕《論衡校釋》，第二十六卷，頁1047。

公受於殷商，周人志之，故曰《周髀》。髀，股也。股者，表也。其言天似蓋笠，地法覆槃，天地各中高外下。北極之下，爲天地之中，其地最高，而滂沲四隤，三光隱映，以爲晝夜。天中高於外衡冬至日之所在六萬里，北極下地高於外衡下地六萬里，外衡高於北極下地二萬里。天地隆高相從，日去地恒八萬里。日麗天而平轉，分冬下之間日所行道爲七衡六間。每衡周徑里數，各依算數，用勾股重差，推晷影極游，以爲遠近之數，皆得於表股也，故曰《周髀》。又《周髀》家云：天圓如張蓋，地方如棋局。天旁轉如推磨而左行，日月右行，天左轉，故日月實東行，而天牽之以西沒。譬之於蟻行磨石之上，磨左旋而蟻右去，磨疾而蟻遲，故不得不隨磨以左迴焉。天形南高而北下，日出高故見，日入下故不見。天之居如倚蓋，故極在人北，是其證也。極在天之中，而今在人北，所以知天之形如倚蓋也。日朝出陰中，暮人陰中，陰氣暗冥，故從沒不見也。夏時陽氣多，陰氣少，陽氣光明，與日同暉，故日出即見，無蔽之者，故夏日長也。冬時陰氣多，陽氣少，陰氣暗冥，掩日之光，雖出猶隱不見，故冬日短也。〔註366〕

蓋天說是當時最古老的一種說法，由《周髀算經》，通過勾股定理和數學計算，得到天高與周天度數。蓋天說主張天圓地方說，但同樣天圓地方，又有些差別。有認爲天是圓形的斗笠，地似扣著的盤子，都是中間高、四周低的拱形，這是「天似蓋笠，地法覆槃」的說法；另一則認爲天與地都是平面的，這是「天圓如張蓋，地方如棋局」的說法。〔註367〕《呂氏春秋》與《淮南子》皆主此說〔註368〕。

〔註366〕魏徵等《隋書》，卷十九，頁505～506，北京：中華書局點校本，1987年12月第三刷。

〔註367〕另外《太平御覽》引梁組恒《天文錄》說：「蓋天之說又有三體：一云，天如車蓋，遊乎八極之中；一云，天形如笠，中央高而四邊下；亦云，天如敧車蓋，南高北下」。（卷二，頁138，台北：臺灣商務印書館，上海涵芬樓影印中華學藝社借日本帝室圖書寮京都東福寺東京岩崎氏靜嘉堂文庫藏宋刊本，1992年1月臺一版第六刷）

〔註368〕《呂氏春秋‧圜道》：「天道圜，地道方。聖人法之，所以立上下。何以說天道之圜也？精氣一上一下，圜周複雜，無所稽留，故曰天道圜。合以說地道方也？萬物殊類殊形，皆有分職，不能相爲，故曰地道方。」《淮南子‧原道》：「故以天爲蓋，則無不覆也；以地爲輿，則無不載也」。

《隋書・志第十四・天文上》又說：

> 宣夜之書，絕無師法。唯漢祕書郎郗萌，記先師相傳云：天了無質，
> 仰面瞻之，高遠無極，眼瞀精絕，故蒼蒼然也。譬之旁望遠道之黃
> 山而皆青，俯察千仞之深谷而窈黑，夫青非眞色，而黑非有體也。
> 日月眾星，自然浮生虛空之中，其行其止，皆須氣焉。是以七曜或
> 逝或住，或順或逆，伏見無常，進退不同，由乎無所根繫，故各異
> 也。故辰極常居其所，而北斗不與眾星西沒也。〔註369〕

宣夜說的主要代表人物是東漢時期的郗萌。他主張宇宙空間只有充滿無邊無
際的氣，在無限的空間中飄浮著日月星辰，在古代天文觀中第一次打破了地
球中心論，提出了宇宙無限的思想。

對於渾天說，《隋書・志第十四・天文上》說：

> 天地之體，狀如鳥卵，天包地外，猶殼之裹黃，周旋無端，其形渾
> 渾然，故曰渾天。又曰：天表裡有水，兩儀轉運，各乘氣而浮，載
> 水而行。〔註370〕

渾天說主張天是球形之體，其結構如同一個雞蛋，天如蛋殼在外，地如蛋黃
居中，天大而地小，天地之間憑水與氣隔開，日月星辰即附在天殼上，隨天
旋轉。當時的桓譚（公元？～56年）、張衡（公元78～139年）、蔡邕（公元
132～192年）、鄭玄（公元127～200年）皆主此說。

漢代這三種宇宙構成的說法，宣夜說是一種氣說，蓋天說與渾天說是一
種體說。很明顯的，王充對於天，主要是從物理的角度來理解，之所以提出
天是體或是氣的看法，應是基於當時發達的天文學知識而來。王充曾批評天
是氣的說法。

> 祕傳或言：天之離天下，六萬餘里。數家計之，三百六十五度一周
> 天。下有周度，高有里數。如天審氣，氣如雲煙，安得里度？又以
> 二十八宿效之，二十八宿爲日月舍，猶地有郵亭爲長吏廨矣。郵亭
> 著地，亦如星舍著天也。天有形體，所據不虛。猶此考之，則無恍
> 惚，明矣。〔註371〕

這就明白指出他不同意宣夜說。

〔註369〕《隋書》，卷十九，頁507。
〔註370〕《隋書》，卷十九，頁508。
〔註371〕《論衡校釋・談天第三十一》，第十一卷，頁483～484。

　　王充雖然同意天是體，但他不同意渾天說把天體視如彈丸而把地視若雞中黃，地浮於水上，天由地的東方水中出來，經過上空，又入於水中，最後從地底下繞過，再由東方轉出，如此循環不已的看法，《隋書·志第十四·天文上》說：

　　　漢王仲任，據蓋天之說，以駁渾儀云：舊說天轉從地下過。今掘地一丈輒有水，天何得從水中行乎？甚不然也。日隨天而轉，非入地。夫人目所望，不過十里，天地合矣。實非合也，遠使然耳。今視日入，非入也，亦遠耳。當日入西方之時，其下之人亦將謂之爲中也。四方之人，各以其近者爲出，遠者爲入矣。何以明之？今試使一人把大炬火，夜行於平地，去人十里，火光滅矣。非火滅也，遠使然耳。今日西轉不復見，是火滅之類也。日月不圓也，望視之所以圓者，去人遠也。夫日，火之精也。月，水之精也。水火在地不圓，在天何故圓？〔註372〕

可知王充也不完全同意「蓋天」說把天視爲圓形傘蓋的說法，他說：

　　　實者，天不在地中，日亦不隨天隱。天平正，與地無異。然而日出上、日入下者，隨天轉運，視天若覆盆之狀，故視日上下然，似若出入地中矣。然則日之出，近也；其入，遠，不復見，故謂之入。
　　　運見於東方，近，故謂之出。〔註373〕

王充把天和地視爲是平正的，認爲天是玉石之類，乃高高在上的物質實體；「日月之行也，繫著於天也；日月附天而行，不直行也」，〔註374〕即日月在天上作平面運動。

　　基本上，王充以蓋天說的天圓地方爲基礎，但他未完全沿襲陳說，而是在其思考後做出判斷。以今天的觀點而言，王充的說法，並不符合實際情形，在天文學中的天，並不比宣夜說或渾天說進步，但由此也顯露王充不一味盲崇，完全服膺「疾虛妄」的精神。

　　朱子曾說，「天」大體上有三種涵義：「有說蒼蒼者，也有說主宰者，也有單訓理時。」〔註375〕說蒼蒼者，把天當作自然的天、物質的天；說主宰者，把

〔註372〕《隋書》，卷十九，頁 508～509。
〔註373〕《論衡校釋·說日第三十二》，第十一卷，頁 490。
〔註374〕《論衡校釋·說日第三十二》，第十一卷，頁 501。
〔註375〕宋黎靖德編，王星賢點校《朱子語類·理氣上·太極天地上》，卷一，頁 5，北京：中華書局，1999 年 6 月第四刷。。

天當作至高無上的人格神；說義理者，把天當作義理、法則或道德觀念。王充對於天的理解，主要在蒼蒼的天。王充曾以人比天，認爲人之有意識有欲望，在於人有口目，人能創造萬物，在於有手能勞動，而「天無口目」，則「無口目之欲」，天無「萬萬千千手」，則不能「爲萬萬千千物」。〔註376〕其最大的意義在於肯定天爲物質實體，物質之天不具任何意志情感與道德目的，它只是自然的存在。把超驗世界拉回經驗世界，由此打破天的神秘性，把天人感應中的主宰的天還原爲自然的天，則天爲掌控人間世界的曲說，自然不攻自破。

2、以氣解釋宇宙萬物的現象

在前面我們探討過，黃老宇宙生成系統的基本架構：道——元氣——天地——陰陽——四時——萬物。這是由《淮南子》完成的。這個架構，道是宇宙萬物生成的總根源，是宇宙的本體，元氣與天地都是道的派生物，元氣是構成世界萬物的質料，在它的化生過程，有清、濁、精、煩之別，因此有天與地、人與物的差別。

王充在宇宙根源問題上，有些費解。王充認爲天地是體而非氣，但天地在未成形之前，卻仍是氣的型態。他說：

> 《易》者曰：「元氣未分，渾沌爲一」。儒書又言：「溟涬濛澒，氣未分之類也，及其分離，清者爲天，濁者爲地。」如說《易》之家，儒書之言，天地始分，形體尚小，相去近也。近則或枕於不周之山，共工得折之，女媧得補之也。含氣之類，無有不長，天地，含氣之自然也，從始立以來，年歲甚多，則天地相去，廣狹遠近，不可復計。儒書之言，殆有所見。〔註377〕

天地的形成是氣的分離，天之體隨著時間的流轉而有變化，而且「含氣之類，無有不長。」〔註378〕因此天地如此高遠廣大，是由於歷年久遠，聚氣眾多的緣故，這表示天有一個創生的過程，氣決定著天的性質，「謂天自然無爲者何？氣也，恬淡無欲，無爲無事者也。」〔註379〕這裡的說《易》之家，指易緯；儒書，實爲《淮南子》之說。總體上，王充在宇宙生成問題上接承《淮南子》，但他並不言「道」，而強調「氣」，天地形成前最根源已不是道，而是氣。元

〔註376〕《論衡校釋・自然第五十四》，第十八卷，頁776，780。
〔註377〕《論衡校釋・談天第三十一》，第十一卷，頁472～473。
〔註378〕《論衡校釋・談天第三十一》，第十一卷，頁473。
〔註379〕《論衡校釋・自然第五十四》，第十八卷，頁776。

氣是萬物的本體，元氣構成天地。

然而，王充又說，天地是從來就有的，〈無形〉說：

天地不變，日月不易，星辰不沒，正也。〔註380〕

〈談天〉說：「古天與今無異」，〔註381〕天從就是如此，萬古不變的。天也不是任何東西所派生的。王充說：「天地不生，故不死」，「唯無終始者，乃長生不死。」〔註382〕天是宇宙之母，〈自然〉：「天地，夫婦也。」〔註383〕萬物皆是由天地所生，〈雷虛〉：「萬物於天，皆子也。」〔註384〕氣從屬於天，「天地合氣，萬物自生。」〔註385〕「一天一地，並生萬物，萬物之生，俱得一氣。」〔註386〕將天或天地視為萬物的最終根源，氣由天所出，是天地用來創生宇宙萬物基本元素。

以上兩種說法，王充並未做出明確的表達，以致會得出兩種不同的結果，一是元氣本元論，〔註387〕一是天地本元論。〔註388〕如何看待這個問題呢？一些學者認為，在王充看來，天、地、氣是自古以來就自然存在的物質，它們沒

〔註380〕《論衡校釋》，第二卷，頁 62。

〔註381〕《論衡校釋》，第十一卷，頁 472。

〔註382〕《論衡校釋·道虛第二十四》，第七卷，頁 338。

〔註383〕《論衡校釋》，第十八卷，頁 776。

〔註384〕《論衡校釋》，第六卷，頁 299。

〔註385〕《論衡校釋·自然第五十四》，第十八卷，頁 775。

〔註386〕《論衡校釋·齊世第五十六》，第十八卷，頁 803。

〔註387〕這是最普遍的觀點，許多哲學史著作承認這樣的說法，最早由呂振羽《中國政治思想史》（國民叢書第四編第十九冊，頁 329，上海書店據生活書店 1947年版影印，1992 年 12 月版），後如任繼愈編《中國哲學史》（第二冊，頁 125，北京：人民出版社，1990 年 3 月第八刷。）、蕭萐父、李錦全主編《中國哲學史》（上卷，頁 332，北京：人民出版社，1982 年 12 月第一版）、金春峰《漢代思想史》（頁 512，北京：社會科學出版社，1997 年 12 月修訂第二版）皆有此看法。

〔註388〕此論周桂鈿主之。在其著作《虛實之辨—王充哲學的宗旨》中說：「王充的哲學本原是什麼？《左傳》昭公九年有『木水之有本原』。本原就是根由。作為宇宙終極本原，必須是從來就有的。猶它派生宇宙一切東西，而不是由任何東西所派生。王充認為『天地不生，故不死』，天地是『無終始者，乃長生不死』（〈道虛篇〉），天地是沒有終始的、長生不死的，也就是從來就有的，不是任何東西所派生的。也就是說，在王充看來，宇宙的終極本原是天地，因此可以說他的宇宙觀是天地本原論。由天地施放出氣來，又由氣組合成天地萬物。天的元氣產生動物和人，地的元氣產生植物。天的元氣中包含天上的星氣，星氣就是精氣。稟了精氣就是人，精氣成為人的精神，沒稟到精氣就成為各種動物」。（頁 408，北京：人民出版社，1996 年 2 月第二刷）

有先生、後生、互爲本原的問題。王充所說的「天地」理解爲整個宇宙，在這個宇宙中，有氣，也有日月星辰、土木宅舍、人獸蟲魚等自然萬物，氣包含在天地（即宇宙）之中，天地乃是含氣的自然界。在這裏，王充說明了「世界是統一的」，「世界的統一性在於它的物質性」。〔註389〕或認爲，王充說：「天地不生，故不死；陰陽不生，故不死。」〔註390〕從這個意義看，氣與天地同屬不生不死的永恆存在，並不存在一個氣產生天、地的問題。如果天地是氣所產生出來的，那首先就有一個生的問題，不能屬於不生之列了。那麼三者又是以一種什麼樣的關係存在呢？王充說：「天地，含氣之自然也。」〔註391〕「天覆於上，地偃於下，下氣蒸上，上氣降下，萬物自生其間也。」〔註392〕這是說天地都包含著氣，天地施放出氣來，上下運動，產生萬物。這裡的含氣，實際上是說氣即存在於天地之中，然後由天地施放出來。這種蘊含關係，並不是說天地產生元氣，也不是說元氣構成了天地，實是一種三者並列的關係，因而這三者都屬不生不死之列。也正是在這種蘊含的關係意義上，王充又說過：「元氣，天地之精微也。」〔註393〕由此看來，在氣與天地的關係問題上，王充所關注的不是氣與天地誰產生誰的發生問題，而是氣作爲永恆的萬物物質基礎在本始狀態時的存在問題。因此，王充沒有說清楚氣與天地誰產生誰的關係，在氣一元論問題上的確不甚明確的地方。〔註394〕

這樣的說法是承認王充在本原論方面有曖昧不清的疑義，這是事實，這是王充思想的缺陷。只是，以上所指出的，天、地、氣三者是同時並存，沒有先後問題，氣即存在於天地之中，然後由天地施放出來，就不必強爲之解釋，這樣的解釋，雖然可以解決矛盾，但如此一來，則又必須承認王充的思想是圓融一體的系統，則又互相矛盾。

倒是指出，王充關心的問題不在萬物根源，而在於萬物如何發生，卻很中要點。這一方面，王充講最多，而且當中的核心觀念是「氣」，王充幾乎用氣解釋了萬物生成、運動變化、滅亡和轉化，解釋各種自然現象，也用氣解

〔註389〕吳光《儒道論述・王充是唯物主義的「元氣自然」論者》，頁150，台北：東大圖書公司，1994年6月。
〔註390〕《論衡校釋・道虛第二十四》，第七卷，頁338。
〔註391〕《論衡校釋・談天第三十一》，第十一卷，頁473。
〔註392〕《論衡校釋・自然第五十四》，第十八卷，頁782。
〔註393〕《論衡校釋・四諱第六十八》，第二十三卷，頁975。
〔註394〕李維武《王充與中國文化》，頁49～50，貴州人民出版社，2000年10月第一版。

釋了人性，人的命運。許多學者共同看法，認爲王充是「氣一元論者」，即是針對此點而說的。以下將以氣爲核心探討王充對宇宙萬物發生的相關問題。

在王充的許多論述當中，氣是物質性質而非精神性質是一致的。王充說，「天地，含氣之自然也。」「氣凝而爲體。」氣與體二者不可分離，天地是一個含氣的物質實體，其根本特性是自然，同時也說明氣的物質性質。他將宇宙間的五種基本物質——金、木、水、火、土，稱之爲「五行之物」，〈論死〉說：

> 凡能害人者，皆五行之物。金傷人，木毆人，土壓人，水溺人，火燒人。……不爲物，則爲氣矣。〔註395〕

五行之物是由「五行之氣」構成的，這些都是物質性的。至於有生命之體，如人之生也得之於天之氣，人死之後，氣亦消亡，「人之所以生者，精氣也，死而精氣滅。能爲精氣者，血脈也；人死血脈竭，竭而精氣滅，滅而形體朽，朽而成灰土。」〔註396〕人的生存，全在於精氣，人死了精氣也就滅了。人體之中能生精氣，就是血脈；人一死，血脈竭，血脈一竭，精氣隨之消滅，形體也就腐朽變成了灰土，這裡純粹以物質性的血脈取代可以是精神性與物質性的精氣，即能說明王充歸趣所在。對於生命的延續，王充說：

> 夫人之所以能言語者，以有氣力也；氣力之盛，以能飲食也。飲食減損，則氣力衰，衰則聲音嘶。因不能食，則口不能復言。夫死，困之甚也，何能復言？或曰：「死人歆肴食氣，故能言。」夫死人之精，生人之精也。使生人不飲食，而徒以口歆肴食氣，不過三日，則餓死矣。〔註397〕

氣由飲食獲得，則來源於物質，當無可疑義。甚至人的精神意識來源與氣相關，「天地之氣，在形體之中，神明是矣」，「一身之神，在胸中爲思慮」；〔註398〕精神意識的活動也歸於氣的物質基礎，「夫精神本以血氣爲主，血氣常附形體。」〔註399〕「夫精念存想，或泄於目，或泄於口，或泄於耳。泄於目，目見其形；泄於耳，耳聞其聲；泄於口，口言其事」。〔註400〕人之靈魂歸於了同雲煙相似

〔註395〕《論衡校釋》，第二十卷，頁882。
〔註396〕《論衡校釋‧論死第六十二》，第二十卷，頁871。
〔註397〕《論衡校釋‧論死第六十二》，第二十卷，頁879。
〔註398〕《論衡校釋‧卜筮第七十一》，第二十四卷，頁1000。
〔註399〕《論衡校釋‧論死第六十二》，第二十卷，頁875。
〔註400〕《論衡校釋‧訂鬼第六十五》，第二十二卷，頁932。

的物質性精氣，「夫魂者；精氣也，精氣之行與雲煙等。」〔註 401〕人的靈魂乃是隨著人的生命的存在而存在和隨著人的死亡而消滅的精氣。人的智慧也與此相似的情況，他認為善人之所以聰明智慧，在於含有「五常之氣」，這種五常之氣藏於人體的五臟之中。所以，只要「五臟不傷，則人智慧」，如果五臟有病了，人就會恍惚而變得「愚痴矣」，〔註 402〕進而人死、五臟腐朽了，五常無所托，於是智慧也跟著完全消失了。這樣，又把聰明智慧歸之於物質性的「五常之氣」，也就是把人的精神、靈魂之類的現象歸之於物質性的氣本身。就這一點而言，王充與《管子》四篇相較，已擺脫將人的精神活動看作是精氣的直接作用，精氣則能往來於人的形體內外，心只是「精舍」，擺脫氣的神秘色彩，〔註 403〕可以說黃老思想的一種進展。

在王充的思想中，最根本之氣稱為「元氣」，他說：「元氣，天地之精徵也。」〔註 404〕「萬物之生，皆稟元氣。」〔註 405〕「人未生，在元氣之中；既死，復歸元氣。元氣荒忽，人氣在其中。」〔註 406〕元氣雖然不是人和萬物本身，但卻是構成人和萬物最基本的元素，它廣大無垠，無邊無際，不生不滅，是一種普遍的、微細的物質，比起自然界一切其它具體的物質更普遍、更基本。也就是說，元氣是構成整個物質世界的基本物質元素。萬物之生，皆由「天地合氣」之結果，「天覆於上，地偎於下，下氣蒸上，上氣降下，萬物自生其中矣。」〔註 407〕萬物自生的過程是自然無為，由陰陽二氣交錯變化、凝聚、自然而產生的：

> 天道無為，故春不為生，而夏不為長，秋不為成，冬不為藏。陽氣
> 自出，物自生長；陰氣自起，物自成藏。〔註 408〕

王充所說的氣有兩種狀態：一是離散狀態，如元氣、天氣。元氣、天氣

〔註 401〕《論衡校釋・紀妖第六十四》，第二十二卷，頁 918。
〔註 402〕《論衡校釋・論死第六十二》，第二十卷，頁 875。
〔註 403〕觀於此點，尚有歧義，因為王充有時仍將人的精神看作是一種精微之氣，而氣能游離於身體之外，從而使得有時又變相地承認了鬼神的存在，認為「鬼神，恍惚不見之名也。人死精神升天，骨骸歸土，故謂之鬼。鬼者，歸也。神者，恍惚無形者也。」又說：「人用神氣生，其死復歸神氣」（〈論死〉），這又看出其不圓融之處，但總體而言，這並非其主體意義所在。
〔註 404〕《論衡校釋・四諱第六十八》，第二十三卷，頁 975。
〔註 405〕《論衡校釋・言毒第六十六》，第二十三卷，頁 949。
〔註 406〕《論衡校釋・論死第六十二》，第二十卷，頁 875。
〔註 407〕《論衡校釋・自然第五十四》，第十八卷，頁 782。
〔註 408〕《論衡校釋・自然第五十四》，第十八卷，頁 782。

是氣的最精微的形態；一是聚集狀態，如自然界天地、日月、山川、動植物等等的各種不同的形體。氣能夠運動，可以聚散，氣的活動是一種「莫爲」式的，即是自然而然，不必借諸外力，而是透過自身的運動，〈說日〉：

> 天之行也，施氣自然也。施氣則物自生，非故施氣以生物也。不動氣
> 不施，氣不施物不生。與人行異，日月五星之行，皆施氣焉。〔註409〕

換句話說，氣不只是基本元素而已，它與道、天同樣有自動的能力，陰陽之合氣以生萬物即是氣運動的結果。至於氣運動的特點，表現爲和與通。〈異虛〉：

> 夫陰陽和，則穀稼成，不則被災害。陰陽和者，穀之道也。〔註410〕

〈別通〉：

> 是故氣不通者，彊壯之人死，榮華之物枯。〔註411〕

這二個特點當中，王充又特別強調「和」的重要性。認爲天地間所有災祥之象，都由之而起。「瑞物皆起和氣而生」，〔註412〕「天地氣和，即生聖人。」〔註413〕「聖人稟和氣，故年壽得正數，氣和爲治平，故太平之世，多長壽人。」〔註414〕「治人以人爲主，百姓安而陰陽和，陰陽合則萬物育，萬物育則奇瑞出。」〔註415〕此陰陽氣和則萬物繁盛，祥瑞之象運應而生。反之，「陰陽不和，災變發起。」〔註416〕是謂不和，是謂變：

> 夫瑞應猶災變也。瑞以應善，災以應惡，善惡雖反，其應一也。災變
> 無種，瑞應亦無類也。陰陽之氣，天地之氣也，遭善而爲和，遇惡而
> 爲變，豈天地爲善惡之政，更生和變之氣乎？然則瑞應之出，殆無種
> 類，因善而起，氣和而生。亦或時政平氣和，眾物變化，猶春則鷹變
> 爲鳩，蛇鼠之類輒爲魚鱉，蝦蟆爲鶉，雀爲蜄蛤。物隨氣變，不可謂
> 無。黃石爲老父，受張良書，去復爲石也。或時太平氣和，麏爲騏驎，
> 鵲爲鳳皇。故氣性，隨時變化，豈必有常類哉？〔註417〕

〔註409〕《論衡校釋》，第十一卷，頁502。
〔註410〕《論衡校釋》，第五卷，頁222。
〔註411〕《論衡校釋》，第十三卷，頁594。
〔註412〕《論衡校釋·講瑞第五十》，第十六卷，頁730。
〔註413〕《論衡校釋·齊世第五十六》，第十八卷，頁812。
〔註414〕《論衡校釋·氣壽第四》，第一卷，頁33。
〔註415〕《論衡校釋·宣漢第五十七》，第十九卷，頁815。
〔註416〕《論衡校釋·感類第五十五》，第十八卷，頁786。
〔註417〕《論衡校釋·講瑞第五十》，第十六卷，頁732～733。

　　王充尚有一項特殊的見解，即是「因氣而生，種類相產」的觀念。王充認爲萬物的多樣性在於稟受元氣的厚、薄、精、粗而形成的。如「能飛昇之物，生有毛羽之兆。能走之物，生有蹄足之形。」〔註 418〕這是由於稟性受氣不同，而有物種的不同，這並非神意創造的。王充還說：「天地之間，異類之物相與交接，未之有也。」〔註 419〕雖然萬物俱稟元氣，但一旦物種決定了，彼此就有分別，不同的物種不能相互交接而生出下一代。所以，王充說：

> 堯、高祖審龍之子，子性類父，龍能乘雲，堯與高祖亦宜能焉。萬
> 物生於土，各似本種。不類土者，生不出於土，土徒養育之也。母
> 之懷子，猶土之育物也。堯、高祖之母，受龍之施，猶土受物之播
> 也，物生自類本種，夫二帝宜似龍也。夫含血之類，相與爲牝牡，
> 牝牡之會，皆見同類之物，精感欲動，乃能授施。若夫牡馬見雌牛，
> 〔雄〕崔見（雄）牝雞，不相與合者，異類故也。今龍與人異類，
> 何能感於人而施氣？〔註 420〕

世人以爲高祖龍種，然「物生自類本種」，人與龍不同類，龍種何能生人？

　　人與物的差別，也在於稟氣的不同。王充說：

> 物之變隨氣，……遭時變化，非天之正氣，人所受之眞性也。天地
> 不變，日月不易，星辰不沒，正也。人受正氣，故體不變。……蠶
> 食桑老，績而爲繭，又化而爲蛾，蛾有兩翼，變去蠶形。蠐螬化爲
> 復育，復育轉而爲蟬，蟬生兩翼，不類蠐螬。凡諸命蠕蜚之類，多
> 變其形，易其體；至人獨不變者，稟得正也。〔註 421〕

人稟受正氣而生，故體不變，而且「萬物之中，有智慧者也」；〔註 422〕物非受天地之正氣，故體隨氣遭時而變化。人之生死壽夭、貧賤富貴亦由於稟氣的不同而決定。〈無形〉：

> 人稟元氣於天，各受壽夭之命，以立長短之形。……用氣爲性，性
> 成命定。〔註 423〕

〈幸偶〉：

〔註 418〕《論衡校釋·道虛第二十四》，第七卷，頁 318。
〔註 419〕《論衡校釋·怪奇第十五》，第三卷，頁 162。
〔註 420〕《論衡校釋·怪奇第十五》，第三卷，頁 161。
〔註 421〕《論衡校釋·無形第七》，第二卷，頁 62～63。
〔註 422〕《論衡校釋·辨祟第七十二》，第二十四卷，頁 1011。
〔註 423〕《論衡校釋》，第二卷，頁 59。

　　俱稟元氣，或獨爲人，或爲禽獸。並爲人，或貴或賤，或貧或富。

　　富或累金，貧或乞食；貴至封侯，賤至奴僕。非天稟施有左右也，

　　人物受性有厚薄也。〔註424〕

難能可貴的是，王充提出一個大膽的見解，他認爲：

　　人，物也。物，亦物也。雖貴爲王侯，性不異於物。〔註425〕

就是說雖貴爲王侯，性與物同，王侯既然是物，則並非神聖高貴，王權亦非神受。由此也看出王充認爲萬物自然而生，一切平等，此即「天生萬物，欲令相爲用，不得相賊害也」。〔註426〕

　　總之，王充將宇宙萬物之生成變化，皆歸之於氣，氣是一種客觀存在的物質，它不帶任何意志，氣本身包含自身的運動、存在與發展的因和原，其作用正如論者所說的，漢儒以氣來貫通天人，王充則以氣隔斷天人關係，〔註427〕成爲批判讖緯神學的最佳利器。他繼承並發展了黃老思想中關於氣、精氣、元氣的論述，使得黃老思想從《淮南子》之後，對於氣的觀念更進一步深化。

3、天道自然無為

　　王充認爲天是一個實體，不是萬能的神；氣是無形的，亦沒有意志，氣也不是天意的體現。因此，宇宙萬物的發生與運行，也不可能帶有任何意識性質，它是自然發生的，這是王充常說的天道「自然無爲」，是王充思想最重要的基礎。他說：

　　自然無爲，天之道也。〔註428〕

　　夫天道自然，自然無爲……使應政事，是有爲，非自然也。〔註429〕

　　夫天道，自然也，無爲。如譴告人，是有爲，非自然也。〔註430〕

若天能譴告人，能與政事相感應，即是有爲，而非自然。天自然無爲，氣亦自然無爲：

　　天之動行也，施氣也，體動氣乃出，物乃生矣。由人動氣也，體動

　　氣乃出，子亦生也。夫人之施氣也，非欲以生子，氣施而子自生矣。

〔註424〕《論衡校釋》，第二卷，頁40。
〔註425〕《論衡校釋·道虛第二十四》，第七卷，頁318。
〔註426〕《論衡校釋·物勢第十四》，第三卷，頁147。
〔註427〕徐復觀《兩漢思想史卷二》，頁610。
〔註428〕《論衡校釋·初稟第十二》，第三卷，頁128。
〔註429〕《論衡校釋·寒溫第四十一》，第十四卷，頁630～631。
〔註430〕《論衡校釋·譴告第四十二》，第十四卷，頁636。

> 天動不欲以生物，而物自生，此則自然也。施氣不欲爲物，而物自
> 爲，此則無爲也。〔註431〕

天施氣，物氣出，均非有意識有目的，原初並不爲生物，一切都是自然無爲的。

王充用了許多事例說明。

首先，從天地生萬物方面，王充提出論證。

他說凡有意志作爲的，都是由於耳目口鼻等感官的嗜欲，天地無口目，是無意識的物質實體，不能因故生人。他批評儒者「天地故生人」的說法：

> 夫天地合氣，人偶自生也；猶夫婦合氣，子則自生也。夫婦合氣，
> 非當時欲得生子；情欲動而合，合則生子矣。且夫婦不故生子，以
> 知天地不故生人也。〔註432〕

人之生，非有意之行爲，皆出於先天之偶然而無定者。至於「萬物之生，含血之類，知飢知寒，見五穀可食，取而食之；見絲麻可衣，取而衣之。」〔註433〕這完全是一種自然現象，五穀、絲麻等人賴以生存的東西，是天普施萬物之中而自然產生的，非上天刻意創造以供人衣食的，「或說以爲天生五穀以食人，生絲麻以衣人；此謂天爲人作農夫桑女之徒也，不合自然，故其義未可從也。」〔註434〕可以說幸偶是宇宙生成的決定者，天地無能故意生萬物：

> 螻蟻行於地，人舉足而涉之，足所履，螻蟻苲（筰）死；足所不蹈，
> 全活不傷。火燔野草，車轢所致，火所不燔，俗或喜之，名曰幸草。
> 夫足所不蹈，火所不及，未必善也，舉火行有（道）適然也。……
> 蜘蛛結網，蚑蟲過之，或脫或獲；獵者張羅，百獸群擾，或得或失。
> 漁者罾江湖之魚，或存或亡。或奸盜大辟而不知，或罰贖小罪而發
> 覺。災氣加人，亦此類也，不幸遭觸而死，幸者免脫而生。……立
> 巖墙之下，爲壞所壓；蹈坼岸之上，爲崩所墜。輕遇無端，故爲不
> 幸。……非唯人行，物亦有之。長數仞之竹，大連抱之木，工技之
> 人，裁而用之，或成器而見舉持，或遺材而遭廢棄。非工伎之人有
> 愛憎也，刀斧（之）如（加）有偶然也。蒸穀爲飯，釀飯爲酒，酒
> 之成也，甘苦異味；飯之熟也，剛柔殊和。非庖廚酒人有意異也，

〔註431〕《論衡校釋・自然第五十四》，第十八卷，頁 776。
〔註432〕《論衡校釋・物勢第十四》，第三卷，頁 144。
〔註433〕《論衡校釋・自然第五十四》，第十八卷，頁 775。
〔註434〕《論衡校釋・自然第五十四》，第十八卷，頁 775。

手指之調有偶適也。調飯也殊筐而居，甘酒也異器而處，蟲墮一器，酒棄不飲；鼠涉一筐，飯捐不食。夫百草之類，皆有補益，遭醫人采掇，成爲良藥；或遺枯澤，爲火所爍（燎）。等之金也，或爲劍戟，或爲鋒銛。同之木也，或梁於宮，或柱於橋。俱之火也，或爍脂燭，或燔枯草。均之土也，或基殿堂，或塗軒戶。皆之水也，或溉鼎釜，或澡腐臭。物善惡同，遭爲人用，其不幸偶，猶可傷痛，況含精氣之徒乎？〔註435〕

王充又以天地無法盡造天下之物，萬物自生自化論之。先以刻木爲例，證明絕無故意造作的可能，他說：

宋人或刻木爲楮葉者三年乃成。孔子曰：『使天地三年乃成一葉，則萬物之有葉者寡矣。』如孔子之言，萬物之葉自爲生也。自爲生也，故能並成；如天爲之，其遲當若宋人刻楮葉矣。觀鳥獸之毛羽，毛羽之采色，通可爲乎？鳥獸未能盡實。春觀萬物之生，秋觀其成，天地爲之乎？物自然也。如謂天地爲之，爲之宜用手，天地安得萬萬千乎，並爲萬萬千千物乎？〔註436〕

天無萬萬千千手，以造萬萬千千物，則萬萬千千物皆由自生。進而比喻說：

諸物在天地間，猶子在母腹中也。母懷子氣，十月而生，鼻口耳目，髮膚毛理，血脈脂腴，骨節爪齒，自然成腹中乎？母爲之也？偶人千萬，不名爲人者，何也？鼻口耳目，非性自然也。〔註437〕

子在母腹，自然成形；猶萬物在天地間，自然成長；偶人雖有耳目口鼻，實得力於工技之巧，不是自然之性，故不得名之爲人。

其次，從自然界各種現象，都是自然，而非有爲證明。

如日月運行是「行有常度」，〔註438〕爲天道自然運行的現象，「日出上，日入下者，隨天轉運」〔註439〕「日朝出而暮入，非求之也，天道自然。」〔註440〕即是日月隨天而轉，其運行是自然而非依照任何目的、祈求而運轉；對於日月有大小遠近、旦暮寒溫，其實也是自然規律與天體的一定現象。

〔註435〕《論衡校釋・幸偶第五》，第二卷，頁37～42。
〔註436〕《論衡校釋・自然第五十四》，第十八卷，頁779～780。
〔註437〕《論衡校釋・自然第五十四》，第十八卷，頁780。
〔註438〕《論衡校釋・感虛第十九》，第五卷，頁232。
〔註439〕《論衡校釋・說日第三十二》，第十一卷，頁490。
〔註440〕《論衡校釋・命祿第三》，第一卷，頁25。

　　日中，去人近，故溫；日出入，遠，故寒。然則日中時，日小，其
　　出入時大者，日中光明，故小；其出入時光暗，故大；猶晝日察火
　　光小，夜察之，火光大也。既以火爲效，又以星爲驗；晝日星不見
　　者，火耀滅之也；夜無光耀，星乃見。夫日月，星之類也，平旦日
　　入光消，故視大也。〔註441〕

四季的出現，「春不爲生，而夏不爲長，秋不爲成，冬不爲藏」，〔註442〕也是
天道自然現象，而不是春夏秋冬有意如此；春溫、夏暑、秋涼、冬寒，是自
然界的變化，非人所爲，「寒溫之至，殆非政治所致。」〔註443〕人君的賞罰與
自然界的寒溫沒有任何關係，即使發生，也是偶然同時發生。日月蝕的發生，
莫不如此，「夫日之蝕也，（非）月蝕也。日蝕，謂月蝕之，月誰蝕之？無蝕
月也，月自損也。以月論日，亦如日蝕損，光自損也。大率四十一二月，日
一蝕；百八十日，月一蝕。蝕之皆有時，非時爲變也，及其爲變，氣自然也」。
〔註444〕水災旱災，同樣「非政所致，夫天之運氣，時當自然」，〔註445〕即使
祭祀，終無補益。這些都說明「天道當然，人事不能卻也」，〔註446〕只要是天
道自然的變化，人是無法干涉的。

　　王充費了極大氣力闡明天道自然無爲，最大目的，就是他自己所說的疾
虛妄，欲由虛返實，以破除當時瀰漫的天人感應神學。在自然無爲的基礎下，
天道指客觀而無心的自然法則，不應對人世道德上的善惡有任何感應，所謂
「人不曉天所爲，天安能知人所行」。〔註447〕因此，他主張天人相離。

　　基本上，漢儒的天人感應有兩大類型，一種是氣類相感，著重於事物的
物理性質；一種是天是至上神，上天可以譴告下民，下民亦可透過某些管道
感應上天。王充堅持天並非神，因此天人不能感應，這一點是毫無疑義的；
但是王充並不完全否認物類同氣可以相感，他認爲「凡物能相割裁者，必異
性者也；能相奉成者，必同氣也。」〔註448〕「同氣動類，動相招致。」〔註449〕

〔註441〕　《論衡校釋·說日第三十二》，第十一卷，頁494～496。
〔註442〕　《論衡校釋·自然第五十四》，第十八卷，頁782。
〔註443〕　《論衡校釋·寒溫第四十一》，第十四卷，頁628。
〔註444〕　《論衡校釋·說日第三十二》，第十一卷，頁506～507。
〔註445〕　《論衡校釋·明雩第四十五》，第十五卷，頁670。
〔註446〕　《論衡校釋·變虛第十七》，第四卷，頁208。
〔註447〕　《論衡校釋·變虛第十七》，第四卷，頁206。
〔註448〕　《論衡校釋·譴告第四十二》，第十四卷，頁638。
〔註449〕　《論衡校釋·寒溫第四十一》，第十四卷，頁627。

不過，正由於以物質之氣爲中介的關係，氣不帶任何神秘力量，因此同氣相感的範圍非常有限，它完全依照空間與能量大小而決定。王充舉例說：

> 天之去人，高數萬里，使耳附天，聽數萬里之語，弗能聞也。人坐樓台之上，察地之螻蟻，尚不見其體，安能聞其聲？何則？螻蟻之體細，不若人形大，聲音孔氣不能達也。今天之崇高，非直樓台，人體比於天，非若螻蟻於人也。謂天聞人言，隨善惡爲吉凶，誤矣。
> 〔註450〕

天高人卑，人大蟻細，同氣卻不能達。另一個例子說：

> 今人之形不過七尺，以七尺形中精神，欲有所爲，雖積銳意，猶柱撞鐘，箠擊鼓也，安能動天？精非不誠，所用動者小也。〔註451〕

或說：

> 天至高大，人至卑小。篙（箸）不能鳴鐘，螢火不爨鼎者，何也？鐘長而篙（箸）短，短大而螢小也。以七尺之細形，感皇天之大氣，其無分銖之驗，必也。〔註452〕

人不能動天，就如同一支小筷子敲不響一個大鐘，一只螢火蟲燒不熱一個鼎一樣，彼此相差太大。天與人同樣差異懸殊，人無法感應天，如此一來，天人就無法相應。

王充還認爲，自然界的變化雖然可以影響人和物，比如，「天且雨，螻蟻徙，蚯蚓出，琴弦緩，固疾發。」〔註453〕但是人不能動地，亦不能動天，「夫天能動人，物焉能動天？何則？人物繫於天，天爲人物主。」「人生天地之間，猶蚤虱之在衣裳，螻蟻之在隙穴之中；蚤虱螻蟻爲逆順衡從，能令衣裳穴隙之間氣變動乎？蚤虱螻蟻不能，而獨謂人能，不達物氣之理也。」〔註454〕人生在天地之間，也是一種自然存在物。人不能改變物氣運動變化的自然條理和規律，猶如跳蚤、虱子、螻蟻不能改變衣裳洞穴中的空氣運動變化條理和規律是一樣的。天人之間能夠相互感應，人能改變天地陰陽之氣的運動變化規律，是不明物氣之理。

既然天道自然無爲，天人相離，當時流行的迷信，如符命、譴告、卜筮

〔註450〕《論衡校釋‧變虛第十七》，第四卷，頁206。
〔註451〕《論衡校釋‧感虛第十九》，第五卷，頁234。
〔註452〕《論衡校釋‧變動第四十三》，第十五卷，頁655。
〔註453〕《論衡校釋‧變動第四十三》，第十五卷，頁650。
〔註454〕《論衡校釋‧變動第四十三》，第十五卷，頁649～650。

根本就是無妄之談。對於符命，王充認爲都是偶然巧合，無關天命，都是自然之道。如：「文王當興，赤雀適來；魚躍鳥飛，武王偶見；非天使雀至白魚來也。」〔註455〕對於卜筮，「言卜筮者多，得實誠者寡。」〔註456〕只不過是把龜身上所顯示的兆數同人事的吉凶之間的偶然聯繫當作天上的啓示而已；對於譴告，如「雷天怒，雨者天喜」，〔註457〕雷電殺人純屬自然現象，如說雷電殺人係天罰，全是謊言，麒麟、鳳凰獻瑞，也是虛妄，「人不能知鳥獸，鳥獸亦不能知人，兩不能相知，鳥獸爲愚於人，何以反能知之」。〔註458〕因此，王充說：

> 夫天道自然，自然無爲，二令參偶，遭適逢會，人事始作，天氣已
> 有，故曰道也。〔註459〕

自然界的各種現象早已存在，這些現象看似能夠應合人事，其實是偶合的結果，這是道，即是天道自然無爲的情形。

　　王充以道家天道自然無爲的觀點，否定神學的天道有爲論，在當時是一大反動思想。而天道自然無爲在兩漢黃老思想的發展中也有重大意義。其重要性是論證了萬物的產生是一個自然而然的過程，在整個宇宙的演化過程裡，萬物完全由自己自然生化出來。與王充之前的黃老道家相較，王充已完全擺脫萬物有一個造物主——道的束縛，萬物的化生，完全不受任何作用的干擾。尤其王充把元氣作爲天道自然無爲的根據，元氣本身是無意識，無欲望亦無爲，那天自然無爲的本性就不言而喻了，這就克服了道神秘的性質。

第三節　小　結

　　《淮南子》與王充的天道論代表兩漢黃老形上道論的兩個階段，宇宙生成論是他們共同關心的論題，從《淮南子》就已奠立基礎，王充繼而有所發揮。同時，在建構宇宙生成理論過程中，黃老思想將道與氣二者緊密結合，成爲其中最大的特色。尤其對於氣的理論有更進一步的進展，幾乎黃老道家由重視道的諸多特性，逐步轉而加之於氣身上，賦予氣同道一樣的性質，這

〔註455〕《論衡校釋·初稟第十二》，第三卷，頁131。
〔註456〕《論衡校釋·卜筮第七十一》，第二十四卷，頁1003。
〔註457〕《論衡校釋·雷虛第二十三》，第六卷，頁299。
〔註458〕《論衡校釋·指瑞第五十一》，第十七卷，頁742～743。
〔註459〕《論衡校釋·寒溫第四十一》，第十四卷，頁630～631。

可從《淮南子》以道爲核心，以氣爲中介的氣化宇宙論，到了王充轉變成只保留道的「自然無爲」屬性，而著重「元氣自然」的氣自然論看出。

從整體觀之，黃老形上道論道氣合一，或以氣爲中心的思想，不僅是兩漢道家主流思想，同時也成爲各家極力吸收的對象，影響兩漢思想甚鉅。如以董仲舒爲首，與黃老道家主張宇宙萬物自然而生的觀點相反，認爲宇宙萬物皆由天有目的而產生的儒家一派，也都與此思想脫不了關係。董仲舒說：

> 元者，始也，言本正也。道者，王道也。王者，人之始也。王正則元氣和順。〔註460〕

元，爲初始，元氣即最元初之氣。又說：

> 天地之氣，合而爲一，分爲陰陽，判爲四時，列爲五行。〔註461〕

天地合而爲一的狀態就是元氣，元氣運動過程，分出陰陽之氣，陰陽之氣的變化形成四時之氣與五行之氣。此以氣的變化言宇宙生化。又如《白虎通》：

> 始起先有太初，後有太始，形兆既成，名曰太素。渾沌相連，視之不見，聽之不聞。然後剖判，清濁既分，精出曜布，度物施生。〔註462〕

所謂「渾沌相連，視之不見，聽之不聞」這是氣的性質，它有清、濁之分，陰陽、五行之別，透過氣的「精出曜布」，而形成萬物。又如緯書《孝經緯·鉤命訣》：

> 天地未分之前，有太易，有太初，有太始，有太素，有太極，是爲五運。形象未分，謂之太易。元氣始萌，謂之太初。氣形之端，謂之太始。形變有質，謂之太素。質形已具，謂之太極。五氣漸變，謂之五運。〔註463〕

「五運」是說「氣」變化發展的五個階段，由渾沌到開始發生，在發展到一定形狀，而後有固定的質體，最後形成具體的事物，可視爲宇宙由氣的變化而產生的過程。《易緯·乾鑿度》也說：

> 夫有形生於無形，乾坤安從生？故曰：有太易，有太初，有太始，有太素也。太易者，未見氣也。太初者，氣之始也。太始者，形之始也。太素者，質之始也。氣形質具而未離，故曰渾淪。〔註464〕

〔註460〕《春秋繁露義證·王道第六》，卷第四，頁100～101。
〔註461〕《春秋繁露義證·五行相生第五十八》，卷第十三，頁362。
〔註462〕《白虎通疏證·天地》，卷九，頁421。
〔註463〕收錄於《黃氏逸書考》第十五涵，頁4，台北：藝文印書館。
〔註464〕收錄於《黃氏逸書考》第十二涵，頁9～10，台北：藝文印書館。

這也以氣爲重心。

又從黃老道家這一系的考察，除以《淮南子》、王充爲代表外，依循這兩者模式而立論者，所在多有。如《老子道德經河上章句》以元氣解道，說「元氣生萬物而不有」，〔註465〕並描繪一個由元氣產生宇宙萬物的過程。在《老子》十章注說：「一者，道始所生，太和之精氣也。」注四十二章說：「一生陰與陽」，「陰陽生和氣」，「清濁三氣分爲天地人也」，「天地人共生萬物也」。〔註466〕第三十四章注說：「萬物皆歸道受氣也。」〔註467〕就是一個道氣的宇宙生成說，但並未有新意。〔註468〕又如張衡《靈憲》：

> 太素之前，幽清玄靜，寂寞冥默，不可爲象。厥中惟虛，厥外惟無。如是者永久焉，斯謂溟涬，蓋乃道之根也。道根既建，自無生有，太素始萌，萌而未兆，並氣同色，渾沌不分。故《道志》之言云：『有物渾成，先天地生。』其氣體固未可得而形，其遲速固未可得而紀也。如是者又永久焉，斯爲龐鴻，蓋乃道之幹也。道幹既育，有物成體，於是元氣剖判，剛柔始分，清濁異位。天成於外，地定於內。天體於陽，故圓以動，地體於陰，故平以靜。動以行施，靜以合化，埤鬱構精，時育庶類，斯謂太元，蓋乃道之實也。〔註469〕

宇宙最初階段有一個虛無寂靜的存在狀態，這就是「道之根」，然後由無生有，元氣在其中，於是氣分剛柔，天地乃成，萬物孕育。這與《淮南子》的說法未有分別。又如王符也吸收黃老思想的形上道論，他主張天道自然，元氣自化，以說明天地自然形成和萬物自然生化。他說：

> 上古之世，太素之時，元氣窈冥，未有形兆，萬精合并，混而爲一，莫制莫御。若斯久之，翻然自化，清濁分別，變成陰陽。陰陽有體，實生兩儀，天地壹鬱，萬物化淳，和氣生人，以理統之。〔註470〕

在上古的時候，只有幽暗無形的元氣混然一體。天地是元氣形成的，人和萬物也是元氣形成的；而元氣形成天地、物和人的過程，又是「莫制莫御」，「翻

〔註465〕《老子道德經河上公章句·養身第二》，卷一，頁7。
〔註466〕《老子道德經河上公章句·道化第四十二》，卷三，頁168～169。
〔註467〕《老子道德經河上公章句·任成第三十四》，卷二，頁137。
〔註468〕關於《老子道德經河上公章句》相關問題，請參閱本論文第四章第三節。
〔註469〕范曄撰，李賢注《後漢書·天文志上》，志第十注引，頁3215，北京：中華書局，1996年5月第八刷。
〔註470〕汪繼培箋，彭鐸校正《潛夫論箋校正·本訓第三十二》，卷八，頁365，北京：中華書局，1997年10月第二刷。

然自化」。這說明，元氣在時間上來就有，元氣的變化是靠元氣自身內部力量，
這就同王充主張的元氣自然論一樣。

第三章　兩漢黃老的政治思想

第一節　黃老以政治思想為重心

　　春秋戰國時期，世衰道微，甚至是天下無道，周王朝的力量衰落，共主的實質地位喪失，已無法有效號令諸侯。因此，大欺小，強凌弱的戲碼接連上演。當時諸侯面臨如何求生存，如何富國強兵，如何成就霸業的問題，各國莫不致力於加強政治，發展經濟，擴充兵力，期能在競爭激烈的局勢中脫穎而出。各思想家也都不滿現實，針對社會遽變，政治黑暗、人民苦難的現實，向當政者展開激烈的批評，要為統治者的長遠利益出謀獻策，似如醫生給病人開藥方，希望用自己的政治處方來診療社會弊病和人民疾苦。他們「言治亂之事以干世主」，〔註1〕各執一端，自持一術，互相爭勝，「反以相非，反以相是」，〔註2〕因此造成「處士橫議」，〔註3〕「百家異說，則必或是或非，或治或亂」〔註4〕的情形，於是各種思潮都興盛起來。

　　《尹文子‧大道下》說：

> 雖彌綸天地，籠絡萬品，治道之外，非群生所餐挹，聖人錯而不言
> 也。〔註5〕

治道之外，聖人不言，道出了諸子思想的特徵。《淮南子》說諸子之興，起於

〔註1〕　《史記‧孟子荀卿列傳第十四》，卷七十四，頁2346。
〔註2〕　《呂氏春秋注疏‧安死》，卷第十，頁1008。
〔註3〕　朱熹《四書章句集注‧孟子集注‧滕文公下》，卷六，頁272，台北：大安出版社點校本，1986年4月初版。
〔註4〕　《荀子集釋‧解蔽第二十一》，頁472。
〔註5〕　《尹文子》，頁2535。

救時之弊。如論孔子則與文王、周公聯繫在一起，說「孔子修成康之道，述周公之訓，以教七十子，使服其衣冠，修其篇籍」；論墨子「背周道而用夏政」，指其節葬節用是對繁瑣禮儀的反動；論《管子》之書出於齊桓公「憂中國之患，苦夷狄之亂，欲以存亡繼絕，崇天子之位，廣文、武之業」；論晏子之諫與齊景公好聲色犬馬，不理國政有關；論縱橫修短則與六國紛爭有關；論申不害及刑名之書則源於「晉國之故禮未滅，韓國之新法重出，先君之令未收，後君之令又下」的矛盾；論商鞅之法，則與秦孝公欲成霸業相關。〔註6〕儘管道術不同，卻都有共同的目標，「百家殊業，而皆務於治。」〔註7〕即認為各家關切的共同問題在如何從政治層面解決紛亂的變局，他們以政治思想為核心，從出發點、落腳點都是政治問題。

司馬談（？～前110）說：

《易大傳》：「天下一致而百慮，同歸而殊塗。」夫陰陽、儒、墨、

名、法、道德，此務為治者也，直所從言之異路，有省不省耳。

六家學說皆為治天下而發，為同歸，所言方法各異，為殊塗。百家之言，各有不同，然其最後目的都是為了治理好天下，都是一種治理天下的方法，不同的只有自覺與不自覺而已，其作用分別「不可失」、「不可易」、「不可廢」、「不可改」、「不可不察」。〔註8〕

班固說諸子十家，「皆起於王道既微，諸侯力政，時君世主，好惡殊方，是以九家之術，蜂出並作，各引一端，崇其所善，以此馳說，取合諸侯。」儒家的特徵是「助人君，順陰陽，明教化者也。」陰陽家是「敬順昊天，歷象日月星辰，敬授民時。」法家是「信賞必罰，以輔禮制。」墨家是「茅屋采椽，是以貴儉；養三老五更，是以兼愛；選士大射，是以上賢；宗祀嚴父，是以右鬼；順四時而行，是以非命；以孝視天下，是以上同：此其所長也。」雜家是「兼儒、墨，合名、法，之國體之有此，見王治之無不貫」；這些看法都認為諸子之說與政治密切。尤其道家是一種「君人南面之術」，一種駕馭臣下、管理民眾之術，君王統治的權術。再看《漢書・藝文志・道家類》著作其中一類多依託前代帝王卿相，如《伊尹》、《太公》、《辛甲》、《鬻子》、《管子》及託名黃帝大臣之流，透露著其內容必然與政道治術有所關聯。北齊劉

〔註6〕 《淮南子校釋・要略》，卷第二十一，頁2150～2151。
〔註7〕 《淮南子校釋・氾論》，卷第十三，頁1349。
〔註8〕 《史記・太史公自序第七十》，卷一百三十，頁3289。

畫（生於魏延昌中，北魏天統中卒）說：

> 九家之學，雖有深淺，辭有詳略，偕儷形反，流分乖隔，然皆同其
> 妙理，俱會治道，跡雖有殊，歸趣無異。〔註9〕

近人劉文典（公元 1889～1958 年）亦云：

> 周秦之際，士之治方術者多矣。百家之學，眾技異說，各有所出，
> 皆有所長，時有所用。雖然，陰陽、儒、法、刑名、兵、農之於治
> 道，譬猶橑之於蓋，輻之於輪也。〔註10〕

這都說明，諸子的重心在於政治。

　　黃老為道家一系，老子與黃帝的結合，從諸子爭勝的角度言，與站在依託
更高遠歷史帝王以壓倒其他諸子有關，但就實質內涵言，無非是看到黃帝在政
治方面具有高人一等的事功，可利於說服人君，使自己的主張更易於實施。這
樣的傾向，使它異於道家各派的主張，如不同於《老子》、《莊子》。《老子》有
功遂之說，但更重視身退的一面，認為在紛亂的世局，應該隱居自保，迴避現
實；《莊子》則連《老子》功遂的思想也摒棄，社會的生活僅會束縛人之心靈，
舉凡一切制度都應廢除，強調逍遙而游，尋找精神的自由。黃老則以走向為現
實政治服務為目的，注重探討治國理民的方針和策略，立足於當時，解決面臨
的現實問題。尤其漢初黃老之徒，欲用清靜無為之治術，以救六國嬴秦之煩苛，
其宗旨以非保全小我而在安天下。〔註11〕了解這一點，從黃老帛書的大部分內
容覘之，就不會訝異於屢屢充斥的「王術」、「王天下之道」〔註12〕、「霸王危亡
之理」、「帝王之道」〔註13〕、「立天子，置三公，而天下化之之謂有道」〔註14〕
等詞彙。而且可以知道為什麼司馬談要說黃老是「立俗施事，無所不宜，指約
而易操，事少而功多。」〔註15〕更進一步能了解司馬遷於曹參說：

> 治要用黃老術，故相齊九年，齊國安集，大稱賢相。〔註16〕

〔註9〕　傅亞庶《劉子校釋・九流第五十五》，卷十，頁 521，北京：中華書局，1998
　　　　年 9 月第一刷。

〔註10〕　許維遹《呂氏春秋集釋・序》，頁 1，台北：世界書局，1975 年 3 月四版。

〔註11〕　蕭公權《中國政治思想史》，頁 355，台北：聯經出版事業公司，1993 年 12
　　　　月初版第八刷。

〔註12〕　《經法・六分》，頁 49。

〔註13〕　《論》，頁 53。

〔註14〕　《論約》，頁 57。

〔註15〕　《史記・太史公自序第七十》，卷一百三十，頁 3289。

〔註16〕　《史記・曹相世家第二十四》，卷五十四，頁 2029。

於陳平說：

> 陳丞相平少時，本好黃帝、老子之術。〔註17〕

於汲黯說：

> 黯學黃老之言，治官理民，好清靜」，「其治，責大指而已，不苛小。
> 治務在無為而已。〔註18〕

因為黃老的精神實質本來就是一種政術。

戰國末期，黃老思想大體已具規模，但在實際的政治層面上尚未能找到發揮的舞台。漢帝國建立，黃老之學，隨著形勢的需要，與總結秦王朝失敗的教訓，而逐漸占居統治地位，它是全國統一趨勢的明朗和人民要求休養生息呼聲的高漲，以及社會思想領域內，出現百家合流，要求思想定於一尊的趨勢，可以說秦王朝的產生和崩潰，是黃老思想成為統治思想的契機。〔註19〕此時的黃老具有既是政術又是學術的雙重性格。此術在時代需求下，成為建設戰亂後的良方，政治家在其中找到治國的準則，思想家則在先秦黃老思想既有的基礎上，為解決秦弊，提出一套更為綿密細緻的政治理想，使得黃老政治思想在漢初進一步的完備。

大體而言，黃老政治理論，在漢初七十年間，被推闡至最高峰，當時所論的議題，可視為兩漢黃老政治思想的代表。至武帝罷黜百家，獨尊儒術之後，一方面黃老政治理論不符合當局的需求，非利祿所在，已少有思想家研究或提出見解；〔註20〕一方面則是就其內在理路而言，一項理論發展至最高點必然停

〔註17〕 《史記‧陳丞相世家第二十六》，卷五十六，頁2062。

〔註18〕 《史記‧汲黯列傳第六十》，卷一百二十，頁3150。

〔註19〕 吳光《黃老之學通論》，頁105～107。

〔註20〕 此點可由武帝至哀帝時的相位，大都由儒生佔據，即可看出儒家勢力的發展。據《漢書‧百官公卿表下》整理，武帝時田蚡、薛澤、公孫弘、李蔡、嚴青翟、趙周、石慶、公孫賀、劉屈氂、田千秋；昭帝時田千秋、王訢、楊敞、蔡義；宣帝時韋賢、魏相、丙吉、黃霸；元帝時于定國、韋玄成、匡衡；成帝時王商、張禹、薛宣、翟方進、孔光；哀帝時朱博、嚴當、王嘉、孔光，即可見出一斑。其次，從《漢書‧藝文志》著錄道、儒兩家書籍存佚情形亦可得知。《漢志》道家類著錄三十七家，九百九十三篇，大部份早已亡佚。儒家類著錄五十三家，八百三十六篇。二者比較，道家少十六家，篇數卻多一百五十七篇。其中屬先秦部份，二家存佚相差不多，各存二家，而道家亡三十家，儒家亡二十九家。屬於漢代部份，道家僅著錄五家，均亡，儒家存、殘、亡計二十一家。二者相較，道家書數，相形見黜。

滯不前，走進死胡同。這也爲什麼黃老政治思想鮮見於西漢中期以後的著作中。

黃老思想是一種思潮，影響所及深遠，許多思想家如陸賈（約公元前 240 年～約前 170 年）、賈誼（公元前 200～前 168 年）、韓嬰、董仲舒（公元前 197～前 104 年）、劉安（公元前 179～前 122 年）、劉向（約公元前 77～前 6 年）、王充（公元 27～約 97 年）諸人，或多或少吸收了先秦黃老思想，從黃老的角度，就當時最迫切的問題提出解決之道。對於治國根本原則、治國理想、政治措施與政治實際操作技術的方法，有一套完善的理論。

第二節　兩漢諸子的黃老政治思想

一、陸　賈

（一）文武之道——兼論先秦、兩漢

黃老認爲治理國家的根本原理在於法道而爲，此於第二章已論之。本章要討論的是黃老思想中的政治策略。

就整個戰國史實來看，秦從商鞅變法，經過百餘年的努力，終於併吞六國，統一天下。秦國能殲滅各國，最主要依靠軍事武力。而如何由武力統一的成就來鞏固政治的統一，秦國當局的認識應是深刻的，從統一天下之後就實施書同文，車同軌，行同倫等一制度就能看出。但儘管已有這樣的認識，有助於統治，卻忽略了統一前與統一後人民心理的變化。

統一前，各國征戰，武力當道，人民身陷戰爭之苦，「近古無王者久矣」，〔註 21〕因此期望產生一個共主，能解決紛亂的局勢，創造一個安和樂利的社會。在此目標驅使之下，即使環境再惡劣，生活再不如意，尚有個理想可堪告慰，還能安於現實，而不至於冒死造反。統一之後，目的達成，情勢改觀了，人民以爲可「免於戰國」，〔註 22〕可以鬆一口氣。無奈秦國百餘年來，刑法治國，武力併鄰，成效卓著，因此專任刑武的觀念，已成爲根深蒂固的習慣，短時間想要轉變並不容易。

當天下統一之初，本應改弦易轍，讓百姓休息，使居其所，安其業，則帝國之業可高枕無憂。秦始皇統一天下之後，確實曾有「求其寧息」的意念，

〔註 21〕《新書校注·過秦下》，卷第一，頁 13。
〔註 22〕《漢書·嚴朱吾丘主父徐嚴終王賈傳第三十四下》，卷六十四下，頁 2811。

曾「收天下兵，聚之咸陽」，〔註23〕「講武之禮罷爲角觝」。〔註24〕只是這並於事無補，仍頻頻出巡，大興土木，築長城，反而大事更張，變本加厲，窮用民力，超過人民所能承受的範圍。當時有識之士，就曾發出警告，但因坑儒事件，舉國上下普遍畏懼以言獲罪，無人敢說眞話。有一侯生因死罪諫言，秦始皇聽後，頗有悔改之意，〔註25〕只是積弊已深，始皇不久亦崩逝，以至於無法更改以武刑爲文德來守住帝業。

歷史教訓是深刻的，當劉邦建立漢帝國，首先面臨如何治理的問題。漢初知識分子提出許多的治國方略，其中最根本的是來自於黃老政治思想中的文武、刑德之道。

黃老的文武、刑德思想，如果從歷史的考察，這是遠承西周至春秋的治國觀念。由黃老吸收將之融爲一體，提高至最根本的治國原則。

我們知道，西周強調「明德愼罰」〔註26〕的傳統，主張威恩並施以鞏固政權。「德」爲周人政治思想的核心，在周人看來，「皇天無親，惟德是輔」，〔註27〕只有「明德」或「敬德」者，才能得天命。「德」的基本含義，從《尚書》觀之，是「徽柔懿恭，懷保小民，惠鮮鰥寡」，〔註28〕總而言之是「保惠

〔註23〕《史記‧秦始皇本紀第六》，卷六，頁239。
〔註24〕馬端臨《文獻通考‧兵考一‧兵制》，卷一百四十九，十通第七種，頁1037，台北：臺灣商務印書館，1987年12台一版。
〔註25〕見《說苑‧反質》。侯生因毀謗獲罪，臨刑前說：「臣聞禹立毀謗之木，欲以知過也。今陛下奢侈失本，淫佚趨末。宮室臺閣，連屬增累；珠玉重寶，積襲成山；錦繡文采，滿府有餘；婦女倡優，數巨萬人；鐘鼓之樂，流漫無窮；酒食珍味，盤錯於前；衣服輕暖，輿馬文飾，所以自奉麗靡爛漫，不可勝極；黔首匱竭，民力單盡，尚不自知。又急誹謗，嚴威克下，下暗上聾，臣等故去。臣等不惜臣之身，惜陛下國之亡耳！聞古之明王，食足以飽，衣足以暖，宮室足以處，輿馬足以行。故上不見棄於天，下不見棄於黔首。堯茅茨不剪，采椽不斫，士階三等，而樂終身者，以其文采之少而質素之多也。丹朱傲虐，好慢淫，不修理化，遂以不升。今陛下之淫，萬丹朱而十昆吾、桀、紂，臣恐陛下之十亡也，而曾不一存。」始皇默然久之曰：「汝何不早言？」侯生曰：「陛下之意，方乘青雲，飄搖於文章之觀，自賢自健，上侮五帝，下凌三王，棄素朴，就末技，陛下亡徵見久矣。臣等恐言之無益也，而自取死，故逃而不敢言。今臣必死，故爲陛下陳之。雖不能使陛下不亡，欲使陛下自知也。」始皇曰：「吾可以變乎？」侯生曰：「形已成矣，陛下坐而待亡耳。若陛下欲更之，能若堯與舜乎？不然，無冀也。陛下之佐又非也，臣恐變之不能存也。」
〔註26〕《尚書釋義‧周書‧康誥》，頁115。
〔註27〕《左傳》僖公五年引《周書》。《春秋左傳注》，頁309。
〔註28〕《尚書釋義‧周書‧無逸》，頁155。

於庶民」，〔註29〕意指用慈善、寬厚、美好、恭謹的態度來愛護人民，連帶的鰥寡孤獨的人都可得到恩惠，就是有德。而「愼罰」是德的重要內容，其作用也在於「保民」。《尚書》主張「治民祗懼」，〔註30〕「祗懼」就是敬愼，也就是治民要敬愼，這是愼罰的表現。《尚書·康誥》又說，對人民要「義刑義殺」，〔註31〕就是刑殺皆宜，刑殺皆宜則必須敬愼。

周人除了有刑德觀之外，又論及文武觀念，《國語·周語上》記載周穆王將征犬戎，祭公謀父諫說不可。並說：

> 先王耀德不觀兵。夫兵戢而時動，動則威，觀則玩，玩則無震。是
> 故周文王之頌曰：「載戢干戈，載櫜弓矢。我求懿德，肆於時夏，允
> 王保之。」先王之於民也，懋正其德以厚其性，阜其財求，而利其
> 器用，明利害之鄉，以文修之，使務利而避害，懷德而畏威，故能
> 保世以滋大。昔我先王世后稷，以服事虞夏。及夏之衰也，我先王
> 不窋用失其官，而自竄於戎狄之間，不敢怠業，時序其德，纂修其
> 緒，修其訓典，朝夕恪勤，守以敦篤，奉以忠信，奕世載德，不忝
> 前人。至於武王，昭前之光明而加之以慈和，事神保民，莫弗欣喜。
> 商王帝辛，大惡於民。庶民不忍，欣戴武王，以致戎於商牧。是先
> 王非務武也，勤恤民隱而除其害也。〔註32〕

意思說先王明德而不示兵，先王所以能守住事業而發揚光大，全因德厚，而用「文」修整得來；另一方面雖然以文修之，但也不放棄用兵，即是「武」。

周人的刑德、文武觀念，刑德強調運用於對人民的治理方式，文武則著重在取天下，建立國家時所用的政治戰略。刑德與文武雖說同樣重要，但在現實政治上有輕重之分，大抵重德文而輕刑武。

春秋時期，仍重刑德與文武，一方面延續西周固有觀點，重文德輕武刑，如《國語·周語下》記襄公有疾，召頃公而告之，說文是敬、忠、信、仁、義、智、勇、教、孝、惠、讓諸德的總名，認為「能文則得天地」，「被文相德，非國何取」。〔註33〕又《國語·晉語八》說：「霸王之勢，在德不在先歃」。〔註34〕

〔註29〕《尚書釋義·周書·無逸》，153。
〔註30〕《尚書釋義·周書·無逸》，153。
〔註31〕《尚書釋義·周書·康誥》，頁118。
〔註32〕《國語》，頁1。
〔註33〕頁96～98。
〔註34〕頁466。

　　另一方面則由於春秋講霸道，因此更講求文武並用，刑德兼行，二者無分輕重，不可偏廢。《國語・晉語四》記晉文公重耳亡於秦國，卜筮得屯、豫之卦，筮史都說不吉，司空季子則說吉，認爲是「利建侯，得國之務也」，又說震，雷也，車也，車有震，武也；水，勞也，眾也，眾而順，文也，文武兼具，厚之至，爲得國之卦。〔註35〕這顯然跳脫出筮史經驗解釋，而轉以人的主動性爲主，更重要的是司空季子強調重耳如果能夠得國，建立強盛的霸業，文與武則是必要條件，缺一不行。又《左傳》僖公七年（公元前 653 年）管仲（？～前 645 年）對齊桓公說：

　　　　夫諸侯之會，其德刑禮義，無國不記。〔註36〕

指出德刑在稱霸中的作用。成公十七年（公元前 574 年），晉長魚矯向晉厲公指出：

　　　　御奸以德，御軌以刑。不施而殺，不可謂德；逼臣而不討，不可謂

　　　　刑。刑、德不立，兼並至。〔註37〕

要求晉厲公殺欒書，中行偃。這些事例說明春秋時期的基本看法。

　　春秋末至戰國時期，諸子學興起，「趨舍人異，各有曉心」，〔註38〕「各引一端，崇其所善」。〔註39〕《莊子・天下》認爲，學術本來是一個完美的整體，稱做「道術」。後來，「天下大亂，聖賢不明，道德不一」，諸子「各爲其所欲焉，以自爲方」，道術遂「天下裂」。〔註40〕此時隨著學術發展，百家之學相互競爭。諸子爲了爭勝，不遺餘力攻擊他家思想，如墨家攻擊儒家，《墨子・非儒下》說：

　　　　夫儒，浩居而自順者也，不可以教下。好樂而淫人，不可使親治。

　　　　立命而怠事，不可使守職。宗喪循哀，不可使慈民。機服勉容，不

　　　　可使導眾。〔註41〕

儒家攻擊楊、墨，如《孟子・滕文公下》說：

　　　　楊氏爲我，是無君也；墨氏兼愛，是無父也；無父無君，是禽獸也。

〔註35〕頁 362。

〔註36〕《春秋左傳注》，頁 318。

〔註37〕頁 903。

〔註38〕《淮南子校釋・氾論》，卷第十三，頁 1380。

〔註39〕《漢書・藝文志第十》，卷三十，頁 1746。

〔註40〕《莊子集釋卷十下・天下第三十三》，頁 1069，。

〔註41〕吳毓江校注，孫啓治點校《墨子校注》，卷之九，頁 439，北京：中華書局，
　　　　1993 年 10 月第一版。

〔註42〕

《荀子》也說：

> 故墨術誠行，則天下尚儉而彌貧，非鬥而日爭，勞苦頓萃，而愈無
> 功，愀然憂戚非樂，而日不和。〔註43〕

道家、法家亦詆毀儒、墨，《史記‧老莊申韓列傳》：

> 莊子者，……作〈漁父〉、〈盜跖〉、〈胠篋〉，以詆訾孔子之徒，以明
> 老子之術。〔註44〕

《韓非‧八說》說：

> 博習辯智如孔、墨，孔、墨不耕耨，則國何得焉？修孝寡欲如曾、
> 史，曾、史不攻戰，則國何利焉？〔註45〕

他們彼此對立和排斥，求異不求同，各自的特色鮮明，如「老聃貴柔，孔子貴仁，墨翟貴廉（兼），關尹貴清，子列子貴虛，陳駢貴齊，陽生貴己，孫臏貴勢，王廖貴先，兒良貴後」，〔註46〕「其學之相非也，數世矣」。〔註47〕這些學說有部分見諸實行，於是在政治上發生衝突，因而立場漸趨於極端。〔註48〕最明顯的莫過於儒、法兩家。

儒家積極推崇德治，孔子（前551～前479）以北辰譬擬爲政以德，又說：

> 道之以政，齊之以刑，民免而無恥。道之以德，齊之以禮，有恥且
> 格。〔註49〕

其德治的具體內容是富庶且教，反對猛於虎的苛政，實行節用愛人、使民以時的措施，要求「謹權量，審法度」，〔註50〕使民歸之。孟子（約前372～前289年）認爲人皆有不忍人之心，仁政即是德政，來源於統治者的仁心，「推恩」是行仁政的方法。〔註51〕雖然它們不完全排斥用刑，但遵德禮而卑刑罰，

〔註42〕　《四書章句集注‧孟子集注‧滕文公下》，卷六，頁272。
〔註43〕　《荀子集釋‧富國第十》，頁211。
〔註44〕　卷六十三，頁2143～2144。
〔註45〕　《韓非子釋評》，頁1616。
〔註46〕　《呂氏春秋注疏‧不二》，卷第十七，頁2081～2092。
〔註47〕　尸佼撰，鄧雲生校點《尸子‧廣澤》，百子全書本，頁1607，長沙：岳麓書社，
　　　　　1994年9月第二刷。
〔註48〕　此最明顯可由戰國初期，各國實施變法運動，以法治國的呼聲高漲，三晉法
　　　　　家主張嚴刑峻法看出。
〔註49〕　《四書章句集注‧論語集注‧爲政第二》，卷一，頁53。
〔註50〕　《四書章句集注‧論語集注‧堯曰第二十》，卷十，頁194。
〔註51〕　《四書章句集注‧孟子集注‧梁惠王上》，卷一，頁209。

尚德不尚力是儒家一致的信仰。

法家則輕德文，尚武主戰，任法重罰而排斥仁義禮樂教化。〔註52〕法家主張，國家強弱在於力量的多寡，力量得自於令行禁止的法治當中。韓非（約前280～前233年）說：

上古競於道德，中世逐於智謀，當今爭於氣力。〔註53〕

是故力多則人朝，力寡則朝於人，故明君務力，夫嚴家無悍虜，而慈母有敗子，吾以此知威勢之可以禁暴，而德厚之不足以止亂也。

〔註54〕

商鞅（約前390～前338年）也認為德化與刑罰的關係，「刑生力，力生強，強生威，威生德，德生於刑。」「怯民使之以刑則勇，勇民使之以賞則死，怯民勇，勇民死，國無敵者，必王。」〔註55〕國家強盛與否與道德仁義教化沒有關聯。治國以刑罰為中心。

黃老興起於戰國中後期，看清了這樣的形勢，於是重新回歸春秋時期的主張，融合儒、法兩家思想，取中庸之道，認為文德與武刑二者不可偏廢，必須相輔為用，才能達到大治。

黃老帛書特別提出當時是「天下大爭」〔註56〕的時代，列國要統一天下，就必須「審於行文武之道」，「文武並行」〔註57〕才可。何謂文武？《經法·君正》說：

天有生死之時，國有死生之政。因天之殺也以養生，謂之文，因天

〔註52〕法家商鞅非常強調刑德之用，但刑與德非如黃老思想將之提升至治國的根本原則，它是在法術所運用之下的賞與罰。商鞅說：「賞者，文也；刑者，武也；文武者，法之約也。」（商鞅撰，楊雲輝校點《商子·權修第十四》，卷三，百子全書本，頁1565，長沙：岳麓書社，1994年9月第二刷）韓非也主張刑德並用，刑德稱為二柄，為君王裁制臣下的工具。《韓非子·二柄》說：「明主之所道制其臣者，二柄而已矣二柄者，刑德也。何謂刑德？曰殺戮之謂刑，慶賞之謂德。為人臣者，畏誅刑而利慶賞，故人主自用其刑德，則群臣畏其威而歸其利矣。」可見韓非尚將刑德思想停留於君王權勢的運用方面。且就法家思想來看，黃老思想注重刑德使用的均衡性，而法家則對刑罰有強烈偏執性。
〔註53〕《韓非子釋評·五蠹第四十九》，頁1074。
〔註54〕《韓非子釋評·顯學第五十》，頁1785。
〔註55〕《商子·說民第五》，卷第二，頁1556。
〔註56〕《十六經·五正》，頁65。
〔註57〕《經法·君正》，頁47。

之殺也以死，謂之武。〔註58〕

即是國家生死存亡決定於天道，所以國家應根據天道來制定死生的政策，對於天道使存的國家，要順應天意去保護它，這被稱爲文；對於天道使亡的國家，要順應天意來討伐兼併它，這就稱爲武。〔註59〕將文解釋爲養生，把武解釋爲伐死，就是「一立一廢，一生一殺」。〔註60〕對於他國或養生，或伐死，視該國是否依循天道而爲。《論》說：

> 動靜不時，種樹失地之宜，則天地之道逆矣。臣不親其主，下不親
> 其上，百族不親其事，則內理逆矣。逆之所在，謂之死國，伐之。
> 反此謂之順，順之所在，謂之生國，生國養之。〔註61〕

《經法・四度》又說：「動靜參於天地謂之文，誅禁時當謂之武。」〔註62〕據陳鼓應的解釋，耕戰參合於天時地利就稱作文，伐亂止暴合於天道人理就稱作武。〔註63〕可見黃老思想的文武觀念主要針對當時如何統一天下，如何聯合、兼併其他國家的政治策略。

　　從黃老帛書的文武觀來看，黃老思想贊成社會中人與人之間的積極爭鬥，在爭的過程中，最重要的支柱是軍事力量，也就是兵與刑，即是武。但它主張用正義戰爭伐亂誅暴、兼有天下，最終達到統一。因此誅伐無道，戡亂定鼎，離不開武力，《經法・六分》說：

> 積甲士而征不備（服），誅禁當罪而不私其利，故令行天下而莫敢不
> 聽。〔註64〕

先用武力削平割據，掃除一切障礙。當這些任務完成之後，治理天下就應該改變策略，注意到人民的休養生息，文治就是主要的目的，文治隨其後，才能鞏固天下，但同時也不能放棄武力，否則坐天下也不會穩定。《經法・六分》說：

> 文德廄（究）於輕細。武刃於當罪，王之本也。〔註65〕

《經法・四度》說：

〔註58〕頁47。
〔註59〕陳鼓應《黃帝四經今註今譯》，頁118。
〔註60〕《經法・論約》，頁57。
〔註61〕頁53～54。
〔註62〕頁51。
〔註63〕《黃帝四經今註今譯》，頁158。
〔註64〕頁50。
〔註65〕頁49。此據陳鼓應《黃帝四今註今譯》補。

因天時，伐天毀，謂之武。武刃而以文隨其後，則有成功矣。〔註66〕
行文武並行的策略，「就可以定天下，可安一國」。〔註67〕

　　黃老帛書另有一個由文武觀念引出又互為聯繫的是刑德觀念。《十六經‧性爭》說：

> 天地已成，黔首乃生。勝爭已定，敵者生爭，不諶不定。凡諶之極，
> 在刑與德。刑德皇皇，日月相望，以明其當。望失其當，環視其央。
> 天德皇皇，非刑不行。繆繆天刑，非德必頃。刑德相養，逆順若成。

〔註68〕
即是說對於產生爭端的「黔首」必須予以裁正，而裁正的準則，就是採用刑德兩手。刑德相輔相成，沒有刑，天德難以保證，只有天刑，而沒有德輔助，那非垮台不可，所以二者不可偏廢。

　　黃老帛書所謂的刑，主要指刑罰法令，《十六經‧五正》記載黃帝與闔冉君臣之間的對話說：

> 黃帝曰：「吾既正既靜，吾國家逾不定，若何？」對曰：「后中實而
> 外正，何患不定？左執規，右執矩，何患天下？」〔註69〕

規、矩乃指法而言，「法者，引得失以繩，而明曲直者也。」〔註70〕黃老帛書認為，「是非有分，以法斷之，虛靜謹聽，以法為符。」〔註71〕「恃表而望則不惑，案法而治則不亂。」〔註72〕「法度者，正之至也，而以法度治者，不可亂也」〔註73〕面對凶逆，應該「以刑正者，罪殺不赦也。」〔註74〕但是如果生殺不當，或一味誇大法的作用，不但易於失人，而且「過皆反自及也」。〔註75〕只有在使用刑法同時，加強德治，才能從根本上消弭邪心，保證「國無盜賊，詐偽不生」。〔註76〕什麼是德呢？「德者，愛勉之也。」〔註77〕所謂德治，就是「優未愛民，

〔註66〕頁51～52。
〔註67〕《經法‧四度》，頁51。
〔註68〕頁69。
〔註69〕頁65。
〔註70〕《經法‧道法》，頁43。
〔註71〕《經法‧名理》，頁58。
〔註72〕《稱》，頁81。
〔註73〕《經法‧君正》，頁47。
〔註74〕《經法‧君正》，頁47。
〔註75〕《經法‧亡論》，頁55。
〔註76〕《經法‧君正》，頁47。
〔註77〕《經法‧君正》，頁47。

與天同道」，﹝註78﹞「正信以仁，慈惠以愛人」﹝註79﹞以及「兼愛無私」，﹝註80﹞最後的目標就是「無執也，無處也，無爲也，無私也」﹝註81﹞的政治理想。這種刑德相養的觀點，同《老子》所說的「法令滋章，盜賊多有」﹝註82﹞、「絕仁棄義」﹝註83﹞的態度，有所不同。由此也可看出，黃老思想將儒家的仁政、墨家的兼愛、法家的法治融爲一爐，提出刑德相養的治國策略。《尉繚子・天官》曾說：「黃帝刑德」，「刑以伐之，德以守之」，﹝註84﹞這兩句話，簡要的概括了黃老的政治思想，是治國原則的核心。

黃老帛書從自然秩序引申而出，認爲萬事萬物由天道而生，人德人刑，亦由天德天刑而來，因此須按照天地自然運行的模式，不可強自妄爲，「天地之道，寒熱燥溼，不能並立；剛柔陰陽，固不兩行」，﹝註85﹞每一個階段各有特色，要呼應客觀的環境，「春夏爲德，秋冬爲刑」。﹝註86﹞四時運行，先有春夏，後有秋冬，認爲文武與刑德雖然兼行，但天道並非四時並至，而是先後有序，人效法之，當然也有先後輕重之分，「君臣上下，交得其志，天因而成之，夫並時以養民功，先德後刑，順於天。」﹝註87﹞「始於文而卒於武，天地之道也。四時有度，天地之理也。日月星辰有數，天地之紀也。三時成功，一時用殺，天地之道也。」﹝註88﹞一將德置於前，刑置於後，所以應該是「先德後刑以養生」。﹝註89﹞二則以德爲陽，置於明處，以刑爲陰，置於暗處，所以是「刑晦而德明，刑陰而德陽，行微而德彰」。﹝註90﹞此告訴著人君治國以文德爲先，先行教化，使百姓感受到仁愛慈惠之德，而不是以刑罰鎮壓優先。帛書曾論及教化的過程，《經法・君正》說：

一年從其俗，二年用其德，三年而民有得。四年而發號令，五年而

﹝註78﹞《十六經・觀》，頁63。
﹝註79﹞《十六經・順道》，頁79。
﹝註80﹞《經法・君正》，頁47。
﹝註81﹞《經法・道法》，頁43。
﹝註82﹞《老子註譯及評介》，五十七章，頁284。
﹝註83﹞《老子註譯及評介》，十九章，頁136。
﹝註84﹞《尉繚子》，卷上，頁1158。
﹝註85﹞《十六經・姓爭》，頁69。
﹝註86﹞《十六經・觀》，頁62。
﹝註87﹞《十六經・觀》，頁62。
﹝註88﹞《經法・論約》，頁57。
﹝註89﹞《十六經・觀》，頁62。
﹝註90﹞《十六經・姓爭》，頁69。

以刑正，六年而民知敬畏，七年而可以正。一年從其俗，則民知則。

二年用其德，則民力。三年無斂賦，則民不幸。六年民敬畏，則知

刑罰。七年而可以正，則勝強適。〔註91〕

以七年為一「積德」教程，循序漸進，使民能從容適應，而非要求朝令夕成。德教成然後知刑罰，知刑罰則人民可用，強敵可勝，國家也可保長久強大；否則「德薄而功厚者隳（墮）」，〔註92〕雖能一時成功，必不能守住成果。

入漢以來，黃老文武刑德這個治國基本原則，首先由漢初的思想家陸賈提出。

當劉邦打敗群雄，通過戰爭，建立漢帝國政權，曾志得意滿聲稱馬上得天下，不必詩書禮樂，崇尚武力治國。陸賈總結秦朝滅亡及「古成敗之國」的歷史教訓，提出警告：「居馬上得之，寧可以馬上治之？」他舉商湯周武為例，建立國家與治理國家不同道，所謂「逆取順守」，「文武並用」，才是長久之術。〔註93〕

什麼是逆取順守，文武並用？這應分兩個階段來說，就建立新政權來說，陸賈認為，逆取就是用非常手段取得政權，指在紛亂兼併時代，不能沒有武力，唯有武力才能解決問題，此時文德難以派上用場。秦以武力統一，建立全國政權，做法是必須而且正確的，此與楚漢戰火方酣，酈食其建議高祖復立六國後世，張良認為不可行，以為湯封紂後於杞，是天下一統，局勢安定後所行，所謂「殷事已畢，偃革為軒，倒置干戈，覆以虎皮，以示天下不復用兵。」而今天正值干戈之際，楚漢相距，輸贏尚未定之數，非常時期豈能偃武行文的思維是一致的；〔註94〕但建立了政權以後，形勢不同，如果欲安邦定國仍沿用原來打天下那一套方法，窮兵黷武，不讓百姓休息，就不行了。吳王夫差因用兵不輟，卒為越所滅；智伯極武好勝，喪於三晉之手；秦始皇兼併天下以後，若能「行仁義，法先聖」就不會失去天下。〔註95〕統一後進入了和平期，應當多順守，用文的一面，仍然用打天下的方式，結果必然失敗。陸賈此說，證驗於秦統一前荀子曾考察過秦國，認為秦國人民質樸恭順，官吏恭儉敦敬，為政者以立功受賞，權勢刑罰誘逼百姓從事農戰，缺點是「無

〔註91〕頁 47。

〔註92〕《經法・亡論》，頁 55。

〔註93〕《史記・酈生陸賈列傳第三十七》，卷九十七，頁 2699。

〔註94〕《史記・留侯世家第二十五》，卷五十五，頁 2041～2042。

〔註95〕《史記・酈生陸賈列傳第三十七》，卷九十七，頁 2699。

儒」；〔註96〕在檢視秦統一後這種「無儒」的政治持續施行，自然有很大的副作用。司馬遷說，秦統一前「取天下多暴」，〔註97〕統一後仍然「矜武任力」，〔註98〕取天下與守天下都用暴力，焉能不亡。陸賈總結歷史的教訓，提出這樣的觀點，用黃老帛書的話，就是「因天時，伐天毀，武刃而以文隨其後則有成功矣，用二文一武者王。」〔註99〕這已不是如儒家孟子的「仁義而已」了，可見陸賈建議劉邦走的路子，仍是發揮了黃老思想。

陸賈認爲治國守成之道─文德，在於無爲。所謂「道莫大於無爲」，以「堯舜治天下」爲例，「寂若無治國之意，莫若無擾民之心，然天下治」，「故無爲者乃有爲也。」〔註100〕秦朝之所以滅亡，就在於毫不掩飾地、赤裸裸地主張用暴力來解決一切問題，所謂「舉措眾暴而用刑太極故也」。〔註101〕統治者應該在不擾亂民事，與民休息態度下，要清靜無爲而治，因而大大地宣傳了黃老中的清靜無爲而治的思想。

這種文武並用，刑德兼行的政策，受到劉邦的重視，也啓開了兩漢治國的根本方略。往後的思想家政治家所論，所依循大抵不出這個範圍。

賈誼也指出秦始皇「懷貪鄙之心，行自奮之智，不信功臣，不親士民，廢王道立私愛，焚文書而酷刑法先詐力而後仁義，以暴虐爲天下始。」〔註102〕二世因循不改，「而重以無道：壞宗廟宇與民，更始作阿房之宮；繁刑嚴誅，吏治刻深，賞罰不當，賦斂無度。」〔註103〕其所以速亡的原因是「仁義不施，而攻守之勢異也」。〔註104〕

賈誼提出「守成之數，得之之術」〔註105〕在於「兼併者高詐力，安定者貴順權」。〔註106〕認爲兼併爲「攻」，講究詐力，需要用「武」，這是所謂的「專

〔註96〕《荀子集釋·彊國第十六》，頁355。
〔註97〕《史記·六國年表第三》，卷十五，頁686。
〔註98〕《史記·太史公自序第七十》，卷一百三十，頁3302。
〔註99〕《經法·四度》，頁51～52。
〔註100〕王利器《新語校注·無爲第四》，卷上，頁59，北京：中華書局，1997年10月第三刷。無爲的實際內容請參閱本章下一節。
〔註101〕《新語校注·無爲第四》，卷上，頁62。
〔註102〕《新書校注·過秦論下》，卷第一，頁14。
〔註103〕《新書校注·過秦論下》，卷第一，頁15。
〔註104〕《新書校注·過秦論上》，卷第一，頁3。
〔註105〕《新書校注·時變》，卷第三，頁98。
〔註106〕《新書校注·過秦論下》作「安危者貴順權」，《史記》則作「安定者貴順權」，此採用《史記》之文。

威定功」；〔註107〕而安定爲「守」，講究順權，需要用「文」。順權即是「順天理人情自然之權衡」，〔註108〕唯有在形勢變化之際，掌握百姓心理歸向，生死存亡的道理，才是「安危之統」。〔註109〕他說：「寒者利裋褐而飢者甘糟糠」，「勞民之易爲仁」，〔註110〕只要能夠施予恩惠，給予穩定的環境，順著百姓的願望，生活窮困則加以收恤，有自危之心則加以撫慰，國家就不難治理。「安民可以行義，而危民易與爲非」，〔註111〕師旅之後，民心思靜，暴虐之後，仁愛易爲，所以牧民之道，「務在安之而已矣」。〔註112〕

　　賈誼與陸賈都強調打天下與守天下不同術，主張文武並用，而對於守天下也認爲刑德兼行，法治仁義兼施，但更重視仁德的作用。賈誼曾爲漢初的統治者規劃了具體的仁政措施，即：

> 虛囹圄而免刑戮，去收帑污穢之罪，使各反其鄉里；發倉廩，散財幣，以賑孤獨窮困之士，輕賦少事，以佐百姓之急，約法省刑，以持其後，使天下之人皆得自新，更節循行，各愼其身，塞萬民之望，而以盛德與天下。〔註113〕

對於君王要求「南面而清，虛而靜，令名自命，物自定。」表示以清靜之政與下民相安無事，當然條件是老百姓不要犯上作亂，犯上作亂還是要用刑法治罪的，「若夫慶賞以勸善，刑罰以懲惡，先王執此之政，堅如金石，行此之令，信如四時，據此之公，無私如天地耳，豈顧不用哉」。〔註114〕他以屠牛坦一天殺十二隻牛爲例，認爲刀刃不曾折損，是因爲刀刃所剝割的都是肌肉節理，但遇到大骨頭，則非斤斧砍劈不可。進而說明「仁義恩厚者，此人主之芒刃也；權勢法制，此人主之斤斧也勢已定，權已足矣，乃以仁義恩厚因而澤之，故德布而天下有慕志。」〔註115〕這種仁義輔以法制的主張，是典型的黃老之術。

　　《淮南子》總絜前人的說法，提出細密周全而合於時勢的論點。《淮南子》

〔註107〕《新書校注・過秦論下》，卷第一，頁 14。
〔註108〕王耕心語。見《新書校注》，卷第一，頁 18。
〔註109〕《新書校注・過秦論下》，卷第一，頁 17。
〔註110〕《新書校注・過秦論下》，卷第一，頁 14。
〔註111〕《新書校注・過秦論下》，卷第一，頁 15。
〔註112〕《新書校注・過秦論下》，卷第一，頁 15。
〔註113〕《新書校注・過秦論下》，卷第一，頁 14。
〔註114〕《漢書・賈誼傳第十八》，卷四十八，頁 2253。
〔註115〕《新書校注・制不定》，卷第二，頁 71。

認爲事物的發展到極盛就轉而爲衰，過於盈滿就轉爲虧損，爲政之方也是如此，隨著時勢的變化而變化，時勢需要文治，文治就隨之而興，需要武治，武治就接著而來，但不可過於極端，二者交替爲用。〈氾論〉說：

> 聖人之道：寬而栗，嚴而溫，柔而直，猛而仁。太剛則折，太柔則卷，聖人正在剛柔之間，乃得道之本。積陰則沉，積陽則飛。陰陽相接，乃能成和。夫繩之爲度也，可卷而懷也，引而伸之，可直而睎。故聖人以身體之。夫修而不橫，短而不窮，直而不剛，久而不忘者，其唯繩乎。故恩推則懦，懦則不威。嚴推則猛，猛則不和。愛推則縱，縱則不令。刑推則虐，虐則無親。〔註116〕

一味寬柔仁直，表面上是愛民，其實使民易流於放縱，放縱則禁令而不能止；反之，專行嚴猛肅栗，刑罰過當，就變的暴虐，暴虐則人民就無法親近。最好的方法是剛柔並濟，陰陽相和，審度時變，不膠柱鼓瑟。

《淮南子》又說：

> 迨至高皇帝，存亡繼絕，舉天下之大義，身自奮袂執銳，以爲百姓請命于皇天。當此之時，天下雄俊豪英，暴露於野澤，前蒙矢石，而後墮谿壑，出百死而紿一生，以爭天下之權。奮武屬誠，以決一旦之命。當此之時，豐衣博帶而道儒墨者以爲不肖。逮至暴亂已勝，海內大定，繼文之業，立武之功，履天子之圖籍，造劉氏之貌冠，總鄒魯之儒墨，通先聖之遺教，戴天子之旗，乘大路，建九斿，撞大鐘，擊鳴鼓，奏咸池，揚干戚。當此之時，有立武者見疑。一世之間，而文武代爲雌雄，有時而用也。今世之爲武者則非文也爲文者，則非武也。文武更相非，而不知時勢之用也。此見隅曲之一指，而不知八極之廣大也。〔註117〕

這一段話有兩個要點需要注意，一是劉邦建國之時，天下豪傑冒死爭權，這時武力當道，儒、墨沒什麼作用；一旦天下底定，繼之以文，儒、墨的用處就顯現出來了。「文武代爲雌雄」，即指時勢不同，文武作用也不同，所謂「使天下慌亂，禮義絕，綱紀廢，強弱相乘，力征相攘，臣主無差，貴賤無序，甲胄生蚙蝨，燕雀處帷幄，而兵不休息，而乃使服屬臾之貌，恭儉之禮，則必滅抑而不能興矣。天下安寧，政教和平，百姓肅睦，上下相親，而乃始立

〔註116〕《淮南子校釋‧氾論》，卷第十三，頁1368～1369。
〔註117〕《淮南子校釋‧氾論》，卷第十三，頁1381。

氣矜，奮勇力，則必不免於有司之法矣。」〔註118〕建國爭權，降服群雄用武，安幫定國，穩住政局用文，二者並用，正是「合之以文，齊之以武，是謂必取；威儀並行，是謂至強」。〔註119〕二是《淮南子》批評當時文武相非的情形，不是過於文就是過於武，未能取得一個均衡點，這都有明顯的偏頗。漢初講求文武並用，刑德兼行，但總的而言，比較傾向於文德，尤其「至孝文皇帝，憫中國未安，偃武行文，則斷獄數百，民賦四十，丁男三年而一事」，〔註120〕整個社會情勢有所改變，較之高祖、惠帝時期政局穩定許多，但隨之社會矛盾也加深，《淮南子》有鑑於此，不得不加強文武的使用程度。賀凌虛說的中肯：「這是他們參照當時實際的情形所歸納出來的原則。原因仁義禮樂雖有潛移默化，防患於未然的功用，不過卻缺少強制力。春秋以後，已日漸證明不能完全依賴他們來維持秩序，何況於西漢當時兼併已盛，貧富懸殊，奴隸普遍，任俠風行，社會問題甚多的情形下，更無法適應，所以他們不得不承認『法者天下之度量，……賞當賞也。』『法律度量者，而人主之準繩也。……反弄其上。』因此特別提出此一剛柔並濟、文武並用的原則予以調和、補充。這也就是他們主張立法度、慎賞罰及行義戰等治術的根源」。〔註121〕

另一位西漢大儒董仲舒也提出著名的刑德觀。《漢書·董仲舒傳》記載他的「賢良對策」中解釋春秋「春王正月」的含意時說：

> 臣謹案春秋之文，求王道之端，得之於正。正次王，王次春。春者，天之所爲也；正者，王之所爲也。其意曰，上承天之所爲，而下以正其所爲，正王道之端云爾。然則王者欲有所爲，宜求其端於天。天道之大者在陰陽。陽爲德，陰爲刑；刑主殺而德主生。是故陽常居大夏，而以生育養長爲事；陰常居大冬，而積於空虛不用之處。以此見天之任德不任刑也。天使陽出布施於上而主歲功，使陰入伏於下而時出佐陽；陽不得陰之助，亦不能獨成歲。終陽以成歲爲名，此天意也。王者承天意以從事，故任德教而不任刑。刑者不可任以治世，猶陰之不可任以成歲也。爲政而任刑，不順於天，故先王莫之肯爲也。今廢先王德教之官，而獨任執法之吏治民，毋乃任刑之

〔註118〕《淮南子校釋·氾論》，卷第十三，頁1412。
〔註119〕《淮南子校釋·兵略》，卷第十五，頁1608。
〔註120〕《漢書·嚴朱吾丘主父徐嚴終王賈傳第三十四下》，卷六十四下，頁2832。
〔註121〕賀凌虛《西漢政治思想論集·淮南子的政道與治術》，頁191，台北：五南圖書出版公司，1988年1月初版。

意與！〔註122〕

董仲舒視天爲一最高上帝，有意志，有個性，能行慶賞刑罰。四時運行，都是天的作用。天道化爲陰陽，陰主殺爲刑，陽主生爲德，王者遵循天道而爲，因此也要效法天道陰刑陽德，以主生殺。這種將刑德結合陰陽的說法，在先秦典籍幾乎找不到先例，但在黃老帛書卻被強調著。〔註123〕黃老帛書認爲人事皆由天道引申而出，各項法則都可以用「陰陽」來代表。《稱》說：

> 凡論必以陰陽□大義。天陽地陰。春陽秋陰。夏陽冬陰。晝陽夜陰。
> 大國陽，小國陰。重國陽，輕國陰。有事陽而無事陰。信（伸）者
> 陰者屈者陰。主陽臣陰。上陽下陰。男陽女陰。父陽子陰。兄陽弟
> 陰。長陽少陰。貴陽賤陰。達陽窮陰。取（娶）婦姓（生）子陽，
> 有喪陰。制人者陽，制人者制於人陰。客陽主人陰。師陽役陰。言
> 陽黑（默）陰。予陽受陰。諸陽者法天，天貴正，過正曰詭□□□
> □祭乃反。諸陰者法地，地之德安徐正靜，柔節先定，善予不爭。
> 此地之度而雌之節也。〔註124〕

陰陽是一種模型、法式，涵括了整個宇宙與人事的整體，尤其著重貫徹到社會、政治、倫理各領域形成了一套理論系統。可見這即本之於黃老帛書的陰陽刑德觀念。

不過我們必須認識到董仲舒與黃老思想相異處，黃老思想認爲刑德與陰陽的關係是陰爲暗，爲後，陽爲明，爲先，刑德的使用只有先後。不可否認，黃老帛書已有尊陽卑陰的論點，但顯然未明確強調由此而展開的上下主從的絕對性，仍著重於彼此的平等地位，而沒有從屬關係。董仲舒則認爲刑德不僅只有明暗先後之分，尚有輕重從屬之別。〔註125〕在董仲舒的思想體系，陰佐陽，陽助陰，形成一個和諧的世界，但天對待於陰與陽則不同，天將陽置於陰之上，陽居於主導地位，整個天道是尊陽卑陰，董仲舒說：

> 陽氣出於東北，入於西北，發於孟春，畢於孟冬，而物莫不應是。
> 陽始出，物亦始出；陽方盛，物亦方盛；陽初衰，物亦初衰。物隨

〔註122〕卷五十六，頁 2501～2502。
〔註123〕此思想除在《管子・四時》說：「德始於春，長於夏；刑始於秋，流於冬。」
　　　　《管子・勢》說：「先德後刑，順於天。」之外，未見於其它典籍的記載。
〔註124〕頁 83。
〔註125〕薩拉・奎因〈董仲舒和黃老思想〉，《道家文化研究》第三輯，上海古籍出版
　　　　社，1993 年 8 月。

陽而出入，數隨陽而終始，三王之正隨陽而更起。以此見之，貴陽
而賤陰也。〔註126〕

天道既然是尊陽卑陰，因此，王者也應該尊德賤刑。由於天道不變，人道亦
不變，天人之間關係牢固不可改，相對於刑德的使用顯現其絕對性，「天數右
陽而不右陰，務德而不務刑。刑之不可任以成世也，猶陰之不可任以成歲也。
爲政而任刑，謂之逆天，非王道也。」〔註127〕黃老思想刑德觀強調並行兼用，
並隨著客觀時勢轉變而轉變，並不是一成不變，董仲舒則認爲陰陽刑德的角
色不可更改，而提出這樣的政治標準：統治者應該依靠仁德來移風易俗，而
非依靠刑罰的威攝力量，否則是違逆天道。這就與黃老思想有差異。

這種觀點也反映在董仲舒的文武觀念。有人問及爲何《春秋》記載戰爭
非常嚴謹，他說：

會同之事，大者主小；戰伐之事，後者主先。苟不惡，何爲使起之
者居下。是其惡戰伐之辭已。且《春秋》之法，凶年不修舊，意在
無苦民爾。苦民尚惡之，況傷民乎？傷民尚痛之，況殺民乎？故曰：
凶年舊則譏。造邑則諱。是害民之小者，惡之小也；害民之大者，
惡之大也。今戰伐之於民，其爲害幾何？考意而觀指，則《春秋》
之所惡者，不任德而任力，驅民而殘賊之。其所好者，設而勿用，
仁義以服之也。詩云：「弛其文德，洽此四國。」《春秋》之所善也。
夫德不足以親近，而文不足以來遠，而斷斷以戰伐爲之者，此固《春
秋》之所甚疾已，皆非義也。〔註128〕

戰伐危害人民甚大，專以武事爲治，更是惡之大者，這不僅是苦民，更是殺
民。武力兵刑設而不試，藏而不用，施以仁義文德，遠方自然來效。所以任
文不任武，務德不務刑，是最高的治國目標。由此可見，董仲舒雖借用黃老
思想陰陽刑德這項工具來論述其治國思想，對黃老思想有進一步發展，但最
終結論卻扭轉入於儒家，這表明其思想內容流有黃老因子，只是這些因子被
儒家思想吸收、涵攝，形成兩漢儒家思想特色而異於先秦儒家思想之處。

漢初七十年，可說是黃老主宰整個政治界與思想界，此時期的的黃老，
雖保有主導地位，但也不是一直平順的，仍常常受到他家思想的挑戰，最著

〔註126〕《春秋繁露義證・陽尊陰卑第四十三》，卷第十一，頁324。
〔註127〕《春秋繁露義證・陽尊陰卑第四十三》，卷第十一，頁328。
〔註128〕《春秋繁露義證・竹林第三》，卷第二，頁47～49。

名的例子是轅固生同黃生爭論湯武革命與刺豕事件。《史記・儒林列傳第六十一》說：

> 清河王太傅轅固生者，齊人也。以治詩，孝景時爲博士。與黃生爭論景帝前。黃生曰：「湯武非受命，乃弒也。」轅固生曰：「不然。夫桀紂虐亂，天下之心皆歸湯武，湯武與天下之心而誅桀紂，桀紂之民不爲之使而歸湯武，湯武不得已而立，非受命爲何？」黃生曰：「冠雖敝，必加於首；履雖新，必關於足。何者，上下之分也。今桀紂雖失道，然君上也；湯武雖聖，臣下也。夫主有失行，臣下不能正言匡過以尊天子，反因過而誅之，代立踐南面，非弒而何也？」轅固生曰：「必若所云，是高帝代秦即天子之位，非邪？」於是景帝曰：「食肉不食馬肝，不爲不知味；言學者無言湯武受命，不爲愚。」遂罷。是後學者莫敢明受命放殺者。〔註129〕

黃生爲黃老人物，轅固生爲儒家人物，代表黃老與儒家之爭。同傳又說：

> 竇太后好《老子》書，召轅固生問《老子》書。固曰：「此是家人言耳。」太后怒曰：「安得司空城旦書乎？」乃使固入圈刺豕。景帝知太后怒而固直言無罪，乃假固利兵，下圈刺豕，正中其心，一刺，豕應手而倒。太后默然，無以復罪，罷之。〔註130〕

轅固生因竇太后召問《老子》而獲罪，竇太后爲有名信奉黃老思想者，足見黃老與儒家不容。另有貶黃老道家言而招禍者，《史記卷一百七・魏其武安侯傳第四十七》說：

> （竇）太后好黃老之言，而魏其、武安、趙綰、王臧等務隆推儒術，貶道家言，是以竇太后滋不說魏其等。及建元二年，御史大夫趙綰請無奏事東宮。竇太后大怒，乃罷逐趙綰、王臧等，而免丞相、太尉。〔註131〕

又《史記卷一百二十一・儒林列傳第六十一》說：

> 太皇竇太后好老子言，不說儒術，得趙綰、王臧之過以讓上（武帝），上因廢明堂事，盡下趙綰、王臧吏，後皆自殺。〔註132〕

〔註129〕卷一百二十一，頁 2122～2123。
〔註130〕卷一百二十一，頁 2123。
〔註131〕卷一百七，頁 2843。
〔註132〕卷一百二十一，頁 2124。

至武帝建元六年（公元前 135 年），竇太后死，田蚡任相，「黜黃老、刑名百家言，延文學儒者數百人」。〔註133〕元光二年（公元前 133 年），董仲舒建言「諸不在六藝之科，孔子之術者，皆絕其道，勿使並進」，〔註134〕武帝於是罷黜百家，獨尊儒術。之後，黃老在政治舞台告退，儒學勢力抬頭，尤其武帝之後，儒術成為取得祿位的基礎，而社會弊端積重，為控制社會秩序，法家重刑思想也隨著時勢演變而逐漸受重視。思想界對於文武、刑德的使用有一番爭論，最具代表性的在《鹽鐵論》中有所論述。《鹽鐵論》一書是昭帝始元六年（公元前 81 年）下詔，從二月到同年的七月所召開的會議，由丞相、御史、大夫，與賢良、文學為討論當時的鹽鐵政策的紀錄。會議的兩大陣營—文學賢良與御史大夫，各自提出他們的看法。會中談論的主題雖然是各項經濟問題，但實際牽涉的層面甚廣，其中有德化與用武，刑治與德治的爭論。〔註135〕

文學賢良認為對於百姓嚴刑峻法，不可久用。任刑罰重法，會給社會帶來負面的作用。如誅連酷刑，「一人有罪，州里驚駭，十家奔亡，若癰疽之相潯，色淫之相連，一節動而百枝搖。」。〔註136〕御史大夫則持反對意見，以為：

> 民者教於愛而聽刑。故刑所以正民，鉏所以別苗也。〔註137〕

> 令者所以教民也，法者所以督姦也。令嚴而民慎，法設而姦禁。罔疏則獸失，法疏則罪漏。罪漏則民放佚而輕犯禁。故禁不必，怯夫徼倖；誅誠，蹠、蹻不犯。〔註138〕

強調嚴刑重法。

對於諸侯方國，文學賢良主張「去武行文，廢力尚德」，〔註139〕「以道德為冑，以仁義為劍」，〔註140〕即能建不可攻之城，不可擋之兵，可以天下賓服。御史大夫則強調以武力征伐是確保百姓安定的生活：

> 伯翳之始封秦，地為七十里。穆公開霸，孝公廣業。自卑至上，自

〔註133〕《史記‧儒林列傳第六十一》，卷一百二十一，頁 3118。

〔註134〕《漢書‧董仲舒傳第二十六》，卷五十六，頁 2523。

〔註135〕此可參考徐師漢昌《鹽鐵論研究》，第四篇「征伐四夷功過的討論」與第五篇「刑治與德治的論爭」，台北：文史哲出版社，1983 年 8 月初版。

〔註136〕王利器《鹽鐵論校注‧申韓第五十六》，卷第十，頁 580，北京：中華書局，1992 年 7 月第一刷。

〔註137〕《鹽鐵論校注‧後刑第三十四》，卷第六，頁 419。

〔註138〕《鹽鐵論校注‧刑德第五十五》，卷第十，頁 565。

〔註139〕《鹽鐵論校注‧世務第四十七》，卷第八，頁 507。

〔註140〕《鹽鐵論校注‧論勇第五十一》，卷第九，頁 537。

小至大。故先祖基之，子孫成之。軒轅戰涿鹿，殺兩皞、蚩尤而爲
帝，湯、武伐夏、商，誅桀、紂而爲王。黃帝以戰成功，湯、武以
伐成孝。故手足之勤，腹腸之養也。當世之務，後世之利也。今四
夷內侵，不攘，萬世必有長患。先帝興義兵以誅強暴，東滅朝鮮，
西定冉、駹，南擒百越，北挫強胡，追匈奴以廣北州，湯、武之舉，
蚩尤之兵也。故聖主斥地，非私其利，用兵，非徒奮怒也，所以匡
難辟害，以爲黎民遠慮。〔註141〕

《鹽鐵論》當中的御史大夫與文學賢良這兩大陣營，代表儒家與法家觀
點，一邊強調德治文事，一邊強調法治武功，二者尖峰相對，猶如戰國時期
儒、法對立，各據一說，趨於極端。就刑德觀念來看，《鹽鐵論》所透出的思
想意義，在於此時黃老政治思想，已不被時人重視，漢武帝獨尊儒術，罷黜
百家的舉動影響到黃老與儒學的消長。

儘管鹽鐵論會議檢討的是漢武帝時期的各項政策，實際上是昭帝時期思
想界的爭辯，代表當時的思想趨勢，儒、法二家勢力的競爭。此時雖然已不
公然提倡黃老，但就政治層面的指導上，卻仍然採取黃老思想的精神，漢宣
帝曾教訓漢元帝說：

漢家自有制度，本以霸王道雜之，奈何純任德教，用周政乎？〔註142〕

普遍的解釋都說是王道是儒家，霸道屬法家，就其思想根原二分的確如此，
〔註143〕然而這種「雜用」的型態則屬於黃老式的。

〔註141〕《鹽鐵論校注・結和第四十三》，卷第八，頁480～481。
〔註142〕《漢書・元帝紀第九》，卷九，頁277。
〔註143〕如楊樹藩說：「漢高擁有天下，未改秦制，何以故？《漢書・百官表》有云：
　　　　『秦兼天下，建皇帝之號，立百官之職，漢因循而不革，明簡易隨時宜也。』
　　　　由此可見漢之所以不改秦制者，已一語道破，即在明簡易隨時宜也。因法家
　　　　所立之制度，『約而詳，不煩而有功』（《荀子・強國》），更配合時代需求，自
　　　　然不需改動了。迨政局稍微底定，儒生有以秦法苛，所以速亡者進言，叔孫
　　　　通又已儒者身分制朝儀而進用，於是西漢政制中頗雜有儒家之思想。且見漢
　　　　宣帝曾對其太子言：『漢家自有制度，本以霸王道雜之』一語，便可充分得知
　　　　西漢政制，實受儒法兩家思想影響之雜合體。法家頗重尊君，儒家則較輕君，
　　　　兩者折衷，所以西漢皇帝則有丞相進見聖主御坐爲起，在興爲下之禮法。法
　　　　家重刑政，儒家重德教，故漢天子有師、傅、保之設，以喻先王之盛德，用
　　　　此稍矯法家專任刑政之偏。總之，西漢之制，可稱『霸王之典』，『霸』爲法
　　　　家別稱，『王』爲儒家另名。《晉書・職官制》曾數語斷道：『秦變周官，漢遵
　　　　贏舊，或隨時適用，或因物遷革，霸王之典，義在於斯。』」（〈西漢中央政制
　　　　與儒法兩家思想〉，《簡牘學報》第五期，1977年1月）

　　東漢在政治思想方面，重新提起黃老思想這個理論，以王充爲代表。他藉由批評儒家之言，說明修德不用刑，陳義雖高，僅是一種自我標榜的美詞，在實際的政治運作上並不可能。《論衡》說：

　　儒書稱：堯、舜之德，至優至大，天下太平，一人不刑。又言：文、武之隆，遺在成、康，刑錯不用四十餘年。是欲稱堯、舜，褒文、武也。〔註144〕

儒家爲了誇大自己的政治主張，提高自己學說地位，不得不加以美化理想中的致治之世。所謂「爲言不益，則美不足稱；爲文不渥，則事不足褒。」〔註145〕堯、舜、文、武雖號稱盛世，不可能連刑罰都不用。假如說犯刑的人少，用刑則少，這符合實際情形，但說無人犯法，刑錯不用，這是儒者增飾的說法。因此，國之所以治，非任德就可完成，他說：

　　刑與兵，猶足與翼也。走用足，飛用翼，形體雖異，其行身同。刑之與兵，全眾禁邪，其實一也。稱兵之不用，言刑之不施，是猶人耳缺目完。〔註146〕

尚猶需以兵以刑，相互配合，才是一個完善的治國策略。

　　他也批評法家「專意於刑」，傷恩苛薄，不足以治國。「養三軍之士，明賞罰之命，嚴刑峻法，富國彊兵，此法度也。」〔註147〕秦國所以強盛，六國所以殲滅，全拜法度之功。韓非主張衰世之政，當獨任刑法而廢德治，王充則反對這種說法，《論衡‧非韓》說：

　　韓子豈不知任德之爲善哉？以爲世衰事變，民心靡薄，故作法術，專意於刑也。夫世不乏於德，猶歲不絕於春也。謂世衰難以德治，可謂歲亂不可以春生乎？人君治一國，猶天地生萬物。天地不爲亂歲去春，人君不以衰世屏德。〔註148〕

又舉周穆王之例：

　　周穆王之世，可謂衰矣，任刑治政，亂而無功。甫侯諫之，穆王存德，享國久長，功傳於世。夫穆王之治，初亂終治，非知昏於前，才妙於後也，前任蚩尤之刑，後用甫侯之言也。夫治人不能捨恩，

〔註144〕《論衡校釋‧儒增第二十六》，第八卷，頁359。
〔註145〕《論衡校釋‧儒增第二十六》，第八卷，頁359。
〔註146〕《論衡校釋‧儒增第二十六》，第八卷，頁360。
〔註147〕《論衡校釋‧非韓第二十九》，第十卷，頁436。
〔註148〕《論衡校釋‧非韓第二十九》，第十卷，頁441。

治國不能廢德，治物不能去春，韓子欲獨任刑用誅，如何？〔註149〕雖在衰世，亦不能廢德，專任刑法，責誅百姓，並不足以爲治。

王充說儒、法二家對於治國根本大法都有偏頗，認爲二者不可偏廢，主張：

治國之道，所養有二：一曰養德，二曰養力。此所謂文武張設，德力具足者也。〔註150〕

此即德力並用。認爲「事或可以德懷，或可以力摧。外以德自立，內以力自備，慕德者不戰而服，犯德者畏兵而卻。」〔註151〕強調可以德懷柔者可不戰而屈人，而不可懷柔者則需臨之以武威，方可達到止戰的目的。他舉徐偃王脩行仁義，朝者三十二國，卻滅於楚，「此有德守，無力備者也。」因此「德不可獨任以治國，力不可直任以御敵」。〔註152〕韓非只重力而不養德，徐偃王重德不任力，二者各有不足。一個有無力之禍，一個有無德之患。

王充又進一步認爲「儒生，禮義也；耕戰，飲食也。貴耕戰而賤儒生，是棄禮義求飲食也。」〔註153〕視禮義重於耕戰，並說德治的內涵，以禮義爲本，爲國家存亡的關鍵。「國之所以存者，禮義也；民無禮義，傾國危主。」〔註154〕民棄禮義，足以導致兵革亂世，「夫世之所以亂者，不以盜賊眾多，兵革並起，民棄禮義，負畔其上乎？」〔註155〕因此德治之本，在於教化民眾，導民以禮義，使之變化品德，日崇其善，民心自然純良，則可致治。

以上所舉，反映了兩漢黃老政治思想中的治國根本原則的情形。基本上文與武，刑與德扮演著一正一反的角色，猶如天道有明有暗，有陰有陽，一個是生養，一個是死伐，兩者不可偏廢。從陸賈、賈誼、《淮南子》到王充，這些思想家在這一個論點上是相同的。但因爲戰國征伐與秦苛政的歷史經驗，強調文武並用、寬猛並濟之術。到了兩漢則一轉而以文德守成爲各思想家注意的焦點。而根據這一個經驗，影響所及，兩漢治國之術比較重視採取中庸之道，如漢宣帝的王霸道雜治之說，這是由於王道貴文，以德治天下，霸道尚武，以力取天下。前者取柔，所以積弱易亡；後者取剛，所以積怨速

〔註149〕《論衡校釋·非韓第二十九》，第十卷，頁441～443。
〔註150〕《論衡校釋·非韓第二十九》，第十卷，頁438。
〔註151〕《論衡·非韓第二十九》，第十卷，頁438。
〔註152〕《論衡·非韓第二十九》，第十卷，頁438。
〔註153〕《論衡·非韓第二十九》，第十卷，頁432。
〔註154〕《論衡·非韓第二十九》，第十卷，頁432。
〔註155〕《論衡校釋·治期第五十三》，第十七卷，頁771。

亡,各有所偏。劉畫說:

> 白羽相望,霜刃競接,則文不及武;干戈既韜,禮樂聿修,則武不
> 及文。不可以九畿慴然而棄武,四郊多壘而擯文,士用各有時,未
> 可偏無也。五行殊性,俱爲人用;文武異材,爲國大益。〔註156〕

先秦常論王、霸不同道,二者竭然不同,到了兩漢,在黃老思想兼綜的原則
之下,形成融合而相輔爲用的特色。又如西漢雋不疑說:

> 凡爲吏,太剛則折,太柔則廢,威行施之以恩,然後樹功揚名,永
> 終天祿。〔註157〕

剛性事物,性堅而容易破裂,易於進取而難守。柔性東西,性鈍而有韌性,
易於守成而難於進攻。剛與柔各有長短,剛柔相濟,才會無往不利。此亦得
力於黃老思想「人道剛柔,剛不足以,柔不足恃。」〔註158〕的兩面手法,與
文武並刑、刑德兼養的觀念有異曲同工之妙。

(二)無為——兼論先秦

　　無爲而治是先秦道家提出的一個政治理想,它是道家各派共同命題。此
一命題由《老子》開端,《莊子》與黃老繼其後,他們各自發展多個側面,
提出若干基本原則及運用的技巧,爲當時動盪紛亂的局勢提供了可資借鏡的
治國之術。其它如儒、法兩家對此觀念也有吸收與發揮。就先秦思想史來看,
「無爲」無疑是一個影響力甚大的思想。降至兩漢,無爲的觀念直接影響到
當時的政治,尤其在漢初七十年極顯功用,史稱這個時期爲無爲之治的時
代。〔註159〕相對的,政治上的需要也導致理論上的昌盛,思想界對此也多
所關注,可以說無爲是兩漢黃老政治思想最突出的部份。

1、先秦黃老無為思想概說

　　「無爲」一詞出現很早,《詩經‧兔爰》說:「我生之初,尙無爲;我生
之後,逢此百罹。」〔註160〕無爲爲無所作爲,指未有軍役之事。這裡的無爲
還未成爲思想的範疇。成爲思想上一個重要範疇,是來自於《老子》。〔註161〕

〔註156〕《劉子校釋‧文武章二十八》,卷六,頁293。
〔註157〕《漢書‧雋疏于薛平彭傳第四十一》,卷七十一,頁3035。
〔註158〕《十六經‧三禁》,頁74。
〔註159〕此有專章論述,請參第五章。
〔註160〕《詩經釋義‧兔爰》,頁104。
〔註161〕《論語‧衛靈公》記載孔子的話說:「無爲而治者,其舜也與!夫何爲哉?
　　　　恭己而正南面而已矣。」《禮記‧哀公問》中也記載孔子對哀公之問時說:

　　《老子》爲了破除西周以來，天命有常的思想，否認天帝的存在，認爲萬物生長，不受鬼神影響，因而提出天地不仁、不自生、無目的、無意識，進而以道、自然易天，認爲「人法地，地法天，天法道，道法自然」。〔註162〕將「自然」視爲思想的最高範疇，而自然即是道。自然就是自己而然，非使之然，而這自己而然就是「道常無爲」〔註163〕的「無爲」，換句話說遵循道的自然法則而爲就是無爲。天道自然無爲，人道亦當順其自然而無爲。

　　《老子》一書中共十二次講無爲，其中有六次是有關統治的。《老子》一再強調「爲無爲，則無不治」，這主張是就如何治天下所提出的。它說：

　　　　以無事取天下。〔註164〕

又說：

　　　　取天下常以無事，及其有事，不足以取天下。〔註165〕

　　　　將欲取天下而爲之，吾見其不得已。〔註166〕

　　　　天下神器，不可爲也。爲者敗之，執者失之。〔註167〕

治天下不可爲，不可執，常以無事，無事即無爲。所謂「侯王若能守之，萬物將自化」，〔註168〕說明無爲的好處。

　　《老子》認爲要達到無爲而治，最根本的作法是要求爲政者「少私寡欲」，〔註169〕不擾民，做到「不爭」、「不尚」的功夫，才能產生「其政悶悶，其民淳淳」〔註170〕的社會。

　　「無爲而物成，是天道也。」這表示春秋末期「無爲」是當時已流行的一種思想。但應該認識的是，《老子》完全肯定「無爲」是致治的前提，並且是與其道論直接相連，作爲貫徹其學說始終的一個內在組成部分而存在的，這是《老子》創造和發展。而孔子則僅對「無爲」簡短評說，而且他所謂「無爲而治者其舜乎？」只是將「無爲」政治視爲一種或然性或可能性，認爲僅表現於像舜當時那種個別偶然出現的情況。說明他對無爲而治持一種懷疑的態度。

〔註162〕《老子註譯及評介》，二十五章，頁163。
〔註163〕《老子註譯及評介》，三十七章，頁209。
〔註164〕《老子註譯及評介》，五十七章，頁284。
〔註165〕《老子註譯及評介》，四十八章，頁250。
〔註166〕《老子註譯及評介》，二十九章，頁183。
〔註167〕《老子註譯及評介》，二十九章，頁183。
〔註168〕《老子註譯及評介》，三十七章，頁209。
〔註169〕《老子註譯及評介》，　十九章，頁136。
〔註170〕《老子註譯及評介》，五十八章，頁289。

《老子》說：

> 我無爲而民自化；我好靜而民自正；我無事而民自富；我無欲而民
> 自樸。〔註171〕

此語的「我」與「民」對立，明顯的「我」是指統治者，「民」爲受統治的百姓，它所告誡的對象在於「我」。而「好靜」、「無事」、「無欲」都是「無爲思想的寫狀及內涵」。〔註172〕何以做到好靜、無事、無欲就是無爲，足以使百姓安居樂業？《老子》說欲望爲罪惡的根源，「咎莫大於欲得」，〔註173〕尤其是看到當時統治者多欲，貪得無厭，無限制的剝奪民力，實行「有爲」的擾民苛政，以至於難治。「民之飢，以其上食稅之多」；「民之輕死，以其上求生之厚」，〔註174〕當百姓「朝甚除，田甚蕪，倉甚虛」，〔註175〕上位者卻「服文彩，帶利劍，厭飲食」，〔註176〕，因此，《老子》反對統治者貪欲。它說：

> 五色令人目盲，五音令人耳聾，五味令人口爽，馳騁田獵令人心發
> 狂，難得之貨令人行妨，是以聖人爲腹不爲目，故去彼取此。〔註177〕

外在五光十色的誘惑，會讓統治者不顧百姓的痛苦，不計任何代價取得可能的享受，爲上之計就是「去彼取此」，即是「少私寡欲」。統治者只要作到恬靜寡欲，那麼百姓就能「自化」，處事正直，生活富裕，歸於簡樸，這就叫無爲。

《老子》認爲統治者多欲，有欲表現於外即有爭，爭則亂，因此要無爲之治，就要做到不爭的功夫。《老子》說「夫唯不爭，故無尤」，〔註178〕「天之道，不爭而善勝。」〔註179〕《老子》的不爭並非一無所爭，而是「爲而不爭。」〔註180〕「以其不爭，故天下莫能與之爭」〔註181〕的以不爭爲爭。不爭僅是手段，爲實現爭的手段，只是這爭要用在「利萬物」上，用在「爲而弗恃，功成而弗居」〔註182〕的功成上，不應放在個人私欲上。其實際表現方式，

〔註171〕《老子註譯及評介》，五十七章，頁284。
〔註172〕《老子註譯及評介・老子哲學系統的形成》，頁33。
〔註173〕《老子註譯及評介》，四十六章，頁244。
〔註174〕《老子註譯及評介》，七十五章，頁339。
〔註175〕《老子註譯及評介》，五十三章，頁268。
〔註176〕《老子註譯及評介》，五十三章，頁268。
〔註177〕《老子註譯及評介》，十二章，頁106。
〔註178〕《老子註譯及評介》，八章，頁89。
〔註179〕《老子註譯及評介》，七十三章，頁334。
〔註180〕《老子註譯及評介》，八十一章，頁361。
〔註181〕《老子註譯及評介》，六十六章，頁316。
〔註182〕《老子註譯及評介》，二章，頁64。

首先要守弱用柔，以退爲進。「知其雄，守其雌」，「知其榮，守其辱」，〔註183〕《老子》要人忍辱含垢，並說：

> 吾有三寶，持而保之：一曰慈，二曰儉，三曰不敢爲天下先。夫慈
> 故能勇，儉故能廣，不敢爲天下先，故能成器長。〔註184〕

慈、儉、不敢爲天下先爲治國三寶，其中不敢爲天下先，爲持後，持後才能成「器長」，此與知雄守雌、知榮守辱皆強調要深得以進爲退的奧妙，方能在不爭的形勢中，求得預期的目標。其次是不自矜伐，不炫己能。

> 曲則全，枉則直；窪則盈，弊則新；少則得，多則惑。是以聖人抱
> 一爲天下式。不自見，故明；不自是，故彰；不自伐，故有功；不
> 自矜，故長。夫惟不爭，故天下莫能與之爭。〔註185〕

> 企者不立，跨者不行，自見者不明，自是者不彰，自伐者無功，自
> 矜者不長。其在道也，曰餘食贅形，物或有惡之，故有道者不處。
> 〔註186〕

不誇張自己功德，不彰顯自己長處，更不要自作聰明，讓自己「處眾人之所惡」，〔註187〕自然就能得到百姓信任與愛戴。

除了要求統治者「去甚、去奢、去泰」，〔註188〕無私不爭之外，造成爭的對象也要杜絕，不要推崇「可欲」的事物，甚至會誘發百姓欲望的措施都應避免，盡量保持百姓純樸之心。《老子》說：

> 不尚賢，使民不爭；不貴難得之貨，使民不爲盜；不見可欲，使民
> 心不亂。〔註189〕

> 絕聖棄智，民利百倍；絕仁棄義，民復孝慈；絕巧棄利，盜賊無有。
> 〔註190〕

賢能、難得之物、引起欲望之事，一概禁止。連統治者樂於標榜的聖智、仁義、孝慈、巧利等皆應屏棄。最好的政治是「虛其心，實其腹，弱其志，強其骨，

〔註183〕《老子註譯及評介》，二十八章，頁178。
〔註184〕《老子註譯及評介》，六十七章，頁318。
〔註185〕《老子註譯及評介》，二十二章，頁154。
〔註186〕《老子註譯及評介》，二十四章，頁161。
〔註187〕《老子註譯及評介》，八章，頁89。
〔註188〕《老子註譯及評介》，二十九章，頁183。
〔註189〕《老子註譯及評介》，三章，頁71。
〔註190〕《老子註譯及評介》，十九章，頁136。

常使民無知無欲，使智者不敢爲」，〔註 191〕讓人民弱於貪欲，僅求飽食體強，不求知識的增長。蓋知識之害甚大，知識愈滋，欲望愈大，巧詐機心隨之而來，人民汲汲於追求奢泰虛榮，樸實的美質就會乖離。所以，又說：「民之難治，以其智多。故以智治國，國之賊；不以智治國，國之福。」〔註 192〕「智慧出，有大僞」，〔註 193〕從而主張「非以明民，將以愚之」〔註 194〕的愚民政策。《老子》的愚民政策，並非將統治者欲達到的政治目意識灌輸於人民，而是採取厭棄學習的態度，外界的一切知識只會對百姓有害，「絕學無憂」，〔註 195〕「多言數窮」，〔註 196〕唯有杜絕一切學習，才能使百姓如嬰兒般純潔。統治者「行不言之教」，〔註 197〕「民莫之令而自均」，〔註 198〕由統治者率先垂範，自覺拋棄知識欲望，讓百姓處在渾渾噩噩之中，無知無欲，自由自在，久而久之，民風自然純樸。

最根本的可欲問題如果解決了，那麼無爲另外要目—靜，就能迎刃而解。其實靜與欲是一刀兩面，統治者常因多欲，爲遂行一己之私，舉措乖張，不恤國本，作出勞民傷財的事情，恰恰違背讓百姓自化的原則。尤其《老子》告誡統治者，「民不畏死，奈何以死懼之。」〔註 199〕人民生活在水深火熱之中，統治者又不能爲之解除痛苦，到了他們不能負荷，生命已是一種折磨，死卻成爲一種解脫，殺戮也壓不住反抗。如果用此待民，無非自取滅亡，到時「代大匠斲，希有不傷其手矣。」〔註 200〕更不要擾亂百姓安寧的生活，「無狎其所居，無厭其所生」，〔註 201〕避免讓百姓對生活產生厭倦、絕望。其秘訣就是「治大國，若烹小鮮。」〔註 202〕意思說：

烹小魚者，不可擾，擾之則魚碎；治大國者，當無爲，爲之則民傷。

〔註 203〕

〔註 191〕《老子註譯及評介》，三章，頁 71。
〔註 192〕《老子註譯及評介》，六十五章，頁 312。
〔註 193〕《老子註譯及評介》，十八章，頁 134。
〔註 194〕《老子註譯及評介》，六十五章，頁 467。
〔註 195〕《老子註譯及評介》，十九章，頁 136。
〔註 196〕《老子註譯及評介》，五章，頁 78。
〔註 197〕《老子註譯及評介》，二章，頁 64。
〔註 198〕《老子註譯及評介》，三十二章，頁 194。
〔註 199〕《老子註譯及評介》，七十四章，頁 337。
〔註 200〕《老子註譯及評介》，七十四章，頁 337。
〔註 201〕《老子註譯及評介》，七十二章，頁 331。
〔註 202〕《老子註譯及評介》，六十章，頁 298。
〔註 203〕蔣錫昌《老子校詁》，第六十章，頁 369。

此暗示統治者，為政要清靜不擾，簡政安民，依道而行。換句話說，不可胡作非為，不可為所欲為，不可與民爭利，保留人民自由，尊重民意，順乎自然，放任其發展，少事干涉，這也是無為的方式。

由此可知，《老子》的無為思想，其本質在於要求排除人主治國大計中的私志和嗜欲，他反覆強調不爭、退讓、收斂之德，並且要求統治者能順任自然，不因個人貪婪欲念而違逆自然法則強制妄為，一切以安靜為務。當身居高位，大權在握時，絕不是妄求興革，找事來做，而是以保持無事為職事。以無事為事，以無為為為，並非消極怠惰，一無所為，而旨在維持自然的完美秩序，使萬物都能循序發展，而不去揠苗助長，加以擾害。《老子》說「無為而無不為」，〔註204〕其真諦在於輔助萬物之自然而不敢自為，此順物之性而輔助之即是無為。

《老子》的無為思想後繼者有《莊子》。根據《史記》記載，莊子一生行為近乎隱士，說他「寧遊戲汙瀆之中自快，無為有國者所羈，終身不仕。」並說他「著書十餘萬言，大抵率寓言也。作〈漁父〉、〈盜蹠〉、〈胠篋〉以詆訾孔子之徒，以明老子之術。」〔註205〕但今傳《莊子》三十三篇，是否全為莊子所作，歷來多有爭議，姑且不論這個問題，單就從無為觀念，似乎可印證前人認為《莊子》當中參雜甚多莊子門人暨後學之作。

極力抨擊當時的政治，是《莊子》全書的主調。其中又集中於批判假仁義、好知慧的社會行為，認為這是對人類本性的破壞，只會亂人心，亂天下而已。《莊子》說：

> 待鉤繩規矩而正者，是削其性者也；待繩約膠漆而固者，是侵其德者也；屈折禮樂，呴俞仁義，以慰天下之心者，此失其常然也。〔註206〕
>
> 夫赫胥氏之時，民居不知所為，行不知所之，含哺而熙，鼓腹而遊。民能以此矣！及至聖人，屈折禮樂以匡天下之形，縣跂仁義以慰天下之心，而民乃始踶跂好知，爭歸於利，不可止也。此亦聖人之過也。〔註207〕

〔註204〕《老子註譯及評介》，四十八章，頁250。
〔註205〕《史記‧老子韓非列傳第三》，卷六十三，頁2143～2144。
〔註206〕《莊子集釋‧駢拇第八》，卷四上，頁321。
〔註207〕《莊子集釋‧馬蹄第九》，卷四中，頁341。

此藉仁義求名利，以束縛人民。又說：

> 上誠好知而無道，則天下大亂矣！何以知其然邪？夫弓弩畢弋機變
> 之知多，則鳥亂於上矣；鉤餌罔罟罾笱之知多，則魚亂於水矣；削
> 格羅落罝罘之知多，則獸亂於澤矣；知詐漸毒、頡滑堅白、解垢同
> 異之變多，則俗惑於辯矣。故天下每每大亂，罪在於好知。〔註208〕

因好智帶來的欺詐虛偽，導致了社會災難。爲了避免這樣災難，《莊子》主張
根本否定這種仁、智之舉，連帶的人間的所有制度文明一並蠲除。

> 聖人者，天下之利器也，非所以明天下也。故絕聖棄知，大盜乃止；
> 擿玉毀珠，小盜不起；焚符破璽，而民朴鄙；掊斗折衡，而民不爭；
> 殫殘天下之聖法，而民始可與論議；擢亂六律，鑠絕竽瑟，塞瞽曠
> 之耳，而天下始人含其聰矣；滅文章，散五采，膠離朱之目，而天
> 下始人含其明矣。毀絕鉤繩而棄規矩，攦工倕之指，而天下始人有
> 其巧矣。故曰：大巧若拙。削曾、史之行，鉗楊、墨之口，攘棄仁
> 義，而天下之德始玄同矣。彼人含其明，則天下不鑠矣；人含其聰，
> 則天下不累矣；人含其知，則天下不惑矣；人含其德，則天下不僻
> 矣。彼曾、史、楊、墨、師曠、工倕、離朱，皆外立其德而以爚亂
> 天下者也，法之所無用也。〔註209〕

聖人、符璽、鬥衡代表現實生活中的社會秩序和理論準則，都是殘賊天下之物，
要「無所用天下爲」〔註210〕破除這些迷思，人民才能眞正聰明，至於玄同。

　　如果說《老子》幻想回到結繩而治，小國寡民的狀態，地域小，人口少，
與外界不相交通，自然不需要多少統治手段、文化禮儀。《莊子》甚至連這樣
的小國都拋棄了，他嚮往的是非政治式的社會形式。蓋文明與文化，社會所
有制度，是牽絆人性的根源，《莊子》要人們捨棄這一切，回到原始狀態。「不
知所之，居不知所爲」，〔註211〕渾渾噩噩，逍遙自在，悠然自得。隱居避世，
與俗沈浮，放浪形骸，超脫現實，齊萬物，一死生，泯滅是非得失，以追求
精神的解脫。

　　徹志之勃，解心之謬，去德之累，達道之塞。貴富顯嚴名利六者，

〔註208〕《莊子集釋・胠篋第十》，卷四中，頁359。
〔註209〕《莊子集釋・胠篋第十》，卷四中，頁353。
〔註210〕《莊子集釋・逍遙遊第一》，卷一上，頁24。
〔註211〕《莊子集釋・庚桑楚第二十三》，卷八上，頁785。

> 勃志也；容動色理氣意六者，謬心也；惡欲喜怒哀樂六者，累德也；
> 去就取與知能六者，塞道也。此四六者不盪，胸中則正，正則靜，
> 靜則明，明則虛，虛則無爲而無不爲也。〔註212〕

貴、富、顯、嚴、名、利、容、動、色、理、氣、意、惡、欲、喜、怒、哀、樂、去、就、取、與、知、能等二十四種心理活動影響人們的行爲，無爲就是要去除這些心理活動對行爲的干預，世人應該徹底的順任自然而無所作爲。尹振環說這是「復古倒退式的無爲」，〔註213〕可說中肯的解釋。《漢書・藝文志》說道家末流「放者爲之，則欲絕去禮學，兼棄仁義，曰獨任清虛可以爲治」，〔註214〕就無爲觀來看，莊子就是這樣的放者。

《莊子》的無爲也不全然無所思慮，一概聽任自然，將無爲作爲最後目的的消極成分。由於《莊子》一書組成複雜，每一篇章並非都由莊子親著，有莊子和其後學之作，根據劉笑敢的意見，在〈天地〉、〈天運〉、〈天道〉、〈天下〉、〈在宥〉、〈刻意〉、〈繕性〉諸篇，並不是莊子的作品，而是莊子後學中的黃老派所爲。對於無爲這一問題，與其它篇章有截然不同的看法。他說莊子的思想基本上是逃脫現實，尋求自由之方，所以他的無爲是逍遙無爲，實即無心無情，自我陶醉。除了逃避現實以外，這種無爲沒有任何實際意義。但是這幾篇講的是君天下的基本原則，提出「君道無爲，臣道有爲」的理論，由消極的無爲轉爲積極的有爲。

《莊子》說：

> 有天道，有人道。無爲而尊者，天道也；有爲而累者，人道也。主
> 者，天道也；臣者，人道也。天道與人道也，相去遠矣，不可不察
> 也。〔註215〕

君臣南面之術分爲天道與人道兩部分，君行無爲之天道，臣從有爲之人道，君已無爲爲尊，臣以有爲爲累，二者涇渭分明，不可混淆。〈天道〉說：

> 上無爲也，下亦無爲也，是上與下同德，下與上同德則不臣；下有
> 爲也，上亦有爲也，是上與下同道，上與下同道則不主。上必無爲
> 而用天下，下必有爲天下用，此不易之道也。〔註216〕

〔註212〕《莊子集釋・庚桑楚第二十三》，卷八上，頁810。
〔註213〕〈道家的無爲論〉，《中國哲學史研究》，1993年第4期。
〔註214〕卷三十，頁1731。
〔註215〕《莊子集釋・在宥第十一》，卷四下，頁401。
〔註216〕《莊子集釋・天道第十三》，卷五中，頁465。

無爲與有爲是相輔相成的，君道之無爲必須以臣道之有爲爲補充。如果君臣皆有爲，則臣失其職；如果君臣皆有爲，則君失其尊。君必無爲，臣必有爲，君臣之道互爲補充，無爲有爲相末；無爲爲要，有爲爲詳。有爲之臣要以無爲之君爲核心，無爲之君要以有爲之臣爲輔翼。這就把無爲與有爲統一起來了，把道家的基本原則與儒、法的君權論巧妙地結合起來了。〔註217〕

劉氏的見解獨到，這幾篇確實與〈大宗師〉、〈胠篋〉、〈知北遊〉諸篇所論不同。這幾篇強調君主靠一己之聰明勞於治事，不但治理不好國家，而且會損害形體精神，不如盡量利用臣下的才智，拱垂而治。君主要虛其心意，收斂聰明，「故古之王天下者，知雖落天地，不自慮也；辯雖彫萬物，不自說也；雖能窮海內，不自爲也。天不產而萬物化，地不長而萬物育，帝王無爲而天下功。」〔註218〕盡量利用臣下的才智，督責百官分職任事，也就是君靜臣動，「靜則無爲，無爲也，則任事責也。」〔註219〕君主守靜無爲，絕不是無所用心，而只是不親理庶務，而專心於控制群臣，這就是守本持要。這是所謂的「本在於上，末在於下，要在於主，詳在於臣。」〔註220〕

君無爲而臣有爲雖然其根源來自於《老子》，卻是理論改造和發展。此與法家說「使物者有所宜，材者有所施；」「使雞司夜，令狸執鼠，皆用其能，上乃無事」，〔註221〕「下君盡己之能，中君盡人之力，上君盡人之智」〔註222〕的君無爲而臣有爲、循名責實思想密切。

除了《莊子》繼承《老子》思想外，黃老帛書與《管子》四篇也發展了《老子》無爲思想，代表了黃老的基本看法。

黃老帛書說「無爲，其（道）素也」，〔註223〕認爲宇宙萬物總根源的道是無爲的，因此「抱道執度」〔註224〕的聖人，在平治天下上，也理應無爲。黃老帛書所講的無爲，政治意義上有以下三項內容：

一是節制奢欲，恭儉待民。黃老帛書主張以「無欲」爲欲，「恭儉」爲福，告誡統治者生活必須節儉，不可過分。《道原》說：

〔註217〕〈莊子後學中的黃老派〉，《哲學研究》，1985年第6期。
〔註218〕《莊子集釋·天道第十三》，卷五中，頁465。
〔註219〕《莊子集釋·天道第十三》，卷五中，頁457。
〔註220〕《莊子集釋·天道第十三》，卷五中，頁467。
〔註221〕《韓非子釋評·揚權第八》，頁322。
〔註222〕《韓非子釋評·八經第四十八》，頁1645。
〔註223〕《道原》，頁87。
〔註224〕《道原》，頁87。

上虛下靜而道得其正。信能無欲，可爲民命。上信無事，則萬物周
遍。〔註225〕

意思說君王以無爲馭下，百姓則安靜聽上。〔註226〕上位者能夠確實節制自己
的欲望，即可使百姓安身立命，能夠無事無爲，則萬物普遍得到好處。《經法‧
六分》說：

不知王術，不王天下。知王術者，驅騁馳獵而不禽荒，飲食喜樂而
不湎康，玩好寰好而不惑心。〔註227〕

南面之術，最緊要是收拾好自己的情欲，不可須臾放縱。享受飲食玩好，雖
無法完全避免，卻不可貪得無饜，所謂「宮室過度，上帝所惡」，〔註228〕就
是說，奢侈無度不僅百姓怨恨，連上天也會厭惡。「黃金珠玉藏積，怨之本
也。女樂玩好燔材，亂之基也。守怨之本，養亂之基，雖有聖人，不能爲謀。」
〔註229〕無窮的欲望，帶來無窮的禍亂，即使有聖人輔佐，也難以謀救危亡。
此即以無欲或節欲爲無爲的重要手段。

一是以剛爲柔，時當而爭。《老子》重柔斥剛，黃老帛書主張剛柔並用，
但側重柔。柔雌以不爭爲基礎，「柔節先定，善予不爭」。〔註230〕但柔並不是
一味的柔，而是「以剛爲柔」，〔註231〕不爭也不是絕對不爭，而是「常後而不
失體」。〔註232〕黃老帛書認爲天地間充滿「謀相傾覆」的爭鬥，這是「天制固
然」，〔註233〕先爭固然凶，但不爭亦無以成功，要人們重視以積極的態度去爭，
「天下大事，時至矣，后能愼勿爭乎？」〔註234〕要如何爭？何時爭呢？黃老
帛書說事物都有正常的發展規律，「極而反，盛而衰，天地之道也，人之理也」，
〔註235〕人們應順應事物自然的發展，循序而爲。欲取得政治上的成功，就須
順從時勢變化規律，準確把握時機，以靜制動，柔身以待，適時而行，「正以

〔註225〕頁 87。
〔註226〕陳鼓應《黃帝四經今註今譯》，頁 418。
〔註227〕頁 49。
〔註228〕《稱》，頁 82。
〔註229〕《經法‧四度》，頁 52。
〔註230〕《稱》，頁 83。
〔註231〕《經法‧名理》，頁 58。
〔註232〕《十六經‧順道》，頁 79。
〔註233〕《十六經‧姓爭》，頁 69。
〔註234〕《十六經‧五正》，頁 65。
〔註235〕《經法‧四度》，頁 51。

待天，靜以須人」，一旦時機成熟，「當天時，與之皆斷，當斷不斷，反受其亂」。〔註236〕這種重時而爭，強調「毋先天成，毋非時而榮。先天成則毀，非時而榮則不果」，〔註237〕適時與否決定事物生死的思維，就更深化了《老子》單純「柔弱勝剛強」〔註238〕、「知其雄，守其雌」〔註239〕的思想，又是對「天之道，不爭而善勝」做了修正，使消極的無爲變爲積極。

一是形名參同，各司其職。黃老帛書要求君主一切舉措都必須以天道作爲法則，「天道不遠」、「天爲之稽」，〔註240〕人事是天道的表現，是代天行道。因此，黃老帛書無爲的另一個意義，也是要順應自然毋妄爲，「順天者昌，逆天者亡。毋逆天道，則不失所守」，〔註241〕由依循自然之道，從而更強調自然和社會的固有秩序：「天地有恒常，萬民有恒事，貴賤有恒位。」〔註242〕天地萬物和人類社會的成員均各有其位，各有其職，各有其能，不可改易。實際的做法是用刑名參同的辦法以保證無爲政治的實現。黃老帛書說：

> 刑（形）名立，則黑白之分已。故執道者之觀於天下也，無執也，無處也，無爲也，無私也。是故天下有事，無不自爲形名聲號矣。形名已立，聲號已建，則無所逃跡匿正矣。〔註243〕
>
> 欲知得失請（情），必審名察形，形恒自定，是我俞靜，事恒自施，是我無爲。〔註244〕

即一切在法令秩序的條件各自做好自己本職工作，讓大家各得其所。如此無爲，實爲有爲。

至於《管子》四篇，也發展了黃老的無爲思想。

〈心術上〉認爲無爲之道就是「靜因之道」，是君王南面之術的根本，「有道之君，其處也若無知，其應物也若偶之，靜因之道也。」〔註245〕它說：

〔註236〕《十六經‧觀》，頁63。
〔註237〕《稱》，頁82。
〔註238〕《老子註譯及評介》，三十六章，頁205。
〔註239〕《老子註譯及評介》，二十八章，頁178。
〔註240〕《經法‧四度》，頁51。
〔註241〕《十六經‧姓爭》，頁69。
〔註242〕《經法‧道法》，頁43。
〔註243〕《經法‧道法》，頁43
〔註244〕《十六經‧順道》，頁79。
〔註245〕《管子‧心術上第三十六》，卷十三，頁1352。

　　無爲之道，因是。因也者，無益無損也。以其形因爲之名，此因之
　　術也。〔註246〕

又說：

　　因也者，舍己而以物爲法也。感而後應，非所設也，緣理而動，非
　　所取也。〔註247〕

意指對於客觀對象不參雜一點主觀的損益，按照事物本來面目來反映，從而給予名稱、概念，就是「因」。「靜」，與「因」術不異，同樣強調排除個人主觀意識介入，而以虛靜之心洞察事物，「天曰虛，地曰靜，乃不伐。絜其宮，開其門。去私毋言，神明若存。紛乎其若亂，靜之而自治。」〔註248〕這是「效天地之道」，放空自己，萬物雖變動不居，虛靜之心則能以不變應萬變，事來而制，物至而應，做出最合適的處置。

　　靜因之道，政治上運用多端，〈心術上〉指出：

　　物固有形，形固有名，此言名不得過實，實不得延名。姑形以形，
　　以形務名。〔註249〕

強調名實相伴，兩不相傷，切實做到不過、不延。〈白心〉說：

　　聖人之制也，靜身以待之，物至而名自治之，正名自治之，奇名自
　　廢，名正法備，則聖人無事。〔註250〕

正名爲名實相當，奇名是名實不相當，統治者使名實相符，法治完備，就是無爲。〈心術上〉又說：

　　毋先物動，以觀其則；動則失位，靜乃自得。〔註251〕

　　人主者立於陰，陰者靜，故曰動則失位。陰則能制陽矣，靜則能制
　　動矣，故曰靜乃自得。〔註252〕

以靜制動，君主先言先動就會性躁心搖，就無法細心觀察群臣和局勢，動則暗，作則卷，反而被臣下所制。因此人主立於暗處，人臣置於明處，人主要深藏不露，使臣下不可揣度，要「因其能言所用也」，發揮群臣之智之能，自己掩聰偃

〔註246〕《管子・心術上第三十六》，卷十三，頁1353。
〔註247〕《管子・心術上第三十六》，卷十三，頁1354。
〔註248〕《管子・心術上第三十六》，卷十三，頁1352。
〔註249〕《管子・心術上第三十六》，卷十三，頁1353。
〔註250〕《管子・白心第三十八》，卷十三，頁1355。
〔註251〕《管子・心術上第三十六》，卷十三，頁1352。
〔註252〕《管子・心術上第三十六》，卷十三，頁1353。

智，「不出於口，不見於色」，〔註253〕使人難測，裝出神秘的樣子，使臣下畏懼頓生而竭誠效力。另外又說：「心術者，無爲而制竅者也，故曰君」，〔註254〕「心處其道，九竅循理，」「心之在體，君之位也，九竅之有職，官之分也」。〔註255〕認爲君爲心，可以指揮制動全身。臣爲竅，像眼鼻耳口，各司其職。因此君主之職在督責大臣，事不親躬，而不是代替臣下，「毋代馬走，使盡其力；毋代鳥飛，使弊其羽翼」。〔註256〕大臣是任勞任事，君主是任虛任心。這種以心制竅，即君無爲而臣有爲之術。

由此可知，《老子》以去除統治者貪欲，讓百姓回歸於純樸不擾的正常生活就是「靜」，而「人法地」，順從天道，屏除一切人爲干預，使百姓無知無欲，就是無爲，其中講求順從天道即有「因」的意思在裡面。《管子》則注重按客觀規律辦事，要求統治者循名責實，明確社會分工，讓大家各得其所，借眾智眾力以致治。並且主張以心制竅，君逸臣勞，要求統治者運用權術，讓君道成爲一種神秘不爲人知的馭下之術。這種無爲靜因之道，顯然對《老子》有了進一步發展。

先秦無爲思想，到了《管子》認爲無爲是一種靜因之道，是一種認識的方法。黃老帛書稱之爲「見知之道，唯虛無有」，也就是說，認識事物的根本方法就是沒有成見。把這種因循方法運用到政治上，即依據客觀規律做事，自身公正而不要作爲，即因循之道，不妄爲，天下自然而然地和美。所以，因或因循，說到底也就是無爲。《管子》對這一點說的極爲明確，因即無爲之道，無爲就是順道或因道而「不擅作事」。〔註257〕尹文說：

> 人君之事，無爲而能容下，事寡易從，法省易因。故民不以政獲罪也。〔註258〕

慎到說：

> 君臣之道，臣有事，而君無事也。君逸樂而臣任勞，臣盡智力以善其事，而君無與焉。〔註259〕

〔註253〕《管子・心術上第三十六》，卷十三，頁1353。
〔註254〕《管子・心術上第三十六》，卷十三，頁1352。
〔註255〕《管子・心術上第三十六》，卷十三，頁1352。
〔註256〕《管子・心術上第三十六》，卷十三，頁1352。
〔註257〕《十六經・順道》，頁79。
〔註258〕《說苑・君道》，卷一，頁545。
〔註259〕慎到撰，劉柯校點《慎子・民雜三》，頁2543，長沙：岳麓書社，1997年8月第一刷。

簡言之，以因循爲用，這是黃老之學的基本理論之一。

2、陸賈的無爲——以仁義爲中心的無爲思想

漢初面臨戰火蹂躪之後，社會殘破，經濟崩潰，人民流離失所的困境。這樣的社會再也經不起任何外力的摧殘，劉邦幸得陸賈（約西元前 240～前 170 年）的建議，實施文守的治國方策，紛擾的局勢終於穩定了，也立下漢帝國四百餘年穩固的基礎。《漢書・高帝紀下》說：「天下既定，命蕭何次律令，韓信申軍法，張蒼定章程，叔孫通制禮儀，陸賈造《新語》。」〔註260〕這說明漢初爲了利於統治而作的幾項工作，律令、軍法、章程、禮儀是指具體的政制建設，有明顯的承秦色彩；《新語》則是抽象的政治原則，「每奏一篇，高祖未嘗不稱善」，甚至達到「左右乎萬歲」〔註261〕的程度，可說陸賈的思想符合當時環境的需求，也代表了秦漢間政治指導思想的改變。他主張馬上打天，不能馬上治之的武攻文守思想，當中的文守政策，充分反映在《新語》一書裡面，〔註262〕而根本的政治綱領正是來自黃老思想的「無爲而治」。

陸賈繼承了黃老自然無爲的觀點，認爲宇宙一切由「道」而成，但是陸賈所討論的重心並不在作爲宇宙本原的道，而是「寄之於天地之間」〔註263〕的道，是指天地萬物一切律則。

陸賈將道分爲天道與人道。天道是自然規律，認爲天地都有自己一定的運行方式，不受天意或天命的影響，自然界的變化，如日月運行，四時更替，萬物的生滅，並非神秘不可知，而是可以認識的。他說：

> 張日月，列星辰，序四時，調陰陽，布氣治性，次置五行，春生夏
> 長，秋收冬藏，陽生雷電，陰霜成雪，養育群生，一茂一亡，潤之
> 以風雨，曝之以日光，溫之以節氣，降之以殞霜，位之以眾星，制
> 之以斗衡，苞之以六合，羅之以綱紀改之以災變，告之以禎祥，動

〔註260〕卷一下，頁 81。
〔註261〕《史記・酈生陸賈列傳第三十七》，卷九七，頁 2699。
〔註262〕《新語》一書，歷來頗多學者疑其僞託，最具代表性如《四庫全書總目提要》認爲《漢書・司馬遷傳》說司馬遷取《戰國策》、《楚漢春秋》、《新語》作《史記》，但今本《新語》之文全不見於《史記》。又王充《論衡本性》引陸賈：「天地生人也，以禮義之性；人能察己，所以受命則順，順謂之道。」今本亦無其文。又《穀梁傳》至漢武帝始出，而〈道基〉已引之，時代尤相抵牾。其實《提要》之說，多不能證明其僞，余嘉錫有精闢的辯解，可參《四庫提要辨證・新語》。（北京：中華書局，1980 年 5 月第一版）
〔註263〕《新語校注・慎微第六》，卷上，頁 95。

> 之以生殺,悟之以文章。故在天者可見,在地者可量,在物者可紀,
> 在人者可相。〔註264〕

他強調「天人合策,原道悉備」,〔註265〕因此從天道推衍出人道,人道不過是自然規律的仿效:

> 《傳曰》:天生萬物,以地養之,聖人成之。功德參合,而道術生焉。
> 〔註266〕

又說:

> 於是先聖乃仰觀天文,俯察地理,圖畫乾坤,以定人道,民始開悟,
> 知有父子之親,君臣之義,夫婦之別,長幼之序,於是百官立,王
> 道乃生。〔註267〕

又說:

> 脩父子之禮以及君臣之序,乃天地之道通。〔註268〕

父子、君臣、夫婦、長幼的關係皆由聖人觀察天文地理所得而闡明的結果,換言之,人類社會中的法紀綱常根源於天道。聖人行事,「上訣是非於天文」,〔註269〕「動應樞機,俯仰進退,與道為依」,〔註270〕「承天誅惡,克暴除殃」,〔註271〕「因天時而行罰,順陰陽而運動」,〔註272〕這就為治國施政的原則尋得了理論基礎。

　　陸賈說:「夫道莫大於無為。」〔註273〕認為無為是道的最高品格,把道的本質說成是無為。既然天道無為,人道由天道而來,人道當效法天道的精神,「握道而治」,〔註274〕即是實施無為而治。陸賈心目中理想的治國之道是:

> 昔舜治天下也,彈五弦之琴,歌南風之詩,寂若無治國之意,漠若
> 無憂天下之心,然而天下大治。周公制禮作樂,郊天地,望山川,

〔註264〕《新語校注·道基第一》,卷上,頁2～5。
〔註265〕《新語校注·道基第一》,卷上,頁18。
〔註266〕《新語校注·道基第一》,卷上,頁1。
〔註267〕《新語校注·道基第一》,卷上,頁9。
〔註268〕《新語校注·慎微第六》,卷上,頁97。
〔註269〕《新語校注·思務第十二》,卷下,頁166。
〔註270〕《新語校注·慎微第六》,卷上,頁98。
〔註271〕《新語校注·道基第一》,卷上,頁28。
〔註272〕《新語校注·慎微第六》,卷上,頁95。
〔註273〕《新語校注·無為第四》,卷上,頁59。
〔註274〕《新語校注·道基第一》,卷上,頁28。

師旅不設，刑格法懸，而四海之內，奉供來臻，越裳之君，重譯來朝。〔註275〕

是以君子之為治也，塊然若無事，寂然若無聲，官府若無吏，亭落若無民，閭里不訟於巷，老幼不愁於庭，近者無所議，遠者無所聽，郵無夜行之卒，鄉無夜召之征，犬不夜吠，雞不夜鳴，耆老甘味於堂，丁男耕耘於野，在朝者忠於君，在家者孝於親，於是賞善罰惡而潤色之，與辟庸庠序而教誨之，然後賢愚異議，廉鄙異科，長幼異節，上下有差，強弱相扶，大小相懷，尊卑相承，雁行相隨，不言而信，不怒而威，豈待堅甲利兵，深牢刻令，朝夕切切而後行哉？
〔註276〕

這是一幅黃老道家式的理想社會，上位者無治國意圖，無擔憂天下之心，無事又無聲，寂寞清靜，刑罰不興，百姓各就其業，各安其居，天下就能自治。

只是陸賈所嚮往的這種無為而治，又不同於《老子》所主張小國寡民、老死不相往來的自然狀態，也不是主張讓百姓自化、自正、自樸。從這裡反映出來的無為政治的基本內容，在於強調忠於君，孝於親，重視上下差等，大小尊卑關係，而具體方法就是避免嚴刑峻法，代之以德治民，強調教化，注重潛移默化的作用。他所提倡的無為而治看似不為，其實並非真的不為，他所謂無為是「無為者乃有為」，〔註277〕以無為為為。

陸賈認為無為德治之道，最緊要是注重君主之德。首先，君主須注重身體，修養心性。他說：

形重者則心煩，事眾者則身勞；心煩者則刑罰縱橫而無所立，身勞者則百端迴邪而無所就。〔註278〕

身心隨時保持清明狀態，不使心煩形重，要「尚寬舒以褒其身，行身中和以致疏遠，」〔註279〕以寬舒、中和之道行之於身，這樣可以避免精神紛亂，面臨問題就不會不知所從，可免舉措不當，而失去法度。因為在集權的社會裡，君主的一言一行繫乎國家命運，「安危之要，吉凶之符，一出於身；存亡之道，

〔註275〕《新語校注・無為第四》，卷上，頁59。
〔註276〕《新語校注・至德第八》，卷下，頁118。
〔註277〕《新語校注・無為第四》，卷上，頁59。
〔註278〕《新語校注・至德第八》，卷下，頁118。
〔註279〕《新語校注・無為第四》，卷上，頁64。

成敗之事，一出於言。」〔註280〕其次，要求君主節欲尚靜，不與民爭利。認爲「據土子民，治國治家者，不可以圖利。」〔註281〕「欲理之君」要「閉利門」。〔註282〕花費大量財物民力，以滿足個人貪欲，是「釋農桑之事，入山海，採珠璣，求瑤琨，以快淫邪之心，豈不謬哉？」〔註283〕高臺榭，廣宮室是「上困於用，下飢於食」，使「財盡於驕淫，力疲於不急」，〔註284〕「所以疲百姓之力者也」，〔註285〕結果是「事愈繁天下愈亂」。主張「國不興無事之功」，「稀力役而省貢獻」，〔註286〕「遠熒熒之色，放錚錚之聲，絕恬美之味，疏嗑嘔之情。」〔註287〕君主如果能以身作則，則百姓嚮然從風，蔚成良俗。他說：

> 夫王者之都，南面之君，乃百姓所取法則者也，舉措動作，不可以失法度。昔者，周襄王不能事後母，出居於鄭，而下多叛其親。秦始皇驕奢靡麗，好作高臺榭，廣宮室，則天下富豪制屋宅者，莫不倣之，設房闥，備廄庫，繕雕琢刻畫之好，博玄黃琦瑋之色，以亂制度。齊桓公好婦人之色，妻姑姊妹，而國中多淫於骨肉。楚平王多奢侈縱恣，不能制下，檢民以德，增駕百馬而行，欲令天下人饒財富利，明不可及，於是楚國逾奢，君臣無別。故上之化下，由風之靡草也。王者尚武於朝，則農夫繕甲兵於田。故君子之御下也，民奢應之以儉，驕淫者統之以理；未有上仁而下賊，讓行而爭路者也。故孔子曰：移風易俗。豈家令人視之哉？亦取之於身而已矣。〔註288〕

君王的一言一行，動則觀瞻，上行下效，未有君王好奢，百姓崇儉，君王好色，百姓不淫之理，「成敗之事，一起於善行」，〔註289〕「世衰道亡，非天之所爲，乃國君者有所取之也。」〔註290〕這不可不慎。

　　陸賈認爲欲達到無爲而治的理想境界，在於以德化民。這是因爲在文守

〔註280〕《新語校注・明誡第十一》，卷下，頁152。
〔註281〕《新語校注・懷慮第九》，卷下，頁129。
〔註282〕《新語校注・懷慮第九》，卷下，頁139。
〔註283〕《新語校注・本行第十》，卷下，頁149。
〔註284〕《新語校注・至德第八》，卷下，頁124。
〔註285〕《新語校注・本行第十》，卷下，頁148。
〔註286〕《新語校注・本行第十》，卷下，頁149。
〔註287〕《新語校注・輔政第三》，卷上，頁55。
〔註288〕《新語校注・無爲第四》，卷上，頁67。
〔註289〕《新語校注・明誡第十一》，卷下，頁142。
〔註290〕《新語校注・明誡第十一》，卷下，頁155。

的內容中，德與刑兩兩並存，而且相互對立，德生刑殺，人民喜德畏刑，欲得民心，穩固統治，就須臨民以德，而非專任刑罰。他說：

> 天地之性，萬物之類，懷德者眾歸之，恃刑者民畏之，歸之則充其側，畏之則去其域。故設刑者不厭輕，爲德者不厭重，行罰者不患薄，布賞者不患厚，所以親近而致遠也。〔註291〕

所謂「堯舜之民」，「豈畏死而爲之哉，教化之所致也。」〔註292〕只有德治的薰陶，才是無爲根本之道。

陸賈認爲德的內容在於「先仁義而尙道德」〔註293〕的仁義之治。他說：

> 是以君子握道而治，據德而行，席仁而坐，仗義而強，虛無寂寞，通動無量。〔註294〕

又說：

> 仁者道之紀，義者聖之學。學之者明，失之者昏，背之者亡。〔註295〕

教化的根據就在於儒家的詩書經藝，「夫世人不學詩書，存仁義，尊聖人之道，極經義之深，乃論不驗之語，學不然之事，圖天地之形，說災異之變，乘先王之法，異聖人之意，惑學者之心，移眾人之志，指天畫地，是非世事，動人以邪變，驚人以奇怪，聽之者若神，視之者如異，然猶不可以濟於厄而度其身，或觸罪□□法，不免於辜戮。」〔註296〕聖人仁義之道存之於斯，君王本之而教育人民，可得「民畏其威而從其化，懷其德而歸其境，美其治而不敢違其政。民不罰而畏，不賞而勸」〔註297〕之效，達到「萬世不亂」的目標。

對於無爲德治實際操作，陸賈提出一些方法，也合於黃老思想。一是重因。陸賈從歷史觀點出發，認爲「萬世不異法，古今同紀綱」，強調古時聖賢美政，並不一定保證適於當今的局勢，最好的治國主張必須符合於現實，厚古薄今，不重實際的看法應該調整。〈術事第二〉說：

> 世俗以爲自古而傳之者爲重，以今之作者爲輕，淡於所見，甘於所聞，惑於外貌，失於中情。〔註298〕

〔註291〕《新語校注・至德第八》，卷下，頁117。
〔註292〕《新語校注・無爲第四》，卷上，頁65。
〔註293〕《新語校注・懷慮第九》，卷下，頁134。
〔註294〕《新語校注・道基第一》，卷上，頁28。
〔註295〕《新語校注・道基第一》，卷上，頁34。
〔註296〕《新語校注・懷慮第九》，卷下，頁137。
〔註297〕《新語校注・無爲第四》，卷上，頁64。
〔註298〕《新語校注・術事第二》，卷上，頁39。

就是說輕信年代久遠的傳聞，而不去進行實情的檢驗，則難免昧於眞相而盲從，唯有隨著現實情勢需要，選擇最佳的方法。

> 道近不必出於久遠，取其致要而有成。春秋上不及五帝，下不及三王，述齊桓、晉文之小善，魯之十二公，至今之爲政，足以之成敗之效，何必於三王？故古之所行者，亦與今世同。〔註 299〕

無非要求統治者重視「致要」的良方，只要是可以幫助鞏固政權的都應該去做，無須拘泥於陳法，爲政要「因」，因循客觀規律，要因時因地制其宜，就能成功，「萬端異路，千法異形，聖人因其勢而調之」，〔註 300〕「聖人因變而立功，由異而致太平」，〔註 301〕「制事者因其則，服藥者因其良。書不必起於仲尼之門，藥不必出扁鵲之方，合之者善，可以爲法，因事而權行。」〔註 302〕一切以務實的政治態度，這正是對先秦黃老重因思想的繼承，司馬談用「因循爲用」解說黃老道家「無爲」，其原因就在於此。漢初號稱儒者的叔孫通曾說：

> 五帝異樂，三王不同禮。禮者，因時世人情而爲之節文者也。

魯地的儒生非難他：

> 禮樂所由起，積德百年而後可興也，吾不忍爲公所爲，公所爲不合古。

叔孫通答說：

> 若眞鄙儒也，不知時變。〔註 303〕

此與陸賈思維一致，間接也透露先秦儒家重古思想，較不強調因、變，而陸賈的主張來源則吸收自黃老思想。

二是賢人輔政。陸賈除建議君主要「廣思而博聽」、「聞耳欲眾」，廣泛地瞭解社會實際情況，要「因世而權行」，才能「進退循法，動作合度」外，另一方面需要搜羅具有政治才幹的人才，「求賢以自助，近賢以自輔」。〔註 304〕他說：

> 夫居高者自處不可以不安，履危者任杖不可以不固。自處不安則墜，任杖不固則仆。是以聖人居高處上，則以仁義爲巢，乘危履傾，則以聖賢爲杖，故高而不墜，危而不仆。昔者堯以仁義爲巢，舜以稷

〔註 299〕《新語校注・術事第二》，卷上，頁 41。
〔註 300〕《新語校注・思務第十二》，卷下，頁 168。
〔註 301〕《新語校注・思務第十二》，卷下，頁 168。
〔註 302〕《新語校注・術事第二》，卷上，頁 44。
〔註 303〕《史記・劉敬叔孫通列傳第三十九》，卷九十九，頁 2722～2723。
〔註 304〕《新語校注・資質第七》，卷下，頁 114。

契爲杖，故高而益安，動而益固。處宴安之臺，承克讓之塗，德配
天地，光被八極，功垂於無窮，名傳於不朽，蓋自處得其巢，任杖
得其人也。秦以刑罰爲巢，故有覆巢破卵之患，以李斯趙高爲杖，
故有頓仆跌傷之禍，何者？所任者非也。故杖聖者帝，杖賢者王，
杖仁者霸，仗義者強，杖讒者滅，杖賊者亡。〔註305〕

歷史的事實告訴統治者，國家的興亡牽繫於所「杖」的對象，杖於仁義賢才，
國家興；杖於刑罰佞人，國家亡，其中又以「任杖得其人」最爲重要。

　　陸賈認爲賢才能夠受到世用，貢獻所長，爲國理政，在於賢才能否被發
掘。君王不怕沒有人才，重在能夠建立一個取得人才的管道。許多賢才終其
一生塡死於溝壑，聲名不顯，功業不著，關鍵是「無紹介通之」的環境。他
以木喻人，批評「商賈所不至，工匠所不窺，知者所不見，見者所不知」的
「梗枏豫章」不如「道旁之枯楊」。〔註306〕那些公卿子弟，貴戚黨人，才能平
庸，卻身居高位，而「懷不羈之能，有禹、皋之美」者，卻不容於世，這是
「通與不通」〔註307〕的差別。陸賈認爲，得到賢才之後，君王要眞實信任，
對於小人惡口陷害賢才，要有分辨的能力，不要聽信讒言而壓抑他們，這是
天下傾覆的原因，如秦朝「鮑丘之德行，非不高於李斯、趙高也，然隱伏於
盧之下而不祿於世，利口之臣害之也。」〔註308〕應該信任而後賦予權位，有
權才有勢，有勢才可以齊其政。故〈辨惑第五〉說：

孔子遭君暗臣亂，眾邪在位，政道隔於三家，仁義閉於公門，故作
公陵之歌，傷無權力於世，大化絕而不通，道德施而不用，故曰：
無如之何者，吾末如之何也已矣。夫言道因權而立，德因勢而行，
不在其位，則無以齊其政，不操其柄者，則無以制其剛。詩云：有
斧有柯。言何以治之也。〔註309〕

　　陸賈由於強調任賢的重要，連帶的也主張有才之士，應該挺身貢獻，不
要自命清高，標舉不凡，到人跡罕至的深山隱居避世，甚至求不死之道。〈愼
微第六〉說：

乃苦身勞形，入深山，求神仙，棄二親，捐骨肉，絕五穀，廢詩書，

〔註305〕《新語校注・輔政第三》，卷上，頁50～51。
〔註306〕《新語校注・資質第七》，卷下，頁102。
〔註307〕《新語校注・資質第七》，卷下，頁108。
〔註308〕《新語校注・資質第七》，卷下，頁112。
〔註309〕《新語校注・辨惑第五》，卷上，頁84。

背天地之寶，求不死之道，非所以通世防非者也。〔註310〕

又說：

> 夫播布革，亂毛髮，登高山，食木實，視之無優游之容，聽之無仁
> 義之辭，忽忽若狂癡，推之不往，引之不來，當世不蒙其功，後代
> 不見其才，君傾不扶，國危而不持，寂寞而無鄰，寥廓而獨寐，可
> 謂避世，而非懷道者也。故殺身以避難則非計也，懷道而避世則不
> 忠也。〔註311〕

陸賈不贊同出世的人生觀，主張積極進取，這就充分表現儒家之經世致用的
精神。

　　通過以上的分析，陸賈在政治思想方面，是以無為而治作為最高的理國
目標，要求統治者簡政省刑，節欲尚靜，減輕人民負擔，以創造安寧祥和的
形勢，這可說是黃老思想的路線。但在實際內容方面，以仁義德治為重心，
教化人民，以德來遠人，一切須待「仁義」而後成，他賦予無為新的內涵，
以仁義詮釋無為；同時也使仁義增多一層意蘊，行仁義即是無為而治，尤其
從無為到教化，實在是一種積極的態度。他把儒家的仁義與黃老道家無為之
教，結合在一起，開啟兩漢儒道並行互用的學風。〔註312〕這同先秦黃老帛書
道法的系統比較起來，別具特色。而他的思想也影響了漢初的政治，王充說：

> 高祖既得天下，馬上之計未敗，陸賈造《新語》，高祖粗納采。〔註313〕

錢福新刊新語序：

> 其書所論亦正，且多崇儉尚靜，似亦有啟文、景、蕭、曹之治者。
> 〔註314〕

陸賈是漢初第一個明確提出「無為而治」政治原則的思想家，人稱之為漢初
第一位儒者，其實他的思想根源與黃老有密不可分的關係。

二、韓　嬰

任賢使能，君佚臣勞的無為思想

《漢書卷・儒林傳第五十八》：

〔註310〕《新語校注・慎微第六》，卷上，頁93。
〔註311〕《新語校注・慎微第六》，卷上，頁96。
〔註312〕徐復觀《兩漢思想史卷二》，頁101。
〔註313〕《論衡校釋・書解第八十二》，卷第二十八，頁1156。
〔註314〕《新語校注》附錄三，頁194。

韓嬰，燕人也。孝文時爲博士，景帝時至常山太傅。嬰推詩人之意，
而作《內外傳》數萬言，其語頗與齊、魯間殊，然歸一也。淮南賁
生受之。燕趙間言詩者由韓生。韓生亦以《易》授人，推《易》意
而爲之傳。燕趙間好詩，故其《易》微，唯韓氏自傳之。武帝時，
嬰嘗與董仲舒論於上前，其人精悍，處事分明，仲舒不能難也。後
其孫商爲博士。孝宣時涿郡韓生，其後也。以《易》徵，待詔殿中，
曰：「所受《易》，即先太傅所傳也。嘗受韓《詩》，不如韓氏《易》
深，太傅故專以傳之。」〔註315〕

《漢書·藝文志·六藝略·易類》下錄有《韓氏易》二篇；詩類下錄有《韓
故》三十六卷，《韓內傳》四卷，《韓外傳》六卷，《韓說》四十一卷。班固稱：

漢興，魯申公爲《詩》訓故，而齊轅固、燕韓生皆爲之傳或取《春
秋》，采雜說，咸其本。與不得已，魯最爲近之。〔註316〕

從這些記載，得知韓嬰活動於文、景、武三朝，曾任博士官，有解《易》、《詩》
之作，其思想以儒家爲主。而目前所能見到韓嬰的著作，《易》已全部亡逸，《詩》
僅存《外傳》，故研究韓嬰思想，主要的根據就是《韓詩外傳》。《韓詩外傳》是
一部解釋詩經之書，其體例是纂錄前人故事，最後引詩以證。其取材廣泛，遍
及經、史、子諸部，根據研究，《韓詩外傳》全書凡三百章，互見於諸書者，凡
十之七八，其見於經部者：有《尚書大傳》、《春秋左氏傳》、《春秋公羊傳》、《春
秋穀梁傳》、《春秋繁露》、《孟子》、《孝經》、《爾雅》、《禮緯含文嘉》；互見於史
部者：有《國語》、《戰國策》、《史記》、《漢書》、《列女傳》、《高士傳》、《吳越
春秋》；互見於子部者：有《管子》、《晏子》、《老子》、《列子》、《莊子》、《文子》、
《荀子》、《尸子》、《韓非子》、《呂氏春秋》、《鄧析子》、《新書》、《淮南子》、《新
序》、《說苑》、《孔子家語》、《孔叢子》。〔註317〕不過，《韓詩外傳》儘管屬於解
經之作，實際上與字句訓詁不同，更貼切的說，它更接近「賦詩言志」的傳統，
借用《詩經》字句，來表達自己的思想。徐復觀說：

由先秦以及西漢，思想家表達自己的思想，概略言之，有兩種方式。
一種方式，或者可以說是屬於《論語》、《老子》的系統。把自己的

〔註315〕卷八十八，頁 3613～3614。
〔註316〕《漢書·藝文志第十》，卷三十，頁 1708。
〔註317〕賴炎元《韓詩外傳考徵》，頁 195，台北：臺灣師範大學國文研究所叢書第一
　　　　種，1963 年 7 月初版。

思想，主要用自己語言表達出來，賦予概念性的說明。這是最常見
的諸子百家所用的方式。另一種方式，或者可以說是屬於《春秋》
的系統。把自己的思想，主要用古人的言行表達出來；通過古人的
言行，做自己思想得以成立的依據。這是諸子百家用作表達的一種
特殊方式。〔註318〕

《韓詩外傳》屬於《春秋》系統的表達方式，因此，此書雖然說「推詩人之
意而作」，且多採前人文章而成篇，而由其採擷編輯，兼作釋說，「以之作爲
教訓的證言，視爲格言法語，供人習效」〔註319〕之意，適足以從中見出韓嬰
的思想。

《韓詩外傳》的主體思想根植於儒家。它說「儒者，儒也，儒之爲言無
也，不易之術也，千舉萬變，其道不窮，六經是也。」〔註320〕認爲儒家之言
是天地間不變的道理，六經是根據，將儒家提至最高的地位。全書強調「學」
與「禮」，它說「禮者，則天地之體，因人情而爲之節文者也。無禮，何以正
身？無師，安之禮之是也。禮然而然，是情安於禮也；師云而云，是知若師
也，則是君子之道。言中倫，行中理，天下順矣。」〔註321〕尤其「禮」，是韓
嬰思想的依歸，修身治國莫不以「禮」，他說：「禮者，治辯之極，強國之本
也，威形之道也，功名之統也，王公由之，所以一天下也，不由之，所以隕
社稷也。」其思想深受荀子影響。〔註322〕但對於漢初瀰漫的黃老思潮，韓嬰
並非耳充不聞，而是加以吸收，使之成爲思想的一部份。

丁原明認爲，韓嬰對於宇宙究竟的「天道」論述不夠彰顯。〔註323〕這話
是不錯的，其原因在於闡述形上究竟的道，往往不是儒家一系學者的興趣，
他們偏重於人道，從孔子的性與天道不可聞，即預開了儒學的走向。至後來，
因爲理論的需求，儒家才不得不重視這個問題，只是他們所言常吸收自道家，
荀子的天道論就是一個例子。

韓嬰是西漢早期儒家型態的人物，他仍承襲先秦儒家的傳統，重人事而

〔註318〕《兩漢思想史卷三》，頁1，台北：臺灣學生書局，1993年9月初版第四刷。。
〔註319〕龔鵬程《漢代思潮》，頁226，嘉義：南華大學，1999年8月。
〔註320〕賴炎元《韓詩外傳今註今譯》卷五，頁209，台北：臺灣商務印書館，1986
年4月五版。
〔註321〕《韓詩外傳今註今譯》，卷五，頁205。
〔註322〕徐復觀《兩漢思想史卷三》，頁22。
〔註323〕《黃老學論綱》，頁256～257，山東大學出版社，1997年12月第一刷。

輕天道。在宇宙本體及形成的問題上幾無涉及，僅對於宇宙運行的規律稍有說明。如「天有四時，春夏秋冬，風雨霜露，無非教也。」〔註324〕指四時的循環，風雨霜露生殺萬物，都是自然界的規律。而這天地間的自然規律，是不可拂逆，當政者必須「敬天而道」，〔註325〕遵循並作為施政的依據。他說：

> 《傳》曰：善為政者，循情性之宜，順陰陽之序，通本末之理，合天人之際。如是則天氣奉養而生物豐美矣。不知為政者，使情厭性，使陰乘陽，使本逆末，使人詭天，氣鞠而不信，鬱而不宣，如是則災害生，怪異起，群生皆傷，而年穀不熟。是以其動傷德，其靜亡救。故緩者事之，急者弗知，日反理而欲以為治。《詩》曰：「廢為殘疾，莫知其尤。」〔註326〕

韓嬰所說的情性之宜、陰陽之序、本末之理都是天道的顯現，它表現於人世，就是禮，象徵人類共同遵行的法則。人由此禮行事，不妄恣而為，即順應天道。此等順道意義，頗蘊含著黃老思想，但終究是隱而不顯，隔了一層，真正明白印上黃老思想標記的，就是無為的政治要求了。

　　韓嬰主張的無為而治，有兩層意義。一是對待百姓要無為，這一點類似陸賈看到歷史的教訓，政險令苛，擾民無節，易導致民心背離，最後將致亡國。他說：

> 《傳》曰：水濁則魚喁，令苛則民亂；城峭則崩，岸峭則陂。故吳起峭行而車裂，商鞅峻法而支解。治國者譬乎張琴然：大弦急則小弦絕矣。故急轡銜者，非千里之御也。有聲之聲不過百里，無聲之聲延及四海。故祿過其功者削，名過其實者損，情行合而名副之。禍福不虛至矣。《詩》云：「何其處也，必有與也。何其久也，必有以也。」故惟其無為，能長生久視，而無累於物矣。〔註327〕

他曾舉顏淵觀馭馬的故事說：

> 顏淵侍坐魯定公於臺，東野畢御馬於台下。定公曰：善哉！東野畢之御也。顏淵曰：善則善矣，其馬將佚矣。定公不悅，以告左右曰：聞君子不譖人，君子亦譖人乎？顏淵退，俄而廄人以東野畢馬佚聞

〔註324〕《韓詩外傳今註今譯》，卷五，頁220。
〔註325〕《韓詩外傳今註今譯》，卷四，頁178。
〔註326〕《韓詩外傳今註今譯》，卷七，頁305。
〔註327〕《韓詩外傳今註今譯》，卷一，頁26。

矣。定公躢昔而起曰：趣駕召顏淵。顏淵至，定公曰：鄉寡人曰：
善哉！東野畢之御也。吾子曰：善則善矣，其馬將佚矣。不識吾子
何以知之？顏淵曰：臣以政知之。昔者舜工於使人，造父工於使馬。
舜不窮其民，造父不極其馬。是以舜無佚民，造父無佚馬也。今東
野畢之御，上車執轡，御體正矣，周旋步驟，朝禮畢矣；歷險至遠，
馬力殫矣；然猶策之不矣，所以知其佚也。定公曰：善，可少進乎？
顏淵曰：獸窮則齧，鳥窮則啄，人窮則詐。自古今，窮其下能不危
者，未之有也。〔註328〕

說明用極民力，百姓不堪，則是國家傾覆之時。蓋君王之本在於民，「王者以
百姓爲天，百姓與之則安，輔之則強，非之則危，倍之則亡。」〔註329〕其職
責在於養民愛民，所謂「有社稷者，不能愛其民，而求民親己愛己，不可得
也。」〔註330〕讓人民在清靜的環境各自而爲，不做過多干預，社會自然會循
著本身的理序穩定下來。

　　另一層意義，主要表現在君王的心術上。韓嬰說虞舜彈著五絃琴，唱著
南風歌，無所作爲，而天下太平。周公終日飲酒，鐘磬都懸掛在架子上，時
常彈奏，天下也太平。〔註331〕他認爲「事寡易爲功」，「聖人寡爲，故用物常
壯也」，「易簡而天下之理得。」〔註332〕治國注意「寡」、「簡」、「易」的原則，
不要隨意攬事上身，先讓自身保持「平心氣」的狀態，要「原天命，治心術，
理好惡，適情性」，如此則「治道畢矣。」〔註333〕韓嬰強調身逸而國治，這樣
的方式就是無爲。

　　韓嬰認爲要達到身逸而國治的無爲政治，根本方法就要用眾，進賢使能，
各任其事，這樣子君臣相和，拱垂無爲。易言之，就是選擇賢良人才，使各
依其力，各盡其職。他說：

夫霜雪雨露，殺生萬物者也，天無事焉，猶之貴天也。執法厭文，
治官治民者，有司也，君無事焉，猶之尊君也。夫闢土殖民者后稷
也，決江疏河者禹也，聽獄執中者皋陶也，然而有聖名者堯也。固

〔註328〕《韓詩外傳今註今譯》，卷二，頁 53～54。
〔註329〕《韓詩外傳今註今譯》，卷四，頁 172。
〔註330〕《韓詩外傳今註今譯》，卷五，頁 195。
〔註331〕《韓詩外傳今註今譯》，卷四，頁 155。
〔註332〕《韓詩外傳今註今譯》，卷三，頁 89。
〔註333〕《韓詩外傳今註今譯》，卷二，頁 85。

有道以禦之，身雖無能也，必使能者爲己用也。無道以禦之，彼雖
多能，猶將無異於存亡矣。〔註334〕

天無事即天無爲，人貴天當即法天而行，君爲天而無事，有事者臣，即使君王
不賢而無能，仍能藉由臣力維持政權而不墜，此全賴任人之功。因此無爲便成
爲王者有眾賢在位所得的一種佚，即無須親身爲國事而操勞。韓嬰曾舉子賤與
巫馬期兩種爲政的方式，子賤彈鳴琴，身不下堂，而單父治。巫馬期以星出，
以星入，日夜不赴，以身親之，而單父亦治。一個是身逸而國治，一個是身勞
而國亦治。但是兩者仍然有高下之分，子賤的訣竅是任人，任人是一種「數」，
運用的當則「佚四肢，全耳目，平心氣，而百官理」；巫馬期則是任力，任力者
勞，此凡事必躬身而爲，則「弊性事情，勞力教詔，雖治猶未治也。」〔註335〕
在這裡明顯看出，韓嬰的無爲思想有君臣異道，君臣分工，君逸臣勞的意義。
不過需要指出的，韓嬰的君逸臣勞思想，並未有先秦黃老講求「因而不爲，責
而不詔，去想去意，虛靜以待，不伐之言，不奪之事，督名審實，使官自司，
以不知爲道，以奈何爲寶。」〔註336〕以陰謀權術來駕馭臣下，亦非如法家君臣
相待皆以利益作爲維繫的關係，〔註337〕從這裡大可窺見黃老思想在漢初與儒家
的結合，在先秦黃老帶有法家氣息的情形，明顯的轉爲儒家式的情形。

三、《淮南子》

（一）集大成的無爲思想

《淮南子》爲漢代黃老之治的政治策略在學術上進行了理論總結，清人

〔註334〕《韓詩外傳今註今譯》，卷二，頁51。
〔註335〕《韓詩外傳今註今譯》，卷二，頁72。
〔註336〕《呂氏春秋注疏・知度》，卷第十七，頁2034～2036。
〔註337〕龔鵬程說：「在韓嬰的理論中，君臣是有名份、有份際但很現實的關係。卷五：
　　　　『朝廷之士爲祿』、卷六：『吾聞之：布衣之士不欲富貴，不輕身於萬乘之君；
　　　　萬乘之君不好禮義，不輕身於布衣之士』。君臣關係建立在在非常現實的交換
　　　　關係上，士出仕，是爲了祿；君用臣，是爲了行禮義治國家。然君臣關係既
　　　　定之後便不能更改。故卷五：『君臣之義定矣。』但這是什麼義呢？事實上等
　　　　於是一種職業道德。所以『殺身以彰君之惡，不忠也』（卷六）『善則稱君，
　　　　過則稱己，臣下之義也』（卷三）『以道覆君而化之，是謂大忠也。以德調君
　　　　而輔之，是謂次忠也。以諫非君而怨之，是謂下忠也。不恤乎公道之達義，
　　　　偷合苟同，以持祿養者，是謂國賊也』（卷四）食君之祿，即須忠，但須忠於
　　　　事，忠於義。反之，君用臣，旨在治國，故須賢使能，使各任其事而不應自
　　　　己亂搞。」（《漢代思潮》，頁248，註解13）

譚獻曾說：「漢初黃老爲治，大義具於《淮南》」，〔註338〕今人馮逸、僑華在點校劉文典《淮南鴻烈集解》時說：「《淮南子》一書是對西漢前期道家思想的系統而詳盡的總結，是研究與文、景相適應的統治思想即黃老思想的極其寶貴而豐富的資料。」〔註339〕可謂獨具惠眼。《淮南子》在黃老無爲治術方面可說集大成之作。

〈主術〉說：「無爲者，道之宗。」〔註340〕可見「無爲」是《淮南子》治術總綱。其根據來自於道，道作爲天地萬物，人類社會，人生總根源的思想。《淮南子》認爲道是無爲的，〈原道〉說：

> 夫太上之道，生萬物而不有，成化像而弗宰，跂行喙息，蜎飛蠕動，
> 待而後生，莫知之德，待而後死，莫之能怨。得以利者不能譽，用
> 而敗者不能非。〔註341〕

道自然無爲，因此「萬物固以自然，聖人又何事焉」，要求聖人「因天地之自然」，〔註342〕實施無爲而治。

《淮南子》的無爲思想內容豐富，先秦道家各派的觀點都有顯現。其中有受到《莊子》影響者，如〈俶眞〉的「能有天下者，必無以天下爲。」〔註343〕要眞人「忘肝膽，遺耳目」，「偃其聰明」。〔註344〕〈原道〉的「是故大丈夫恬然無思，澹然無慮；以天爲蓋，以地爲輿；四時爲馬，陰陽爲御；乘雲陵霄，與造化者俱。縱志舒節，以馳大區。」〔註345〕〈精神〉的「明白太素，無爲復樸，體本抱神，以游天地之樊，芒然仿佯於塵垢之外，而逍搖於無事之業。」〔註346〕有著消極的成分。也有隨自然之性，使民無欲無爭，復歸於純樸社會的《老子》思想，如〈本經〉說：

> 故至人之治也，心與神處，形與性調，靜而體德，動而理通，隨自
> 然之性而緣不得已之化，洞然無爲而天下自和，憺然無欲而民自樸，

〔註338〕《復堂日記》，卷五，頁2304，收錄於《半厂叢書》，台北：華文書局影本，1970年5月初版。
〔註339〕《淮南鴻烈集解‧點校說明》，頁2，北京：中華書局，1989年5月第一版。
〔註340〕《淮南子校釋》，卷第九，頁912。
〔註341〕《淮南子校釋》，卷第一，頁2。
〔註342〕《淮南子校釋‧原道》，卷第一，頁47～48。
〔註343〕《淮南子校釋‧俶眞》，卷第二，頁216。
〔註344〕《淮南子校釋‧俶眞》，卷第二，頁161。
〔註345〕《淮南子校釋》，卷第一，頁18。
〔註346〕《淮南子校釋‧精神》，卷第七，頁747。

> 無機祥而民不夭，不忿爭而養足，兼苞海內，澤及後世，不知爲之
> 者誰何。〔註347〕

不過，《淮南子》雖然對於《老子》、《莊子》這種消極，不強調人爲主觀努力
的無爲觀有所吸收，更重要的是，又對無爲觀做出新的解釋，有著時代意義。

《淮南子》特別強調無爲並非不爲，也決不是無所作爲。〈脩務〉說：

> 或曰：「無爲者，寂然無聲，漠然不動，引之不來，推之不往。如此
> 者，乃得道之像。」吾以爲不然。〔註348〕

這是批評一任自然，不摻人爲的觀點。尤其對《莊子》的「墮肢體，黜聰明，
離形去知，同於大通」〔註349〕的消極無爲論進行了改進。它認爲古時聖人
爲百姓憂勞，皆有所作爲，從上到下，四肢不動，思慮不用的人歷史上並不
存在，故「自天子以至庶人，四肢不動，思慮不用，事治求贍者，未知聞也。」
〔註350〕神農、堯、舜、禹、湯、五聖澹精竭智，勞形盡慮，爲民除害興利
而不懈的事例，說明絕對的無爲不可能成就任何事業。而社會要求生存與發
展，對自然界「人必事焉」，「人必加功焉，不能聽其自流」，〔註351〕說明人
必有所作爲，是天道的必然要求，無所作爲而求治則是與道精神相違背。在
〈要略〉說兩種無爲，儘管名稱相同，內涵卻完全不同。一是「通而無爲」，
通於大道之爲；一則是「塞而無爲」，不通於大道之爲，是「於道爲淹，味
論未深，縱欲適情，欲以偷自佚」，〔註352〕即是無所作爲的無爲，並不是眞
正的無爲。

《淮南子》所主張的無爲，在書中許多篇章一再說明，其中最根本性的
解釋，〈修務〉說：

> 若吾所謂無爲者，私志不得入公道，嗜欲不得枉正術，循理而舉事，
> 因資而立功，權自然之勢，而曲故不得容者，政事成而身弗伐，功
> 立而名弗有，非謂其感而不應，攻而不動者。

認爲不要以個人的私智和嗜欲而輕舉妄動，不以私害公，以欲枉正，要「循
理」、「因資」、「推自然之勢」來行事，事成之後不居功，不擺好，不驕傲，

〔註347〕《淮南子校釋》，卷第八，頁 828。
〔註348〕《淮南子校釋》，卷第十九，頁 1939。
〔註349〕《莊子集釋・大宗師第六》，卷三上，頁 284。
〔註350〕《淮南子校釋・修務》，卷第十九，頁 1950。
〔註351〕《淮南子校釋・修務》，卷第十九，頁 1950。
〔註352〕《淮南子校釋・泰族》，卷第二十，　頁 2118～2119。

不矜不誇，即是無爲；反之如不審愼時勢，而昧於個人私志行事，「若夫以火爌井，以淮灌山，此用己而背自然，故謂之有爲。」〔註353〕因此，我們可以說無爲乃遵循自然生化法則而爲，是因物之自然趨勢以推助之，使事物在不違背自然之理的前提下得到人的主體性的主導而盡其合理的發展，有爲即違背自然規律強行而爲。合於自然之理而爲，必然舉事得心應手，不合於自然之理，則必事事捍格難通，此無異於宣告他所說的無爲並非如《老子》、《莊子》建立在一系列的否定主張上，而是以開闊而寬容的態度來處理一切的社會行爲，進而築起有建設性的施政原則和規範體系。

就以上的解釋，《淮南子》所講的無爲，其核心概念在於「因」，因就是因循，就是遵循客觀規律，以客觀爲中心再加以人爲之功，「物有以自然，而後人事有治也。」〔註354〕其表現在於「去私而立公」上，由這兩方面架起了無爲的思想。〈原道〉說：

> 天下之事，不可爲也，因其自然而推之。萬物之變，不可究也，秉其要歸之趣。夫鏡水之與形接也，不設智故，而方圓曲直弗能逃也。是故響不肆應而景不一設，叫呼仿佛，默然自得。〔註355〕

又說：

> 脩道理之數，因天地之自然，則六合不足均也。是故禹之決瀆也，因水以爲師；神農之播穀也，因苗以爲教。夫萍樹根於水，木樹根於土，鳥排虛而飛，獸蹠實而走，蛟龍水居，虎豹山處，天地之性也。兩木相摩而然，金火相守而流，員者常轉，窾者主浮，自然之勢也。是故春風至則甘雨降，生育萬物，羽者嫗伏，毛者孕育，草木榮華，鳥獸卵胎，莫見其爲者，而功既成矣。秋風下霜，到生挫傷，鷹鵰搏鷙，昆蟲蟄藏，草木注根，魚鱉湊淵，莫見其爲者，滅而無形。木處榛巢，水居窟穴，禽獸有茸，人民有室，陸處宜牛馬，舟行宜多水，匈奴出穢裘，干越生葛絺，各生所急以備燥溼，各因所處以禦寒暑，並得其宜，物便其所。由此觀之，萬物固以自然，聖人又何事焉！〔註356〕

〔註353〕《淮南子校釋・修務》，卷第十九，頁1950。
〔註354〕《淮南子校釋・泰族》，卷第二十，頁2052。
〔註355〕《淮南子校釋》，卷第一，頁19。
〔註356〕《淮南子校釋》，卷第一，頁47～48。

不設智故與因循天地自然而行事，是無爲的主要關鍵。〈原道〉又說：

> 所謂無爲者，不先物爲也；所謂無不爲者，因物之所爲也。所謂無
> 治者，不易自然也；所謂無不治者，因物之相然也。〔註357〕

亦即此意。

《淮南子》的無爲論主要在說明「主術」之理，〔註358〕也就是君王如何統馭臣民的方法。〈修務〉所言是基本綱領，在此綱領運用之下，《淮南子》提到甚多無爲政治的內容。

一是清靜無欲。這一點是西漢思想家共同的心聲。《淮南子》認爲有天下之人，並不是因爲它有勢位尊號，而是「養民得其心」，「運天下之力，而得天下之心」。〔註359〕而治民之旨在於因順民性之自然，所謂「聖人之治天下，非易民性也，拊循其所有而滌蕩之。」〔註360〕《淮南子》認爲人性安靜恬愉，好靜惡動，好逸惡勞，好利趨福。〈原道〉說：

> 人生而靜，天之性也。〔註361〕

〈詮言〉說：

> 凡人之性，樂恬而憎憫，樂佚而憎勞，心常無欲可謂恬矣，形常無
> 事可謂佚矣。〔註362〕

君王應當認清這個現實，政治上的措施，以「利民爲本」，〔註363〕以清靜爲務，不能播擾，要因民之欲，因民之好，創造出一個利於百姓安居樂業的環境，如此則能無敵於天下。

其次，《淮南子》也同陸賈等人從歷史和現實著手，認爲末世之政「上好取而無量，下貪狼而無讓；民貧苦而忿爭，事力勞而無功。智詐萌生，盜賊滋彰，上下相怨，號令不行。」〔註364〕提出政治黑暗，百姓生活於倒懸，常致因於君王放縱欲望，追求物質享受，生活腐化墮落。所謂「人主好鷙鳥猛獸，珍怪奇物，狡躁康荒，不愛民力，馳騁田獵，出入不時，如此則百官政

〔註357〕　《淮南子校釋》，卷第一，頁60。
〔註358〕　《淮南子》有〈主術〉，此篇高誘注：「主，君也；術，道也。君之宰國，統馭臣下，五帝三王以來，無不用道而興，故曰主術。」
〔註359〕　《淮南子校釋‧泰族》，卷第二十，頁2089。
〔註360〕　《淮南子校釋‧泰族》，卷第二十，頁2052。
〔註361〕　《淮南子校釋》，卷第一，頁34。
〔註362〕　《淮南子校釋》，卷第十四，頁1527。
〔註363〕　《淮南子校釋‧氾論》，卷第十三，頁1341。
〔註364〕　《淮南子校釋‧主術》，卷第九，頁894。

亂，事勤財匱，萬民愁苦，生業不修矣。人主好高臺深池，雕琢刻鏤，黼黻文章，絺綌綺繡」，〔註365〕這是只爲了滿足君王個人私欲，竭用民力，而無所不至，則妨害生產，百姓愁苦。

《淮南子》要求君主節欲反性，〈泰族〉說：

> 心者身之本也，身者國之本也，未有得己而失人者也，未有失己而得人者也。故爲治之本，務在於寧民，寧民之本，在於足用，足用之本，在於勿奪時，勿奪時之本，在於省事，省事之本，在於節用，節用之本，在於反性，未有能搖其本，而靜其末，濁其源而清其流者也。〔註366〕

〈繆稱〉說：

> 福生於無爲，患生於多欲。〔註367〕

它還指出，「君人之道，處靜以修身，儉約以率下。靜則下不擾矣，儉則民不怨矣。下擾則政亂，民怨則德薄。」〔註368〕此有待於君王從自身修養做起，進行感化政治。《淮南子》說：

> 聖主在上，廓然無形，寂然無聲，官府若無事，朝廷若無人，無隱士，無軼民，無勞役，無冤刑，四海之內莫不仰上之德，象主之指，夷狄之國重譯而至，非戶辯而家說之也，推其誠心，施之天下而已矣。〔註369〕

如果統治者以身作則，做到了滅嗜欲、去奢侈、尚節儉，在政策上就可以省刑法、薄稅賦、寬繇役，就會減少對社會的擾動，也能建立公平合理的社會政治，不擾民亂民，則百姓發展生產，民生富裕。〈詮言〉說：

> 君道者，非所以爲也，所以無爲也。何謂無爲？智者不以位爲事，勇者不以位爲暴，仁者不以位爲患。〔註370〕

至高無上的職位與權力即體現於不以位爲，不以位爲事、爲暴、爲忠。因爲「君好智則倍時而任己，棄術而用慮。天下之物博而智淺，未有能者也。獨任其智，失必多矣。故好智，窮術也。好勇則則輕敵而簡備，自負而辭助。

〔註365〕《淮南子校釋・主術》，卷第九，頁949。
〔註366〕《淮南子校釋》，卷第二十，頁2089。
〔註367〕《淮南子校釋》，卷第十，頁1102。
〔註368〕《淮南子校釋・主術》，卷第九，頁984。
〔註369〕《淮南子校釋・泰族》，卷第二十，頁2044。
〔註370〕《淮南子校釋》，卷第十四，頁1494。

一人之力以禦強敵，不仗眾多而專用其身，必不堪也。故好勇，危術也。好與則無定分，上之分不定，則下之望無止。若多賦斂，實府庫，則與民爲讎。少取多與，數未之有也。故好與，來怨之道也。」〔註371〕即不以謀逞其私，要使人主正確地運用自己職權，排除使用這種職權中的個人目的與動機，則天下不擾，因而也就能使天下反於清靜。

另一項內容是君臣異道，君佚臣勞。〈主術〉說：

> 人主之術，處無爲之事，而行不言之教，清靜而不動，一度而不搖，
>
> 因循而任下，責成而不勞。〔註372〕

這一段話表示人君能清靜無爲，必須依靠「任下」與「責成」之術。任下即是用眾，即任用眾人智力，所謂「積力之所舉，則無不勝也；眾智之所爲，則無不成也。」君王要「乘眾人之智」，「用眾人之力」〔註373〕「以天下之目視，以天下之耳聽，以天下之智慮，以天下之力爭，是故號令能下究，而臣情得上聞，百官同修，群臣輻湊。」〔註374〕如此便可完成事務。蓋君王「深居隱處以避燥溼，閨門重襲以避姦賊，內不知閭里之情，外不知山澤之形，帷幕之外，目不能見十里之前，耳不能聞百步之外」，〔註375〕卻必須下令決策，由於其智能有限，無法聽看天下所有的事，而眾人智能卻是無窮無盡。此猶如「天下無粹白之狐，而有粹白之裘，掇之眾白也。」〔註376〕雖無純白的狐狸，但經剪裁拼接，即可成爲純白的狐裘，每個人也各有所長，各有所短，若能集合眾人之長，折衷起來，則無事不成。

《淮南子》認爲天地生人，必有所用，故人無棄才，只是人才各有修短，每個人的特性各有不同，用人必須針對他的專長，給予不同的職權，讓他有所發揮。

> 是故賢主之用人也，猶巧工之制木也，大者以爲舟航柱梁，小者以
>
> 爲楫楔，修者以爲櫩榱，短者以爲朱儒枅櫨。無小大脩短，各得其
>
> 所宜；規矩方圓，各有所施。〔註377〕

〔註371〕《淮南子校釋・詮言》，卷第十四，頁 1494～1495。
〔註372〕《淮南子校釋》，卷第九，頁 889。
〔註373〕《淮南子校釋・主術》，卷第九，頁 912。
〔註374〕《淮南子校釋・主術》，卷第九，頁 960。
〔註375〕《淮南子校釋・主術》，卷第九，頁 923。
〔註376〕《淮南子校釋・說山》，卷第十六，頁 1708。
〔註377〕《淮南子校釋・主術》，卷第九，頁 954。

瘖者可使圍，而不可使言也；形有所不周而能有所不容也。是故有
一形者處一位，有一能者服一事；力勝其任，則舉之者不重也，能
稱其事則爲之者不難也。毋小大脩短，各得其宜；則天下一齊，無
以相過也，聖人兼而用之，故無棄才。〔註378〕

對於選擇才能要從大處宏觀而不拘泥於小支節。〈氾論〉說：

故人有厚德，無問其小節；而有大譽，無疵其小故。〔註379〕

誠其大略是也，雖有小過，不足以爲累；若其大略非也，雖有閭里
之行，未足大舉也。〔註380〕

同時，《淮南子》還強調用人要公正無私，不因人廢言，「使言之而是，雖在
褐夫芻蕘，猶不可棄也；使言之而非也，雖在卿相人君，揄策於廟堂之上，
未必可用。是非之所在，不可以貴賤尊卑論也。」〔註381〕

君王能用眾，意味自己不親理國事，責成臣下去負責。〈詮言〉說：

厭文搔法，治官理民者，有司也，君無事焉。〔註382〕

此在於朝廷任用百官，因人制宜，依其才能，因事授職，則君王可務虛不務
實，權力下放。在不包攬，不干預臣下業務之下，讓他們發揮最大作用和功
效。〈原道〉說：

道者，覆天載地，廓四方，柝八極，高不可際，深不可測，包裹天
地，稟授無形。原流泉浡，沖而徐盈；混混滑滑，濁而徐清。故植
之而塞于天地，橫之而彌于四海，施之無窮而無所朝夕。舒之幬於
六合，卷之不盈於一握。約而能張，幽而能明，弱而能強，柔而能
剛。橫四維而含陰陽，紘宇宙而章三光。甚淖而滒，甚纖而微。山
以之高，淵以之深，獸以之走，鳥以之飛，日月以之明，星歷以之
行，麟以之游，鳳以之翔。泰古二皇，得道之柄，立於中央，神與
化游，以撫四方。是故能天運地滯，輪轉而無廢，水流而不止，與
萬物終始。〔註383〕

無爲要像道的特性，適時適地隨之變化，國君用人亦當如用道，各隨其性而

〔註378〕《淮南子校釋·主術》，卷第九，頁931。
〔註379〕《淮南子校釋》，卷第十三，頁1419。
〔註380〕《淮南子校釋》，卷第十三，頁1424。
〔註381〕《淮南子校釋·主術》，卷第九，頁960。
〔註382〕《淮南子校釋》，卷第十四，頁1478。
〔註383〕《淮南子校釋·原道》，卷第一，頁1。

爲，如此能省力而不勞，身逸而國治。〈主術〉說：

> 故古之爲車也，漆者不畫，鑿者不斲，工無二伎，士不兼官，各守其職，不得相姦，人得其宜，物得其安，是以器械不苦，而職事不嫚。夫責少者易償，職寡者易守，任輕者易權。上操約省之分，下效易爲之功，是以君臣彌久而不相猒。〔註384〕

運用君臣分工，各守職分，能大者責以大任，能小者受以小任。〈主術〉說：

> 主道圓者，運轉而無端，化育如神，虛無因循，常後而不先也。臣道圓者，運轉而無方，論是而處當，爲事先倡，守職分明，以立成功也。是故君臣異道則治，同道則亂。〔註385〕

上下異道，國事在一定軌道執行，才能達到安定的局面。

漢史上有名的例子，《史記・陳丞相世家第二十六》記載：

> 孝文皇帝既益明習國家事，朝而問右丞相勃曰：「天下一歲決獄幾何？」勃謝曰：「不知。」問：「天下一歲錢穀出入幾何？」勃又謝不知，汗出沾背，愧不能對。於是上亦問左丞相平。平曰：「有主者。」上曰：「主者謂誰？」曰：「陛下問決獄，責廷尉；問錢穀，責治粟內史。」曰：「各有主者，而君所主者何事也？」謝曰：「臣！陛下不知其駑下，使待罪宰相。宰相者，上佐天子理陰陽，順四時，下育萬物之宜，外鎮撫四夷諸侯，內親附百姓，使卿大夫各得任其職焉。」文帝乃稱善。〔註386〕

又《漢書・魏相丙吉傳第四十四》云：

> 吉又嘗出，逢清道群鬥者，死傷橫道，吉過之不問，掾史獨怪之。吉前行，逢人逐牛，牛喘吐舌。吉止駐，使騎吏問：「牛行幾裏矣？」掾史獨謂丞相前後失問，或以譏吉，吉曰：「民鬥相殺傷，長安令、京兆尹職所當禁備逐捕，歲竟丞相課其殿最，奏行賞罰而已。宰相不親小事，非所當於道路問也。方春少陽用事，未可大熱，恐牛近行用暑故喘，此時氣失節，恐有所傷害也。三公典調和陰陽，職所當憂，是以問之。」乃服，以吉知大體。〔註387〕

〔註384〕《淮南子校釋》，卷第九，頁912～913。
〔註385〕《淮南子校釋》，卷第九，頁930。
〔註386〕卷五十六，頁2061～2062。
〔註387〕卷七十四，頁3174。

陳平、丙吉透過論丞相之職，說明天子的職責。「理陰陽，順四時，下育萬物之宜，外鎮撫四夷諸侯，內親附百姓，使卿大夫各得其位」，既是宰相輔佐天子做的事，也即是天子的職責。這是一個原則性的方向，由天子以及輔助的宰相主導，而具體的事，則由百官去做，使「各得任其職」，天子宰相只要抓主一些大原則，大綱要即可，不必事無鉅細，親自過問，一些具體問題則有專門專職官吏負責，丞相可以不理。強調職務分明，各盡其責，免得互相推諉，互相干擾。

　　無爲最後一個內容就是用術，以法勢爲衡，循名責實。這是一種權術，目的在於駕馭群臣。〈氾論〉說：

> 魏用樓翟，吳起而亡西河，湣王專用淖齒，而死於東廟，無術以御之也。文王兩用呂望，召公奭而王，楚莊王專用孫叔敖而霸，有術以御之也。〔註388〕

〈詮言〉說：

> 無爲者，道之體也。執後者，道之容也。無爲制有爲，術也；執後之制先，數也。放於術則強，審於數則寧。〔註389〕

有術以御臣群，則正治安寧。《淮南子》認爲君王能夠無爲，尚需有一個客觀而標準的憑藉，以此來衡量群臣的一言一行，中程者賞，不中者誅，如此可使君王「不爲美醜好憎，不爲賞罰喜怒。」〔註390〕這個客觀的標準就是「法」，代表人人所當奉行的公道。〔註391〕〈主術〉說：

> 法者，天下之度量，而人主之準繩也。縣法者，法不法也；設賞者，賞當賞也。法定之後，中程者賞，缺繩者誅，尊貴者不輕其罰，而卑賤者不重其刑，犯法者雖賢必誅，中度者雖不肖必無罪，是故公道通而私道塞矣。〔註392〕

凡事案法而治，不因貴賤尊卑而異。面對於執法，人主應不自恣，即去私志、嗜欲對於執法過程的干擾，所謂「衡之於左右，無私輕重，故可以爲平；繩之於內外，無私曲直，故可以爲正，人主之於用法，無私好憎，故可以爲命。」〔註393〕即是用法當如衡繩的無私，爲治而不與。去除私志嗜欲的參與，是無

〔註388〕《淮南子校釋》，卷第十三，頁1369。
〔註389〕《淮南子校釋》，卷第十四，頁1520。
〔註390〕《淮南子校釋・主術》，卷第九，頁889。
〔註391〕論法部份，請參本章下一節。
〔註392〕《淮南子校釋》，卷第九，頁965。
〔註393〕《淮南子校釋・主術》，卷第九，頁911。

為的重要體現。

為確保法能確實施行，《淮南子》強調權勢的重要性，〈主術〉說：

> 權勢者，人主之車輿也；大臣者，人主之駟馬也。體離車輿之安，
> 而手失駟馬之心，而能不危者，古今未有也。是故輿馬不調，王良
> 不足以取道；君臣不和，唐、虞不能以為治。執術而御之，則管、
> 晏之智盡矣；明分以示之，則蹠、蹻之姦止矣。〔註394〕

又說：

> 權勢者，人主之車輿；爵祿者，人臣之轡銜也。是故人主處權勢之
> 要，而持爵祿之柄，審緩急之度，而適取與之節，是以天下盡力而
> 不倦。〔註395〕

唯有君王能操握實權，「乘眾勢以為車，禦眾智以為馬」，群臣輻湊於君王，才能進行考核，賞善罰惡。

《淮南子》將君王考核臣下的功夫，稱為「提名責實」，也就是「循名責實」之術。〈要略〉說：

> 主術者，君人之事也，所以因作任督責，使群臣各盡其能也。明攝
> 權操柄，以制群下，提名責實，考之參伍，所以使人主秉數持要，
> 不妄喜怒也。其數直施而正邪，外私而立公，使百官條通而輻輳，
> 各勞其業，人致其功，此主術之明也。〔註396〕

〈主術〉也認為君主無為要「上操其名，以責其實，臣守其業，以致其功。言不得過其實，行不得踰其法。」〔註397〕客觀看待事物的發展，再行定奪，讓臣下「名各自名，類各自類，」〔註398〕即是以形名之術，督責臣下盡心職守，尊主效功。

《淮南子》認為君王神聖，不容一絲差錯，而且君主在臣民心目中，必須保持一種神秘形象。它說：

> 故古之王者，冕而前旒，所以蔽明也，黈纊塞耳，所以掩聰也，天
> 子外屏，所以自障。〔註399〕

〔註394〕《淮南子校釋》，卷第九，頁972。
〔註395〕《淮南子校釋》，卷第九，頁946。
〔註396〕《淮南子校釋》，卷第二十一，頁2127。
〔註397〕《淮南子校釋》，卷第九，頁941。
〔註398〕《淮南子校釋》，卷第九，頁889。
〔註399〕《淮南子校釋・主術》，卷第九，頁889。

君王的意向與決斷，絕不能讓臣屬事先猜測揣摩，要深藏不露，密不可測，臣屬對君主莫測其高深，自然增加其畏懼感。因此，《淮南子》主張考核臣下要虛靜持後，以柔弱之道待之。自己不隨便發表意見，不急著解決問題，凡事先由臣下設想辦法，最後再進行取捨。〈主術〉說：

> 無爲者非爲其凝而不動也，以其言莫從己出也。

〈詮言〉說：

> 聖人內藏，不爲物先倡。〔註400〕

遇事以「滅想去意，清虛以待不伐之言，不奪之事。循名責實，使有司任而弗詔，責而弗教，以不知爲道，以奈何爲寶。」〔註401〕基本上這是對《老子》貴柔持後思想的繼承。但不同的是《淮南子》強調變化，提出要「周於數，合於時」，以「應化揆時」的方式，要求利用事物轉化過程取得有利的著力點。因而又說：「欲剛者必以柔守之，欲強者必以弱保之，積柔即剛，積弱即強，觀其所積，以知存亡。」「夫執道以耦變，先亦制後，後亦制先。何即？不失所以制人，人亦不能制也。」〔註402〕將《老子》的貴柔發展成一種策略思想。「隨時而舉事」，〔註403〕「因其自然而推之」，〔註404〕是這種君王南面之術的思想核心。

（二）法　論

1、漢初反秦苛法之聲

漢初，在一片檢討秦亡聲中，共同認定了秦因苛法繁刑而亡，政治家、思想家對法在實施中的副作用做了充分總結。南宋洪邁曾對漢朝人的意見做了輯錄，可以清楚了解這樣的情形：

> 張耳曰：秦爲亂政虐刑，殘滅天下，北有長城之役，南有五嶺之戍，外內騷動，頭會箕斂，重以苛法，使父子不相聊。……陸賈曰：秦任刑法不變，卒滅嬴氏。……張釋之曰：秦任刀筆之吏，爭以亟疾苛察相高，以故不聞其過，陵夷至於二氏，天下土崩。……賈誼曰：使趙高傅胡亥，而教之獄。今日即位，明日射人，其視殺人若刈草

〔註400〕《淮南子校釋》，卷第十四，頁1503。
〔註401〕《淮南子校釋·主術》，卷第九，頁980。
〔註402〕《淮南子校釋·原道》，卷第一，頁72～73。
〔註403〕《淮南子校釋·齊俗》，卷第十一，頁1157。
〔註404〕《淮南子校釋·原道》，卷第一，頁18。

菅然。置天下於法令刑罰，德澤無一有，而怨毒盈於世，下憎惡之
如仇讎。……晁錯曰：任不肖而而信讒賊，民力疲盡，矜奮自賢，
法令煩慘，刑罰暴酷，親疏皆危，外內咸怨，絕祀亡世。……董仲
舒曰：師申、商之法，行韓非之說，憎帝王之道，以貪狼爲俗，賦
斂亡度，竭民財力，群盜並起，死者相望，而姦不息。……吾丘壽
王曰：秦廢王道，立私議，去仁恩而任刑戮，至於赭衣塞路，群盜
滿山。……嚴安曰：秦一海內之政，壞諸侯之城，爲知巧權利者進，
篤厚忠正者退。法嚴令苛，意廣心逸。兵禍北結於胡，南卦於越，
宿兵於無用之地，進而不得退，天下大畔，滅世絕祀。〔註405〕

爲鞏固政權，維持專制統治，秦將法家的「法治」視爲唯一法則，用此進行牢
固的政治控制。尤其到了秦始皇統一天下之後，「其道不易，其政不改」，〔註406〕
甚至變本加厲把法治帶到了極端，他對韓非的理論拳拳服膺，曾說「寡人得見
此人與之游，死不恨矣」〔註407〕的讚嘆。於是大小事情全決定於法，並且採取
專任刑罰、輕罪重罰、以刑去刑的重刑原則，將人民逼到難以生存的死胡同，
短短的十五年旋即滅亡。

　　震撼性的歷史教訓，深刻地烙在漢朝君臣百姓每一個人的心中，所以時
人幾乎沒有不反對秦法的，大家談法色變。他們一致的要求除秦之弊，反秦
之道，許多思想家極力說明專行法治之缺陷，不主張以法治國。陸賈說：

天地之性，萬物之類，懷德者眾歸之，恃刑者民畏之，歸之則充其
側，畏之則去其域。故設刑者不厭輕，爲德者不厭重，刑罰者不患
薄，布賞者不患厚，所以親近而致遠也。〔註408〕

認爲人民歸附的根本原因在德，不在刑罰。又說：

事逾煩天下逾亂，法逾滋，而姦逾熾。〔註409〕

法令只能用來誅暴，不能用來勸善，只能行於已然之後，而不能防於未然之
前。因此若人心敗壞，再多法令，也難以收到效用。賈誼也說：

刑罰不可以慈民，簡泄不可以得士。故欲以刑罰慈民，譬猶以鞭狪

〔註405〕洪邁撰，夏祖堯、周洪武校點《容齋隨筆》，卷五，「秦隋之惡」條，頁 176
～177，長沙：岳麓書社，1995 年 10 月第三刷。
〔註406〕《新書校注・過秦論下》，卷第一，頁 14。
〔註407〕《史記・老莊申韓列傳第三》，卷六十三，頁 2155。
〔註408〕《新語校注・至德第八》，卷下，頁 117。
〔註409〕《新語校注・無爲第四》，卷上，頁 62。

> 狗也，雖久弗親矣；故欲以簡泄得士，譬猶以弧怳鳥也，雖久弗得
> 也。〔註410〕

這與陸賈的看法相同。即使認爲必須許用刑法，必須慎重。他說：

> 誅賞之慎焉，故與其殺不辜也，寧失於有罪也。故夫罪也者，疑則
> 付之去已；夫功也者，一則付之與已。則此毋有罪而見誅，毋有有
> 公而無賞者矣。〔註411〕

只有罪疑不誅，寬刑不苛，方能收到懲惡勸善的功能。影響漢王朝學術甚鉅
的大儒董仲舒亦認爲治理天下必由之路，在於以仁義禮樂等德教來化民，遠
比刑罰的效用來的大。他說：

> 教，政之本也。獄，政之末也。〔註412〕

> 道者，所由適於治之路也，仁義禮樂皆其具也。〔註413〕

能以此來教化人民，則是避免人民作惡犯亂的最佳堤防：

> 凡以教化不立而萬民不正也。夫萬民之從利也，如水之走下，不以
> 教化堤防之，不能止也。是故教化立而姦邪止者，其堤防完也；教
> 化廢而姦邪並出，刑罰不能勝者，其堤防壞也。〔註414〕

　　漢初許多思想家避免談法的問題，而高呼以仁義代替法的功效，此舉陳
義雖高，終不能針對現實問題作一個解決。雖然此時在相當的程度是針對法
家弊端而發，但卻不能否定法治的功效，因爲誰也無法擺脫不用法令制度來
理政治民，尤其是適當的刑罰，有助於穩定社會秩序，利於中央威制以定天
下，可以「百姓親附，邊境安寧，寇賊不發，邑無誦獄。」〔註415〕只是這時
的刑法，是史書所言的「約法省禁」，而非法家強調的法治所行的刑法。前人
曾言：「刑爲盛世所不能廢，而亦盛世所不尚」，〔註416〕即是維持社會秩序必
要的刑法。

　　這種約法省禁的方式，是在黃老思想架構之下的產物。當時奉行黃老思
想的執政者，如高祖、蕭何、曹參、呂后、陳平、文帝，在檢討秦以法治國

〔註410〕《新書校注・大政下》，卷第九，頁347。
〔註411〕《新書校注・大政上》，卷第九，頁339。
〔註412〕《春秋繁露義證・精華第五》，卷第三，頁94。
〔註413〕《漢書・董仲舒傳第二十六》，卷五十六，頁2499。
〔註414〕《漢書・董仲舒傳第二十六》，卷五十六，頁2503。
〔註415〕《春秋繁露義證・五行相生第五十八》，卷第十三，頁365。
〔註416〕《四庫全書總目・史部・政書類二》，卷八十二，頁1676。

帶來的缺失之後，選擇以黃老清簡爲主軸，就政治實施現實面，提出立法寬緩，執法不苛，讓人民從火中解脫，其效用，史書歌頌不絕。只是他們都是實踐家，對理論少有闡發。

　　黃老思想家身處這樣的時代，當然知道其中關鍵，他們看到的並不同於政治家著眼於實際操作面，而是追究到法的根本，徹底檢討法家的基本理論，進行理論再造的工作。他們回歸先秦黃老思想，發展出一套能適應當時的法學理論，提出治國不可缺少法，但不是唯一條件，需要在某種基礎及配合其它條件下，法才能眞正彰顯功能。此時的法流著法家許多因子，卻不再是剛硬、不講人性式的，而是參以儒家柔和的一面，尤其是仁義之說。這方面的建樹，以《淮南子》最爲成熟完備。

2、先秦黃老重法與法家重法異同

　　法家崇尚法治，而黃老思想雖然從《老子》道家分化出來，卻不像《老子》那樣鄙薄禮法，〔註417〕它論道與無爲，也崇尚禮義和法治，在《管子》四篇、《文子》及黃老帛書中可以清楚看到這種傾向。尤其黃老帛書中法論是最重要的議題之一，而且從正面立論。黃老帛書開宗明義就說：

> 道生法。法者，引得失以繩，而明曲直者也。故執道者，生法而弗
> 敢犯也，立法而弗敢廢也。〔註418〕

道是形上的本體，法是人間一切的生活法則或規律，法由本體的道派生而來，是區分是非曲直的規矩準繩，是生活的依據。換句話說，法由最高的存在——道產生，具有道的絕對確當的意義與無上的神聖性質。此落實於政治層面則是國家的法令制度是依據道這個客觀法則所制定，而不是統治者主觀的杜撰。因此治世就必須遵法而不敢犯，守法而不敢廢。所謂「案法而治則不亂。」〔註419〕「是非有分，以法斷之；虛靜謹聽，以法爲符。」〔註420〕強調法治的重要性。

　　如果從強調法治的相同面來看，黃老與法家並無兩樣，學者共同意見傾向於黃老與法，互爲表裡，由黃老帛書爲中心的考察，這是很中肯的見解。

〔註417〕《老子》認爲天地間自有自然之理，「天之道，損有餘而補不足」，「天道無親，常與善人」，「天網恢恢，疏而不失」，爲善有福，爲惡有報，因此無須人爲法令，法令一生，則有人利用法令，「法令滋彰，盜賊多有」，因此根本之道在於杜絕之。
〔註418〕《經法‧道法》，頁43。
〔註419〕《稱》，頁81。
〔註420〕《經法‧名理》，頁58。

但爲何要分法家與黃老兩種不同的學說呢？主要還是彼此有著根本的區別。

首先，法家將法視爲唯一神明，有其絕對性；黃老則對法有所保留。法家信任法的功用的絕對性，在其思想體系中，法具有獨特地位，一是重視法令的程度是其他各家比不上的，另一是把法視爲終極標準，且是政治生活中的唯一標準，〔註421〕無論世事如何變化，都可在法中尋得合理的解決與判斷是非的途徑。集法家大成的韓非主張「唯法爲治」、「一斷於法」。他認爲制定法律的目的純粹是爲了社會安定與國家強盛，法律是解決所有政治、社會問題的萬靈丹。韓非說：

> 夫嚴家無悍虜，而慈母有敗子，吾以此知威勢之可以禁暴，而德厚
> 之不足以止亂也。夫聖人之治國，不恃人之爲吾善也，而用其不得
> 爲非也。恃人之爲吾善也，境內不什數；用人不得爲非，一國可使
> 齊。爲治者用衆而舍寡，故不務德而務法。〔註422〕

其手段是嚴刑重罰，所謂「嚴刑重罰者，民之所惡，而國之所以治也；哀憐百姓，輕刑罰者，民之所喜，而國之所以危也。」〔註423〕「明王峭其法，嚴其刑。」〔註424〕這樣以法專制之下，百姓只有兩件事可做，一是像牛馬般的耕種，一是如虎狼般的去作戰，除此之外，一律禁止。人民所有的需求完全寓於在這兩項任務當中。

黃老雖重法治，卻並未走向極端。不主張隨意使用刑罰，更不容許濫用法令，對執法取愼重態度。黃老帛書認爲：

> 人亞（惡）荷（苛），……苛而不已，人將殺之。〔註425〕

苛，指的是暴虐之政，暴虐到了極點，百姓無法忍受，自然傾覆它。強調治國之道在於「愛民」、「使民」，是「優（惠）愛民，與天同道」。〔註426〕與此相較，韓非主張輕罪重罰，以刑去刑，以威嚇立威爲目的的政治，讓百姓不堪，可謂苛。帛書又說：

> 生殺不當胃（謂）之暴。……【暴】則失人。……失人則疾。〔註427〕

〔註421〕林聰舜《西漢朝前期思想與法家的關係》，頁 18～19，台北：大安出版社，
　　　　1991 年 4 月第一版第一刷。
〔註422〕《韓非子釋評・顯學第五十》，頁 1786。
〔註423〕《韓非子釋評・姦劫弒臣第十四》，頁 483。
〔註424〕《韓非子釋評・五蠹第四十九》，頁 1716。
〔註425〕《十六經・行守》，頁 78。
〔註426〕《十六經・觀》，頁 63。
〔註427〕《經法・四度》，頁 51。

誅禁不當，反受其殃。〔註428〕

暴，指生殺不當，如此則失去民心，造成民怨，最後受害將是統治者自己。就表面觀之，這原本指法令執行層面是否得當的問題而已。但究其根源實亦與立法主張息息相關，法家用極刑繩民，不以民為本，不顧民意，以君意為意，完全站在君利的角度，也可說是一種暴，韓非說：

今不知治者，必曰：「得民之心」。欲得民之心而可以為治，則是伊
尹、管仲無所用也，將聽民而已矣。〔註429〕

此實不同於黃老。

其次，「道」為黃老、法家思想共同的形上基礎，但黃老置道於至高無可替代的地位，為主；法家則置道於法或君之後，為次。法家與黃老都並言道、法，韓非認為行法是治國唯一途徑，因此法的本質便格外重要。他說：

因道全法，君子樂而大姦止。澹然閒靜。因天命，持大體，故使人
無離法之罪，魚無失水之禍。〔註430〕

這裡的道，是所謂的自然之道，法要因道而全，法自然由天道而來。韓非雖然將法的來源推自道，看似以道為最後究竟，其實在韓非眼中道只不過是他理論的基礎，作為人君專制和法治的依據而已，所謂的「以道為常，以法為本」，〔註431〕「法之為道」，〔註432〕其最大意義在於完成「援道入法」，以法釋道的理論結構，使法獲得本體意義。〔註433〕韓非最在意的是現實政治，因此他關心的第一問題是「全法」，所以他雖談道，卻有極大的保留，如說：

道譬若諸水，溺者多飲之即死，渴者適飲之即生。〔註434〕

可說道本身並非一種目的，而是一種技術條件，僅是作為一切權術的基礎。反觀黃老也言法，但是法的地位從未超過道，從「道生法」的命題即可知悉，它是一個從屬關係，黃老之法，非一般法家所言法，而是服從道，以配德的法。看黃老帛書中多篇以道為名，如〈道法〉、〈道原〉、〈前道〉、〈順道〉即可知黃老舉道為鵠的。

〔註428〕《經法・國次》，頁45。
〔註429〕《韓非子釋評・顯學第五十》，頁1796。
〔註430〕《韓非子釋評・大體第二十九》，頁896。
〔註431〕《韓非子釋評・飾邪第十九》，頁583。
〔註432〕《韓非子釋評・六反第六十四》，頁1593
〔註433〕馮達文《回歸自然──道家的主調與變奏》，頁231，廣東人民出版社，1992
　　　　年7月。
〔註434〕《韓非子釋評・解老第二十》，頁647。

　　韓非又據道的觀念，將君王的地位提到同道一樣的崇高，賦予君王絕對
的權力，認爲道「弘大而無形」、「道無雙，故曰一。」「是故明君貴獨道之容。」
〔註435〕這是因爲君主是立法者又是執法者，而法由道出，故道只能由君王一
人獨自行用。韓非這種貴「獨」的觀念，可說徹底表現出君王的極權思想。
反觀黃老帛書則不然，《稱》說：

　　　　聖人不爲始，不剸（專）己。〔註436〕

不剸己就是不專己，就是君王不能專斷獨行，不顧臣民的意見，《十六經‧前
道》說：

　　　　聖人舉事也，闔（合）於天地，順於民，羊（祥）於鬼神，使民同

　　　　利，萬夫賴之。〔註437〕

主張舉事爲民。《經法‧六分》說：

　　　　主得位臣福（輻）屬者，王。〔註438〕

《稱》說：

　　　　因民以爲師。〔註439〕

這些都與韓非思想有不同之處。

　　最後，黃老雖崇尚法治，但同時承認如親親尊尊、仁愛慈惠之道德觀念，
並將之與法融合一體，認爲提倡這些觀念可達到國治的目標。韓非以爲人性
好利惡害，不可學習，「貴仁者寡，能義者難」，〔註440〕「言先王之仁義，無
益於治」。〔註441〕君主造成國家危亡全因使用仁義智能所致，「故有道之主，
遠仁義，去智能，服之以法。」〔註442〕只要守法從令即是善，而且法可以令
他不得不爲善，故不期待道德之治而用法治。所以「不務德而務法」，〔註443〕
強調法治而貶低道德。而且「明君操權而上重，一政而國治。故法者，王之
本也。刑者，愛之自也。」〔註444〕法家的立場決沒什麼仁愛之政，也不主張

〔註435〕《韓非子釋評‧揚榷第八》，頁331。
〔註436〕頁81。
〔註437〕頁76。
〔註438〕頁49。
〔註439〕頁82。
〔註440〕《韓非子釋評‧五蠹第四十九》，頁1710。
〔註441〕《韓非子釋評‧顯學第五十》，頁1790。
〔註442〕《韓非子釋評‧說疑第四十四》，頁1522。
〔註443〕《韓非子釋評‧顯學第五十》，頁1786。
〔註444〕《韓非子釋評‧心度第五十四》，頁1848。

主張施惠於民。所謂的仁愛之政只是國家任法行事，人民一切依法而行所得的富國強兵的政治。太史公批評法家「一斷於法」、「親親尊尊之恩恩絕矣」，即說明法家對於儒家親親尊尊觀念的破除，凡事任法而爲，而有嚴而少恩的殘暴傾向。黃老主張法治，但同時也注意道德。黃老帛書有「無父之行，不得子之用；無母之德，不能盡民之力，父母之行備，則天下之德也。」〔註445〕「德積者昌，殃積者亡」等德論；又言「正信以仁，茲（慈）惠以愛人，端正勇，弗敢以先人。」〔註446〕仁和慈惠的說法，顯然與法家不合。更有甚者，「吾句（苟）能親親而興賢，吾不遺亦至矣」〔註447〕「兼愛無私，則民親上。」〔註448〕「親親」「兼愛」也是法家所不許。

平心而論，法家依據自己的願望制定法律，而不顧及道德的原則，實屬偏激。因爲法律與道德有密切關係，就標準上講，道德所認爲對的、善的，常成爲法律保護的對象。就效力上講，能獲得道德支持的法律，必定能受到一般人普遍的尊重與服從，因而能有效地加以實行。此乃漢初黃老思想家有所見而能大行的原因之一。〔註449〕

3、兩漢黃老論法的代表

黃老思想崇尚法治，基本上與法家思想相合，同時又有與法家的法治不同，已如上述。兩漢黃老法治思想實沿襲先秦黃老而未有大的變更，它以自然天道爲法的根本，而法是道的表現，呈現出道法特色。它又有與先秦黃老法論不同之處，就是鑒於秦亡的教訓，避免訂立不合人性的嚴刑苛法，主張加入儒家仁義的精神，藉以沖淡法剛硬又霸道的氣息，因而形成以道家之道融合法家之法、儒家之義的思想，形成以道爲主而兼綜各家思想的的型態，充分表現出時代精神。

漢初七十年間，黃老思想大行，統治者高舉清靜無爲，與民休息的口號，實施約法省禁，輕徭薄賦的政策，在政治上收到實質的效益。此時期的黃老理論，經過漢初思想家如陸賈、賈誼、劉安等人的推闡，達到了最高峰。其中黃老思想中的法治理論，在《淮南子》中有系統而完整論述，爲兩漢的代表。

〔註445〕《經法・君正》，頁 47。
〔註446〕《十六經・順道》，頁 79。
〔註447〕《十六經・立命》，頁 61。
〔註448〕《經法・君正》，頁 47。
〔註449〕可參趙吉惠〈論黃帝四經的思想史文獻價值〉，《中國歷史研究文獻》第一輯。

　　尚未論述之前，有個問題須先釐清，那就是《淮南子》對於法治態度是否有自相矛盾的疑慮。〔註450〕《淮南子》以「言不合乎先王者，不可以爲道」爲理由，說法治非治之大本，「非天下之通義」，〔註451〕鼓吹法治亡國論。認爲「商鞅之法亡秦」，法治違背道德，「不過三月必死」，〔註452〕「今重法而棄義，是貴其冠履而亡其頭足也。」〔註453〕否定了法治。但另一方面又主張「因循而任下，責成而不勞」，〔註454〕強調君主無爲，而君主之所以能無爲，其中一項重要的依靠就是法，則又肯定了法治。

　　這當如何解釋？通觀來看，《淮南子》以道治國爲最高理想，依次才是以仁義禮法治國。它認爲純樸的太古或上古之世「得道之柄」，〔註455〕可以以「道」治之，到諸侯力征時的晚世，「世德益衰，民俗益薄，欲以樸重之法，治既弊之民，是猶無鑣銜橜，策錣而御駻馬」，〔註456〕因此，「立政者不能廢法而治民」，〔註457〕「無法不可以爲治」，〔註458〕就必須使用法治。雖然以法治國「所以爲末」，〔註459〕法令的作用僅是「罔其姦邪，勒率其蹤跡」〔註460〕而已，非通治之道，不過至少可達到「利賞而勸善，畏刑而不爲非」〔註461〕的效果，有規範人們行爲走向的作用，即使不得已而用之，基本上還是肯定的。《淮南子》反對的是「察於刀筆之跡」，「鑿五刑，爲刻削，背離道德之本，而爭於錐刀之末」的法治。此可從它批評商、韓及秦政得知：

　　　申、韓、商鞅之爲治也，捽拔其根，蕪棄其本，而不窮究其所由生。

〔註450〕安樂哲從〈主術〉引兩段文字，似乎有所衝突。「塊然保眞，抱德推誠，天下從之。如響之應聲，景之像形。其所修者本也。刑罰不足以移風，殺戮不足以禁姦。」「所謂亡國，非無君也，無法也。」但如果自歷史的「式微說」而言，這兩段可以解釋爲政的兩個層次——遠古的理想政府和近日的實用政府，其實並無衝突。(〈《淮南子》「主術」篇中「法」的概念〉，《大陸雜誌》，第61卷第4期，註19，頁158。)
〔註451〕《淮南子校釋·泰族》，卷第二十，頁2104。
〔註452〕《淮南子校釋·覽冥》，卷第六，頁710。
〔註453〕《淮南子校釋·泰族》，卷第二十，頁2103。
〔註454〕《淮南子校釋·主術》，卷第九，頁889。
〔註455〕《淮南子校釋·原道》，卷第一，頁1。
〔註456〕《淮南子校釋·氾論》，卷第十三，頁1358。
〔註457〕《淮南子校釋·氾論》，卷第十三，頁1359。
〔註458〕《淮南子校釋·泰族》，卷第二十，頁2078。
〔註459〕《淮南子校釋·泰族》，卷第二十，頁2103。
〔註460〕《淮南子校釋·氾論》，卷第十三，頁1446。
〔註461〕《淮南子校釋·泰族》，卷第二十，頁2074。

何以至此也？鑿五刑，爲刻削，乃背道德之本，而爭於錐刀之末。斬艾百姓，彈盡太半，而忻忻然自以爲治。是猶抱薪而救火，鑿竇而止水。〔註462〕

水濁者魚喰，令苛者民亂，城峭者必崩，岸崝者必陀，故商鞅立法而支解，吳起刻削而車裂。〔註463〕

商鞅爲秦立相坐之法，而百姓怨矣；吳起爲楚減爵祿之令，而功臣畔矣。商鞅之立法也，吳起之用兵也，天下之善者也。然商鞅之法亡秦，察於刀筆之跡，而不知治亂之本也。吳起以兵弱楚，習於行陳之事，而不知廟戰之權也。〔註464〕

趙政晝決獄而夜理書，御史冠蓋接於郡縣，覆稽趨留，戍五嶺以備越，築脩城以守胡，然姦邪萌生，盜賊群居，事愈煩而亂愈生。故法者，治之具也，而非所以爲治也。而猶弓矢，中之具，而非所以中也。〔註465〕

這些批評，清楚告訴世人，爲政不虐，治民不暴，才是治國長久之術。《淮南子》主張「治國之道：上無苛令，官無煩治。」〔註466〕「嚴令繁刑，不足以爲威。」〔註467〕都深具時代特色，其實也是黃老思想的基本精神。由此更可了解，《淮南子》不僅不反對法治，其所言正是漢初黃老的法治觀點。

《淮南子》全書雖沒有論法專章，法的思想卻隨處可見，它主要從學理出發，就法的各層面進行探討，因而形成一個較爲完整的系統。全書對於法的產生、運用、變易、及適用限度等問題都有深刻的認識，以下將分別敘述之。

（1）立　法

a、法的產生

定分、止爭，立禁的法律起源論，是先秦諸子共同的主張。商鞅說：

古者未有君臣上下之時，民亂而不治。是以聖人列貴賤，制爵位，立名號，以別君臣上下之義。地廣民眾，萬物多，故分五官而守之。

〔註462〕《淮南子校釋・覽冥》，卷第六，頁710。
〔註463〕《淮南子校釋・繆稱》，卷第十，頁1098。
〔註464〕《淮南子校釋・泰族》，卷第二十，頁2109～2110。
〔註465〕《淮南子校釋・泰族》，卷第二十，頁2069。
〔註466〕《淮南子校釋・齊俗》，卷第十一，頁1196。
〔註467〕《淮南子校釋・兵略》，卷第十五，頁1561。

民眾姦邪生，故立法制、爲度量以禁之。〔註468〕

荀子說：

> 古者聖人以人之性惡，以爲偏險而不正，悖亂而不治，故爲立君上
> 之勢以臨之，明禮義以化之，起法正以治之，重刑法以禁之，使天
> 下皆出於治，合於善也。〔註469〕

韓非用人口論來解釋法的起源：

> 古者，丈夫不耕，草木之實足食也；婦人不織，禽獸之皮足衣也。
> 不事力而養足，人民少而財有餘，故民不爭。是以厚賞不行，重刑
> 不用，而民自治。今人有五子不爲多，子又有五子，大父未死而有
> 二十五孫。是以人民眾而財貨寡，事力勞而供養薄，故民爭。雖倍
> 賞累罰，而不免於亂。〔註470〕

此說明古今人口之多少，財資眾寡不同，爲爭亂本原，並用性惡說說明實行
法治的必要性。

《淮南子》對此問題也取同樣看法，但更明確的從總根源指出，法乃根
源於道，道是萬物之本，天地、人類社會及其法令都按照道化生出來。道本
身沒任何目的與意志，法令的產生是根據人世間客觀的需求，由人制定。〈泰
族〉說：

> 天之所爲，草木禽獸；人之所爲，禮節制度。〔註471〕

同時又強調：

> 法者，非天墮，非地生，發於人間，而反以自正。〔註472〕

法非玄學上、天理上或天道上的空洞抽象意義，卻是基於人類經驗所創造之
物，無非是社會的客觀需要。這是純粹以人間世的觀點去闡明法的根源，排
除虛無縹緲的宗教迷信，法非由一超越人間的聖人所設，法的產生是人心的
普遍需求。

　　b、立法者

　　〈泰族〉說：

> 先王之制法也，因民之所好，而爲之節文者也。〔註473〕

〔註468〕《商子・君臣第二十三》，卷第五，頁 1576。
〔註469〕《荀子集釋・性惡第二十三》，頁 547。
〔註470〕《韓非子釋評・五蠹第四十九》，頁 1697。
〔註471〕《淮南子校釋》，卷二十，頁 2103。
〔註472〕《淮南子校釋・主術》，卷第九，頁 966。

聖人事窮而更爲，法弊而改制。〔註474〕

聖王之設教施政也，必察其終始，其懸法立儀，必原其本末。〔註475〕

〈氾論〉也說：

聖人法與時變，禮與俗化。〔註476〕

聖人作法而萬民制焉。〔註477〕

可知《淮南子》主張「聖王」、「先王」立法，將立法權交付君王。此與法家觀點相同。商鞅說：「聖人之爲法，必使明白易知。」〔註478〕又說：「聖人之爲國也，……因世而爲之治，度俗而爲之法。」〔註479〕韓非心目中的聖人不是儒家能行仁義惠愛者，而是能信賞必罰者，韓非說：

聖人者，審於是非之實，察於治亂之情也。故其治國也，正明法，陳嚴刑，將以救群生之亂，去天下之禍，使強不陵弱，眾不暴寡，耆老得遂，幼孤得長，邊境不侵，君臣相親，父子相保，而無死亡繫虜之患，此亦功之至厚者也。〔註480〕

聖人立法或行法必不順同於世俗的看法，世俗的看法在於因民之所喜，從民之所好，故爲薄刑輕罰。「聖人爲法於國者，必逆於世，而順於道德。知之者，同於義而異於俗；弗知之者，異於義而同於俗。天下知之者少，則義非矣。」〔註481〕因此，聖人立法強調嚴刑重法，所謂「重罰者，民之所惡也。故聖人陳其所畏，以禁其邪，設其所惡以防其姦。是以國安而暴亂不起。吾是以明仁義愛惠之不足用，而嚴刑重罰之可以治國也。」〔註482〕

韓非心目中的聖人或是聖王，〔註483〕與「明主」一詞同義，指的都是君主。「（明主）設民所欲，以求其功，故爲爵祿以勸之；設民所惡，以禁其姦，

〔註473〕《淮南子校釋》，卷第二十，　頁2052。
〔註474〕《淮南子校釋》，卷第二十，頁2060。
〔註475〕《淮南子校釋》，卷第二十，頁2109。
〔註476〕《淮南子校釋》，卷第十三，頁1341。
〔註477〕《淮南子校釋》，卷第十三，頁1359。
〔註478〕《商子·定分第二十六》，卷第五，頁1580。
〔註479〕《商子·壹言第八》，卷第三，頁1562。
〔註480〕《韓非子釋評·姦劫弒臣第十四》，頁483。
〔註481〕《韓非子釋評·姦劫弒臣第十四》，頁483。
〔註482〕《韓非子釋評·姦劫弒臣第十四》，頁491。
〔註483〕《韓非子釋評·守道第二十六》：「聖王之立法也，其賞足以勸善，其威足以勝暴，其備足以完法。」

故爲刑賞以威之。」〔註484〕「明主使其群臣不遊意於法之外，不爲惠於法之內，動無非法。峻法，所以禁過外私，嚴刑，所以逐令懲下也。」〔註485〕此聖人與明主所主一同。韓非又認爲明主是「能立道於往古，而垂德於萬世者」，並舉堯、舜爲例子，明主之道在於「忠法」。〔註486〕明主與聖人形象並無不同。因此，我們說法家的立法者是聖人，指的是君王。

但是韓非並無如何產生理想君主之設計，〔註487〕而且也不企慕有聖王的出現，他認爲像堯舜這樣的聖君，或是桀紂這樣的暴君，千世才一出，具中庸之資的君王佔絕大多數。因此，國家機器只要由「中主」，〔註488〕甚至是「庸主」〔註489〕守法處勢即能操控。問題是韓非的立法者——明主，也就是聖君，聖君卻千世不一出，中主是否有足夠能力立一套適民之法，以備國用？且中主僅需抱法處勢即可，然法需因時而制宜，是否具備應變能力？如果不足則法安所立？〔註490〕

〔註484〕《韓非子釋評・難一第三十六》，頁 1361～1362。

〔註485〕《韓非子釋評・有度第六》，頁 300。

〔註486〕《韓非子釋評・安危第二十五》，頁 852。

〔註487〕如儒家、墨家與陰陽家對各君主權力之起源均有「君權神授」與「大德者受命」的基本概念，此等思想當係經由《尚書》與《詩經》中天命思想之理念流傳而來。

〔註488〕《韓非子釋評・用人第二十七》，頁 871。

〔註489〕《韓非子釋評・難一第三十六》，頁 1357。

〔註490〕王邦雄認爲《韓非子》書中，有關法之性質及其功能，與立法之根據及其原則，尚時有論及。至於法爲何者所立的根本問題，則似乎有意閃避，不願直接觸及。韓非似乎覺識到其法中心思想，與其理想歸趨，一碰觸到何者立法這一根本問題，必陷入難以兩全的困局。惟曰：「君之立法，以爲是也。」（〈飾邪〉）「聖人爲法於國者，必逆於世，而行於道德。」（〈姦劫弒臣〉）「聖人之立法也，其賞足以勸善，其威足以勝暴，其備足以完法。」（〈守道〉）「聖人之爲法也，所以平不夷，矯不直也。」（〈外儲右下〉）此明言法立於君，立法權操之於人君之手。問題在，韓非言治，必曰中主之君可治；中主之君又上不及堯舜之賢智。如是，不待賢智之中主，所立之法，能否拋離其私心，代表一國之公利而趨於國之治強之目標？……據吾人了解，治國之法若由君所立，則非德慧兼備之上上之君，實不足以爲之。……韓非爲了消解這一存在的困結，故明示君之立法外，又倡言「聖人之立法」，「聖人之爲法」之說以救之。問題在，此所謂之聖人，有無特殊之涵義，是否專指德慧兼具之人主而言？若是，則人君固可立法而行，然聖賢則又千世而一出，豈非反落於彼所不及儒家待賢乃治之「千世亂而一治」之局，此即韓非政治哲學無以兩可之困結。其說甚是。（《韓非子的哲學》，頁 240～242，台北：東大圖書公司，1993 年 3 月第六版）

　　《淮南子》或許看到法家的矛盾，因此特別注重聖人——君王的養成。認爲道雖賦予聖人「身正性善」，仍需要「發憤而爲仁，喟憑而爲義」〔註491〕而後可成，所以聖人並不是天生而就，人主也不是天生英明，而是需要經由後天成就。〈俶真〉說：

> 聖人之學也，欲以反性於初而游心於虛也；達人之學也，欲以通性於遼闊而覺於寂寞也。〔註492〕

強調學習而返於性。成爲「聖人」的原因，在於他們比常人更加努力，付出更大代價。〈脩務〉說：

> 聖人知時之難得，務可趣也，苦心勞形，焦心怖肝，不避煩難，不違危殆。……此自強而成功者也。〔註493〕

說明「聖人」本身都是積極發奮者。〈脩務〉又說：

> 且夫精神滑淖纖微，倏忽變化，與物推移，雲蒸風行，在所設施。君子有能精搖摩監，砥礪其才，自試神明，覽物之博，通物之壅，觀始卒之端，見無外之境，以逍遙仿佯於塵埃之外，超然獨立，卓然離世，此聖人之所以游心。若此而不能，閑居靜思，鼓琴讀書，追觀上古，及賢大夫，學問講辯，日以自娛，蘇援世事，分白黑利害，籌策得失，以觀禍福，設儀立度，可以爲法則，窮道本末，究事之情，立是廢非，明示後人，死有遺業，生有榮名。如此者，人才之所能逮。然而莫能至焉者，偷慢懈惰，多不暇日之故。夫磽地之民多有心者，勞也；沃地之民多不才者，饒也。由此觀之，知人無務，不若愚而好學。自人君公卿至於庶人，不自彊而功成者，天下未之有也。〔註494〕

這也就是說誰不努力奮鬥，誰就不能成功；換句話說，只要努力奮鬥，人人都可以成爲「聖人」，可以成爲「人君公卿」。由此可知，《淮南子》對法家理論的改進，表現了黃老思想的一面。

　　c、立法原則
　　（a）以道統法

〔註491〕《淮南子校釋‧修務》，卷第十九，頁1965。
〔註492〕《淮南子校釋》，卷第二，頁198～199。
〔註493〕《淮南子校釋》，卷第十九，頁1996。
〔註494〕《淮南子校釋》，卷第十九，頁1982～1983。

　　先秦諸子對立法的依據，各有不同的指導原則。儒家認爲「禮」是法的根源，荀子說：「禮者，法之大分，類之綱紀」，〔註495〕禮表現人世間的綱常倫理，法必須符合禮的要求，法制需因禮而定。墨家則「以天之志爲法」，〔註496〕將天視爲人間法令制度的依據。墨家的天是一個上帝的天，可以賞罰人間的一切，《墨子‧天志上》說：

　　　　順天意者，兼相愛，交相利，必得賞；反天意者，別相惡，交相賊，
　　　　必得罰。〔註497〕

這個天，無疑有宗教的性質。因此，《墨子‧天志中》說：

　　　　子墨子之有天之意也，上將以度天下之王公大人爲刑政也，下將以
　　　　量天下之萬民爲文學、出言談也。觀其行，順天之意，謂之善意行，
　　　　反天之意，謂之不善意行；觀其言談，順天之意，謂之善言談，反
　　　　天之意，謂之不善言談；觀其刑政，順天之意，謂之善刑政，反天
　　　　之意，謂之不善刑政。故置此以爲法，立此以爲儀，將以量度天下
　　　　之王公大人卿大夫之仁與不仁，譬之猶分黑白也。〔註498〕

天意是刑法的儀表，順天意爲善刑政，反之，稱爲不善刑政，是非黑白完全以天意爲基礎。法家則認爲天道產生法理，普及於群生，就呈現一切形名來，法爲其中之一。《韓非子‧揚榷》說：「天有大命，人有大命。」〔註499〕天有大命，是天地運轉之常行，晝夜寒暑之常態，一切宇宙間自然之常理都屬之。人有大命，是人類生活中飮食男女之事，生死否泰之機，一切人類應自然的常理而產生的人事動態變化都屬之。天命是自然之理，人命是人與天合的事態。因此天命是永遠不變的常理，而人命又是永遠不能違背天道自然的事態。所以任何人爲的事態，都不能不合於天道自然的常理。〔註500〕又說：

　　　　道者，弘大而無形。德者，覈理而普至。至於群生，斟酌用之。萬
　　　　物皆盛而不與其寧。道者，下周於事，因稽而命，與時生死，參名
　　　　異事，通一同情。〔註501〕

〔註495〕《荀子集釋‧勸學第一》，頁 10。
〔註496〕《墨子校注‧天志下》，卷之七，頁 323。
〔註497〕《墨子校注‧天志上》，卷之七，頁 294。
〔註498〕《墨子校注‧天志中》，卷之七，頁 307。
〔註499〕《韓非子釋評‧揚榷第八》，頁 322。
〔註500〕王靜芝《韓非思想體系》，頁 140，台北：輔仁大學文學院，1988 年 10 月五版。
〔註501〕《韓非子釋評‧揚榷第八》，頁 331。

道下周於天地間之萬事，法令制度亦由此而生。道家同法家主張自然之道是宇宙間的最高原則，因此強調「人法地，地法天，天法道，道法自然。」〔註502〕

　　《淮南子》認為立法的根本依據在於道，〈俶眞〉說：「萬物之疏躍枝舉，百事之莖葉條蘗，皆本於一根。」〔註503〕此「一根」就是道。道對於萬物無偏無頗，客觀公正，毫無私心，不因人的意志而改變。它是天地間一切是非善惡衡量的準繩。〈繆稱〉說：「道至高無上，至深無下，平乎準，直乎繩，圓乎規，方乎矩。」〔註504〕道是治國的最高典範，治國者要以道為師，因道為範，「體道者逸而不窮，任數者勞而無功」，〔註505〕「釋道而任智，必危」。〔註506〕

　　基於此一前提，《淮南子》認為：

　　　有道以統之，法雖少，足以化矣；無道以行之，法雖眾，足以亂矣。〔註507〕

「以道統法」，是立法的最高原則。

　　黃老帛書強調「道生法」，《淮南子》卻沒有直接由道承接法的說法。《淮南子》在由道到法的過程中，乃是從本源論直接引申出無為觀，再由無為觀落實於法，把無為解釋為政治的根本原則，要循理因資、應時去智，推自然之勢去行事，強調不要人為的強加干預，也就是遵循自然生化的法則去辦事。這層意義的根本實質，運用於立法，則是要求不應摻入任何個人的主觀意識，所謂「法修自然，己無所與」，〔註508〕無非希望統治者在自然的原則下，能夠克服私心，立一個不苛不繁，能夠寬政安民的法制。其實這種說法也是黃老思想的表現，黃老帛書說過：「故執道者之觀天下也，無執也，無處也，無為也，無私也。」〔註509〕只要統治者能因道而立法，順天而執法，那麼就可以獲得無為而無不為的效果，進而可以成為「聖王」。

　　（b）合於人心

　　《淮南子》尚言法本誕生於人間，法因人而成，非由天授。主張現世的

〔註502〕《老子註譯及評介》，二十五章，頁163。
〔註503〕《淮南子校釋》，卷第二，頁172。
〔註504〕《淮南子校釋・繆稱》，卷第十，頁1031。
〔註505〕《淮南子校釋・原道》，卷第一，頁47。
〔註506〕《淮南子校釋・詮言》，卷第十四，頁1480。
〔註507〕《淮南子校釋・泰族》，卷第二十，頁2070。
〔註508〕《淮南子校釋・詮言》，卷第十四，頁1458。
〔註509〕《經法・道法》，頁43。

法令應該根據這樣的原則制定：「法生於義，義生於適眾，適眾合於人心。」
〔註510〕法要符合義的原則，義由「適眾」而生，指多數人的要求，眾人共同
的利益，共同的要求。〔註511〕「人心」指人的共同心理，即是人的本性，將
立法的原則落實於人性觀。〈泰族〉說：「因民之所好，而爲之節文。」「因其
所喜以勸善，因其所惡以禁奸。」「因其性則天下所從，拂其性則法懸而不用。」
〔註512〕強調法要適合百姓的心理，人民的需要，而不要有所拂逆，一切取決
於人民公意，否則即使立了法也發揮不了作用。

　　至於人性到底是什麼樣的情形，又如何依據以爲法呢？

　　先秦諸子論人性者甚夥，較具代表者，如孟子從內心主體說明人類生來
就具有良善的本性，此不待後天學習，「人之所不學而能者，其良能也。所不
慮而知者，其良知也。孩提之童，無不知愛其親者，及其長也，無不敬其兄
也。」〔註513〕「仁義禮智根於心」，〔註514〕「仁義禮智，非由外鑠也，我固
有也，弗思耳矣。」〔註515〕仁義禮智爲人生來所本有，易言之，即指人生來
皆有善質，是天賦的道德。

　　告子曾反駁孟子性善說，認爲仁義的善性乃後天成就，而非先天所有。
他說「生之謂性」，「性，猶杞柳也；義，猶桮桊也，以人性爲仁義，猶以杞
柳爲桮桊」，「性猶湍水也，決諸東方則東流，決諸西方則西流。人性之無分
於善不善也，猶水之無分於東西也。」〔註516〕性無善無不善，猶如流水不分
東西，杞柳未經加工不能成爲杯盤一樣。

　　《管子》則純粹從經驗論說明人性。《管子‧禁藏》說：

　　　凡人之情，得所欲則樂，逢所惡則憂，此貴賤之所同有也。〔註517〕

〈形勢解〉說：

　　　民，利之則來，害之則去。民之從利也，如水之走下，於四方無擇
　　　也。〔註518〕

〔註510〕《淮南子校釋‧主術》，卷第九，頁966。
〔註511〕徐復觀《兩漢思想史卷二》，頁252。
〔註512〕《淮南子校釋》，卷第二十，頁2052～2053。
〔註513〕《四書章句集注‧孟子集注‧盡心篇上》，卷十三，頁353。
〔註514〕《四書章句集注‧孟子集注‧盡心篇上》，卷十三，頁355。
〔註515〕《四書章句集注‧孟子集注‧告子上》，卷十一，頁328。
〔註516〕《四書章句集注‧孟子集注‧告子上》，卷十一，頁325。
〔註517〕《管子‧禁藏第五十三》，卷十七，頁1382。
〔註518〕《管子‧形勢解第六十四》，卷二十，頁1398。

主張趨利避害的人性觀。

　　戰國末期的荀子亦由經驗法則提出人之質性易於為惡之說，認為人一生下來，不但好利惡害，又有耳目生理之欲望。

　　　　生之所以然者謂之性。性之和所生，精合感應，不事而自然謂之性。

　　　　性之好、惡、喜、怒、哀、樂謂之情。〔註519〕

　　　　今人之性，生而有好利焉，順是，故爭奪生而辭讓亡焉；生而有疾

　　　　惡焉，順是，故殘賊生而忠信亡焉；生而有耳目之欲，有好聲色焉，

　　　　順是，故淫亂生而禮義文理亡焉。〔註520〕

主張有欲為人的本性。

　　《淮南子》的人性論融合了先秦諸子之說，提出人性多面而複雜的看法。它認為人性之中包涵兩個面相：一個是具有如至公無私、無為無欲、相親相愛等道德良善的情操。此乃根源於道是至高之善，而萬物根源於道，人為萬物之一，所謂人「身者，道之所託」，〔註521〕人由道來成就。既然道性賦予在人身，因此人的自然本性也就是至善之性。由此可知，《淮南子》認為人與生善質，有此善質，自然表現出合於道的要求。〈本經〉說：「心反其初而民性善。」〔註522〕反其初即返回於道，人民據道性而為，不必矯揉就可顯現其善。〈主術〉說：「凡人之性，莫貴於仁。」〔註523〕〈泰族〉說：「人之性有仁義之資。」〔註524〕此同於孟子人有仁、義、禮、智四個善端，因為有仁義的質性，故教訓可成。

　　另一個面相則是對物欲的追求，如好利惡害、好色飲食之性等等。《淮南子》雖曾說：「人之性無邪」，〔註525〕頗似告子之說，但又認為「凡人之性，樂恬而憎憫，樂佚而憎勞。」〔註526〕以為人之好樂惡勞，也是出於人的自然本性。因此「民之好善樂正，不待禁誅，而自中法度者，萬無一也。」〔註527〕

〔註519〕《荀子集釋・正名第二十二》，頁506。
〔註520〕《荀子集釋・性惡第二十三》，頁538。
〔註521〕《淮南子校釋・齊俗》，卷第十一，頁1152。
〔註522〕《淮南子校釋》，卷第八，頁820。
〔註523〕《淮南子校釋》，卷第九，頁1024。
〔註524〕《淮南子校釋》，卷第二十，頁2053。
〔註525〕《淮南子校釋・齊俗》，卷第十一，頁1132。
〔註526〕《淮南子校釋・詮言》，卷第十四，頁1527。
〔註527〕《淮南子校釋・主術》，卷第九，頁991。

　　《淮南子》認爲表現人性善的一面，法令僅是懸而不用，人民可以不用法令規範，行爲自然合於法。從歷史的發展來看，這種情形只有在道治的「上世」或是「太古」之時才可能出現，此時「法設而不犯，刑錯而不用」，「無慶賞之利，刑罰之威，禮、義、廉、恥不設，毀譽仁鄙不立，而萬民莫相侵欺暴虐。」〔註528〕此時的法，以道爲核心。

　　到了晚世，「人眾財寡，事力勞而養不足，於是忿爭生，是以貴仁；仁鄙不齊，比周朋黨，設詐諼，懷機械巧故之心而性失矣，是以貴義。陰陽之情，莫不有血氣之感，男女群居雜處而無別，是以貴禮。性命之情，淫而相脅，以不得以則不和，是以貴樂」。〔註529〕仁、義、禮、樂成爲治國不可或缺的工具。〈氾論〉說：

　　　　故法制禮義者，治人之具也，而非所以爲治也。故仁以爲經，義以
　　　　爲紀；此萬世不更者也。〔註530〕

〈齊俗〉說：

　　　　法與義相非，行與利相反，雖十管仲弗能治也。〔註531〕

仁、義、禮成爲法的基準。

　　所謂仁、義、禮，〈俶眞〉說：

　　　　積惠重厚，累愛襲恩，以聲華嘔符嫗掩萬民百姓，使知之訴訴然，人
　　　　樂其性者，仁也。舉大功，立顯名，體君臣，正上下，明親疏，等貴
　　　　賤，存危國，繼絕世，決挐治煩，興毀宗，立無後者，義也。〔註532〕

〈繆稱〉說：

　　　　仁者，積恩之見證也；義者，比於人心而合於適眾也。〔註533〕

〈齊俗〉說：

　　　　禮者，實之文也；仁者，恩之效也。故禮因人情而爲之節文，而仁
　　　　發以見容。〔註534〕

　　　　義者，循理而行宜。禮者，體情制文者也。義者，宜也。禮者，體

〔註528〕《淮南子校釋·本經》，卷第八，頁819～820。
〔註529〕《淮南子校釋·本經》，卷第八，頁820。
〔註530〕《淮南子校釋》，卷第十三，頁1350。
〔註531〕《淮南子校釋》，卷第十一，頁1197。
〔註532〕《淮南子校釋》，卷第二，頁186。
〔註533〕《淮南子校釋》，卷第十，頁1031。
〔註534〕《淮南子校釋》，卷第十一，頁1146。

也。〔註535〕

> 夫禮者，所以別尊卑，異貴賤；義者，所以合君臣、父子、兄弟、
> 夫妻、朋友之際也。〔註536〕

仁著重於人與人之間的愛惠恩德，尤其是統治者對百姓要有惻隱愛民之心；禮與義強調上下親疏之關係，義是依循道理使此關係相互合洽，禮則注重此關係的差異，而顯現於儀節。儒家認爲：

> 仁者，人也，親親爲大；義者，宜也，尊賢爲大。〔註537〕

親親尊賢，仁義則在其中。又說：「樂合同，禮別異。」〔註538〕「人之所以爲人者，……以其有辨也，……故人道莫不有辨，辨莫大於分，分莫大於禮。」〔註539〕禮之功用即在於顯現貴賤尊卑長幼的不同。

《淮南子》以仁義注入於法，使之成爲立法的原則，這是以日常的倫理關係作爲準繩，來明親疏、等貴賤，以鞏固社會秩序。〈泰族〉說：

> 人之性有仁義之資，非聖人爲之法度而教導之，則不可使鄉方。故
> 先王之教也，因其所喜以勸善，因其所惡以禁姦，故刑罰不用而威
> 行如流，政令約省而化燿如神。故因其性，則天下聽從；拂其性，
> 則法縣而不用。昔者，五帝三王之蒞政施教，必用參五。何謂參五？
> 仰取象於天，俯取度於地，中取法於人，乃立明堂之朝，行明堂之
> 令，以調陰陽之氣，以和四時之節，以辟疾病之菑。俯視地理，以
> 制度量，察陵陸水澤肥墝高下之宜，立事生財，以除飢寒之患。中
> 考乎人德，以制禮樂，行仁義之道，以治人倫而除暴亂之禍。乃澄
> 列金木水火土之性，故立父子之親而成家；別清濁五音六律相生之
> 數，以立君臣之義而成國；察四時季孟之序，以立長幼之禮而成官；
> 此之謂參。制君臣之義，父子之親，夫婦之辨，長幼之序，朋友之
> 際，此之謂五。〔註540〕

用參五以爲治國法度，此參五是把道家效法天地自然而立制度的思想，同儒家崇尚五倫的宗法思想結合起來，將法天地作爲總原則，將陰陽五行之性作爲根

〔註535〕《淮南子校釋》，卷第十一，頁1151。
〔註536〕《淮南子校釋》，卷第頁十一，1109。
〔註537〕《四書章句集注·中庸》，頁28。
〔註538〕《荀子集釋·樂論第二十》，頁463。
〔註539〕《荀子集釋·非相第五》，頁79～80。
〔註540〕《淮南子校釋》，卷第二十，頁2053～2056。

本依據，推衍出各種制度及人倫次序。把道、儒、陰陽各家學說巧妙地揉在一起。〔註541〕而最終歸於儒家父子之親、君臣之義、長幼之禮、夫婦之辨、朋友之際之五倫，由此看出《淮南子》將法家的立法觀扭轉而入於儒家。〔註542〕

《商子‧畫策》說：

> 所謂義者，爲人忠臣，爲人子孝，少長有禮，男女有別。非其義也，
> 餓不苟食，死不苟生。此乃有法之常也。聖王者不貴義而貴法，法
> 必明，令必行，則已矣。〔註543〕

商鞅也認爲臣忠子孝是義，但是他更認爲「以義教民則民縱，民縱則亂，亂則民傷其所惡。吾所謂刑者，義之本也，而世所爲義者，暴之道也。」〔註544〕將刑視爲義的根本，則大大不同於儒家，而成爲法家獨特見解。商鞅這種看法與《管子‧任法》說：「所謂仁義禮樂者，皆出於法，此先聖之所以一民者也。」〔註545〕站在同一個立場。徐復觀說：

> 把法與禮義結合起來，即是法與道德意識結合起來，由道德的主體
> 性主動性，調和了法的強制性與被動性，這種立根於文化上的法的
> 觀念，更爲衛、晉法家所未有。〔註546〕

這是《淮南子》獨到的見解，異於法家立法不重視傳統倫常，而嚴格區分了法與道德，刑與倫理的分際。這種將仁義納入法的體系之中，大大豐富古代法律的內容，協調了法治與社會道德的關係，有利於達到社會的綜合治理。而強調仁義，基本上，就是強調人情倫理，也可以緩和古代法律的野蠻和殘酷，多少增加了溫潤的色彩。

法家強調惡法亦是法，勝於無法，違反道德的法律仍然有效。《淮南子》認爲不合天道與仁義之法，不能承認其爲法，且不能發生效用，正與法家相反。以法治國之所以被漢朝人所否定，一是由於法律所具有強制力容易激化社會矛盾。二是以法治國過分貶低道德、教化等治理方法的地位，皆有法式的結果是窒息了人們對道德的追求。〈主術〉說：

〔註541〕陳德安、齊峰主編《道家道教教育研究》，頁 47，北京：教育科學出版社，1997 年 9 月第一版。
〔註542〕《淮南子》主張「法生於義，義生於眾適」，就其思想淵源而論，來自於慎到，然對於此之解說，則入於儒家，尤其不同於法家商鞅之說。
〔註543〕《商子‧畫策第十八》，卷第三，頁 1572。。
〔註544〕《商子‧開塞第七》，卷第二，頁 1560。
〔註545〕《管子‧任法第四十五》，卷十五，頁 1366。
〔註546〕《兩漢思想史卷二》，頁 253。

府吏守法，君子制義。法而無義亦府吏也。不足以爲政。〔註547〕

明顯地在法的概念中注入了道德意識後，可改善秦亡之失，轉而更合於多數人的期求。

（c）因時而變

《淮南子》主張事物都是變化的，沒有永固的東西。社會也是不斷往前發展，人們面臨不同的時代，不同的地域，就會面臨不同的問題，因而也表現出不同的特色。

〈氾論〉說：

古者民澤處復穴，冬日則不勝霜雪霧露，夏日則不勝暑熱蚊虻。聖人乃作，爲之築土構木以爲宮室，上棟下宇以蔽風雨，以避寒暑，而百姓安之。伯余之初作衣也，緂麻索縷，手經指挂，其成猶網羅。後世爲之機杼勝復以便其用，而民得以掩形御寒。古者剡耜而耕，摩蜃而耨，木鉤而樵，抱甀而汲，民勞而利薄。後世爲之耒耜耰鉬，斧柯而樵，桔皋而汲，民逸而利多焉。古者大川名谷，衝絕道路，不通往來也，乃爲窬木方板以爲舟航。故地勢有無，得相委輸。乃爲靻蹻而超千里，肩荷負擔之勤也，而爲之楺輪建輿，駕馬服牛，民以致遠而不勞。爲鷙禽猛獸害傷人，而無以禁御也，而作爲之鑄金鍛鐵以爲兵刃，猛獸不能危害。故民迫其難則求其便，因其患而造其備。人各以其所知，去其所害，就其所利。〔註548〕

上古人民的物質生活困難，人民受迫於困難，於是謀求合適的方法，各自運用彼此的智慧去解決而求得利益，愈到後來，愈是完備，其過程是由少至多，由簡至繁，隨著時間而變化。

人類外在的物質生活如此，內在的道德之心亦隨著社會的發展，逐漸變化，〈繆稱〉說：「道滅而德用，德衰而仁義生。故上世體道而不德，中世守德而弗壞也，末世繩繩乎唯恐失仁義。」人類從具備崇高的道德之心到一味追求仁義與嗜欲，無非是時代改變了，因而人性的表現也各有特點。所謂「上世體道而不德」，此時之人體道而行，「無慶賀之利、刑罰之威，禮義廉恥不設，毀譽仁鄙不立。」因此，「道不拾遺，市不予買，城廓不關，邑無盜賊」。

〔註547〕《淮南子校釋》，卷第九，頁1023。
〔註548〕《淮南子校釋》，卷第十三，頁1331～1332。

到了中世，人們已偏離了道，據德而爲，私欲萌生，「嗜欲連於物，聰明透於外，而性命失所得」。迨及衰世，純樸之性盡失，巧詐機械之心滿懷，爲了一己之私，相互爭奪，致使天下紛亂不已。正是所謂的「人眾財寡，事力勞而養不足，於是忿爭生，是以貴仁；仁鄙不齊，比周朋黨，設詐諝，懷機械巧故之心而性失矣，是以貴義；陰陽之情，莫不有血氣之感，男女群居雜處而無別，是以貴禮；生命之情，淫而相脅，以不得已則不和，是以貴樂。」〔註549〕

基於人類社會是變動不居，往前發展的事實，《淮南子》反對循舊保守、泥古不化。它痛斥「頌古非今」者爲「世俗之人」，這些人「多尊古而賤今」，會產生這種頌古的原因，是「暗主」故意製造混亂，誇耀自己，是「是非之分不明也」。〔註550〕因此必須與時俱進，因時變法。治國之道，古今不同，古代典章制度雖然善備，卻盡非可考可靠，且隨時間空間的轉移，必然有其特殊之處，古不見得能爲今用，中原亦與南楚相非。「天不一時，地不一利，人不一事，是以緒業不得不多端，逐行不得不殊方。」〔註551〕不同的時代，不同的地域，不同的民俗，都會造成不同的法制，法令的制定須審視現實情勢，不可違背時代需求。

〈氾論〉說：

夫殷變夏，周變殷，春秋變周，三代之禮不同，何古之從？大人作而弟子循，知法治之所由生，則應時而變；不知法治之源，雖循古，終亂今。世之法籍與時變，禮義與俗易。〔註552〕

〈齊俗〉也說：

夫以一世之變，欲以耦化應時，譬猶冬被葛而夏被裘。夫一儀不可以百發，一衣不可以出歲。儀必應乎高下，衣必適乎寒暑。是故世異則事變，時移則俗易。故聖人論世而立法，隨時而舉事。尚古之王，封於泰山，禪於梁父，七十餘聖，法度不同，非務相反也，時世異也。是故不法其以成之法，而法其所以爲法。所以爲法者，與化推移者也。〔註553〕

〔註549〕《淮南子校釋・本經》，卷第八，頁820。
〔註550〕《淮南子校釋・脩務》，卷第十九，頁2008。
〔註551〕《淮南子校釋・泰族》，卷第二十，頁2062。
〔註552〕《淮南子校釋》，卷第十三，頁1359。
〔註553〕《淮南子校釋》，卷第十一，頁1157。

〈泰族〉又說：

> 天地之道，極則反，盈則損。五色雖朗，有時而渝；茂木豐草，有
> 時而落。物有隆殺，不得自若。故聖人論事而更爲，法蔽而改制。
> 〔註 554〕

這說明儘管後來繁複的法令制度，不如原先簡單明確的法禁那樣符合「道」
的「無爲」要求，但這是時代變化，社會發展的結果，體現著順時因勢的精
神，並非任何個人所能改變的。以上所論，無非主張時代變遷，所需不同，
立法應切合時代需要，方能順應時代潮流及生活環境的需求，前法良善合宜
則保留，不合宜則更廢，否則所立之法，不審時勢，不切合實際，將會捍格
難行，而無法收到法的功效。蒙文通說：

> 以因時變法言法，這就是司馬談所說的「無成勢，無常形，有法無
> 法，因時爲業，有度無度，因與物合。」這是黃老派言法的基本精
> 神。《管子‧白心》說：「孰能法無法乎？始無始乎？終無終乎？」
> 都是黃老派言法的精義。〔註 555〕

其說有所見。漢史上有這樣一段對話：「杜周爲廷尉，善觀猜天子之意而決獄，
有客謂周曰：君爲天下決平，不循三尺法，專以人主意指爲獄，獄者固如是
乎？周曰：三尺安出哉？前主所是著爲律，後主所是疏爲令，當時爲是，何
古之法乎？」〔註 556〕這一段話暴露了漢代法律的本質特點，及至高無上的的
皇權，是立法的依據。另一方面也說明，漢律內容是隨著時間的推移和形式
變化而隨時增刪、修訂的。這個修訂的基本原則，就是適應當時的統治需要。
這也是基於黃老法的思想。

　　（d）輕簡省約

　　《淮南子》非常重視以一治眾，以少統多，以簡御繁的統治之術。〈人間〉
說：

> 發一端，散無竟，周八極，總一管，謂之心。見本而知末，觀指而
> 睹歸，執一以應萬，握要而治詳，謂之術。〔註 557〕

心術是黃老思想的核心論題，猶云主術。〔註 558〕主術之要在於執一握要，見

〔註 554〕《淮南子校釋》，卷第二十，頁 2060。
〔註 555〕蒙文通《中國哲學思想探原‧略論黃老學》，頁 378～379。
〔註 556〕《史記‧酷吏列傳第六十三》，卷一百二十二，頁 3153。
〔註 557〕《淮南子校釋》，卷第十八，頁 1831。
〔註 558〕張舜徽《周秦道論發微‧管子四篇疏證‧心術上篇疏證》，頁 203，台北：木

本知末。所謂「事省而易治，求寡而易贍。」〔註559〕「非易不可以治大，非簡不可以合眾。大樂必易，大禮必簡。」〔註560〕無非要求君王治國的訣竅在於省、易、簡、寡，立法也應當如此。

　　先秦法家非常強調易知易行的立法原則，但並不重視簡約法令的主張。〔註561〕此可從秦始皇治國重視凡事皆有法式的觀念獲悉，由此明白法家立法不厭繁雜。結果是法令繁多，人民易茫然無所適從，等於無法；法令嚴苛，人民易生反動之心，足招失位滅國之禍。秦亡就是一個例子，法令多如牛毛，全體人民被俘爲奴。

　　《淮南子》非常重視歷史的教訓，深懼行秦之道，而步上秦亡之路。它說當今之世，劉氏天子在位，「持以道德，輔以仁義」，「除刻削之法，去煩苛之事」，〔註562〕可知《淮南子》反對繁刑苛法，主張懷柔百姓。〈主術〉說：

　　　太上神化，其次使不得爲非，其次賞賢而罰暴。〔註563〕

〈泰族〉也說：

　　　治國太上養化，其次正法。〔註564〕

治國之道，最上策是以道化民，使人民打從內心自覺不會爲非，其次才是以法令來束縛百姓，使他們不敢爲非。最糟糕的是用嚴刑繁法捆範人民，使人民不遑終日。〈原道〉說：

　　　夫峭法刻誅者，非霸王之業也；箠策繁用者，非致遠之術也。〔註565〕

法峭策繁儘可行於一時，卻非長久之道，這些都是「釋大道而任小術，無以異使蟹捕鼠，蟾蜍捕蚤，不足以禁姦塞邪，亂乃逾滋。」〔註566〕惟能「上

　　　鐸出版社，1988 年 7 月初版。
〔註559〕《淮南子校釋・主術》，卷第九，頁 898。
〔註560〕《淮南子校釋・詮言》，卷第十四，頁 1520。
〔註561〕王讚源說先秦法家不見簡約法令的主張。（〈淮南子與法家法論比較〉，臺灣師範大學《國文學報》第十四期，1985 年 6 月）這種說法如果就商、申、韓而言則可成立，但如將《管子》屬法家篇章納入，則此說有待商榷。《管子・法法》曾提到：「求必欲得，禁必欲止。令必欲行，求多者其得寡。禁多者其止寡，令多者其行寡。求而不得，則威日損。禁而不止，則刑罰侮。令而不行，則下陵上。故未能有能多求而多得者也，未有能多禁而多止者也，未有能多令而多行者。」
〔註562〕《淮南子校釋・覽冥》，卷六，頁 710。
〔註563〕《淮南子校釋》，卷第九，頁 906。
〔註564〕《淮南子校釋》，卷第二十，頁 2074。
〔註565〕《淮南子校釋》，卷第一，頁 47。
〔註566〕《淮南子校釋・原道》，卷第一，頁 34。

無苛令，官無煩治」，〔註567〕人民才能在平穩的環境中安居樂業，不會肇生事端。〈主術〉也指出政苛則民亂，統治者對百姓「削薄其德，曾累其刑」，卻希望收平治之效，這無異拿著彈弓召喚飛鳥，必定事與願違，「亂乃愈甚」。〔註568〕統治者憑藉重法而「侵漁百姓，以適其無窮之欲」，屢興「無用之功」，不但造成生民塗炭，而且使得下層民眾「飾智而詐上，犯邪而干免，故雖峭法嚴刑，不能禁其姦」，即造成民風欺偽，「使天下不安其性」。〔註569〕〈齊俗〉也指出，統治者的嚴刑苛政逼得人民走投無路，人因以機智巧詐和統治者周旋，以求緩解暴政的重壓，並認為這就是「人窮則詐」的道理。〔註570〕《淮南子》得到的結論是：「水濁則魚喁，政苛則民亂」〔註571〕「大政不險，故民道易遵；至治寬裕，故下不相賊。」〔註572〕無非是總結歷史教訓所得到的治國方術。

基於以上的理由，《淮南子》對於立法的態度，非常重視簡約的原則。〈泰族〉說：

> 聖王之設政施教也，必察其終始，其縣法立儀，必原其本末，不苟
> 以一事備一物而已矣。〔註573〕

立法者應當知其本末，緊抓住大原則立法即可，不須事事皆有法式，讓法失去彈性，以至於法不足用，民不知所依。〈泰族〉又說：

> 位高者事不可以煩，民眾者教不可以苛。夫事碎，難治也；法煩，
> 難行也；求多，難澹也。……故功不厭約，事不厭省，求不厭寡。
> 功約，易成也；事省，易治也；求寡，易澹也。〔註574〕

法令太過於繁雜，難以施行，而立法簡約，人民易知易行，可減少犯禁。否則維持社會秩序之範圍，必待法一一規定，勢必難以盡全，反召紛亂，更不可能有極龐大的主司能注視一切人民能一一守法。若真有此事，必如秦朝極權之治，最後無不招致崩潰。

〔註567〕《淮南子校釋‧齊俗》，卷第十一，頁1196。
〔註568〕《淮南子校釋》，卷第九，頁894。
〔註569〕《淮南子校釋》，卷第九，頁949。
〔註570〕《淮南子校釋》，卷第十一，頁1182。
〔註571〕《淮南子校釋‧主術》，卷第九，頁898。
〔註572〕《淮南子校釋‧泰族》，卷第二十，頁2109。
〔註573〕《淮南子校釋》，卷第二十，頁2109。
〔註574〕《淮南子校釋》，卷第二十，頁2068。

（2）用　法

孟子說：「徒法不足以自行」，〔註575〕是說法需由人推動，否則人存政舉，人亡政息，有法等於無法。〈主術〉說：

> 所謂亡國，非無君也，無法也；變法者，非無法也，有法者而不用，
> 與無法等。〔註576〕

《淮南子》認爲法雖立，必需待人確實實行，才能發揮功效，否則法立而不行，刑設而不用，令禁而不止，等於無法。

《淮南子》用法的主張如何呢？首先，最根本的工作在於對百姓先行教化，建立一個良好風俗，使老百姓都有廉恥之心，自覺爲善，以仁義爲行動準則。良好風俗一旦形成，人們受到感染，積極則可改變人民的素質，讓人民發自內心不犯法，消極則能使之了解法令而不敢犯禁。〈泰族〉說：

> 水之性，淖以清，窮谷之汙，生以青苔，不治其性也。掘其所流而
> 深之，茨其所決而高之，使得循勢而行，乘衰而流，雖有腐髊流漸，
> 弗能汙也。其性非異也，通之與不通也。風俗猶此也。誠決其善志，
> 防其邪心，啓其善道，塞其姦路，與同出一道，則民性可善，風俗
> 可美也。所以貴扁鵲者，非貴其隨病而調藥，貴其擊息脉血，知病
> 之所從生也。所以貴聖人者，非貴隨罪而鑒刑也，貴其知亂之所由
> 起也。若不修其風俗，而縱之淫辟，乃隨之以刑，繩之法法，雖殘
> 賊天下，弗能禁也。〔註577〕

水之性，循勢之高下而流動，就不至於污穢。風俗亦如水性，導民爲之仁義，則向之而爲仁義，教以貪鄙，則趨之而爲貪鄙。所以說「上唱而民和，上動而下隨。四海之內一心同歸，背貪鄙而向義理。」〔註578〕修風俗可使人民知義理，人民知義理，則法令明而能行。〈泰族〉說：

> 民不知禮義，法弗能正也；非崇善廢醜，不向禮義。無法不可以爲
> 治也，不知禮義不可以行法。〔註579〕

法之能行，端視人民是否有禮、義、廉、恥之心，這是爲何《淮南子》強調行法以立良善風俗爲根本的原因。

〔註575〕《四書章句集注・孟子集注・離婁上》，卷七，頁275。
〔註576〕《淮南子校釋》，卷第九，頁966。
〔註577〕《淮南子校釋》，卷第二十，頁2074～2075。
〔註578〕《淮南子校釋・泰族》，卷第二十，頁2079。
〔註579〕《淮南子校釋》，卷第二十，頁2078。

其次，《淮南子》更重視的是執法者的品質要求，尤其是針對於「國之心」〔註580〕——君主的要求，有細密而周全的見解。

《淮南子》說：「法雖在，必待聖而後治，律雖具，必待耳而後聽。」〔註581〕又說：「得其人則舉，失其人則廢。」〔註582〕法之行，人屬第一因素，也就是要特別注意執行者的品質。孔子曾說：「君子之德風，小人之德草。草上之風，必偃。」〔註583〕君子如欲化民成俗，必先從自身做起，否則儘管三令五申，結果則是民免而無恥。《淮南子》亦強調君王是法令的執行者，因此根本之道在於君王要隨時約束自己的行為，使自己成為萬民的表率，人民自然效法之，就能夠守法而不違法。〈主術〉說：

> 人主之立法，先自為檢式儀表，故令行天下。孔子曰：「其身正，不令而行；其身不正，雖令不從。」故禁勝於身，則令行於民矣。〔註584〕

法為規矩，欲用此規矩禁令人民，為君者須以自身為模範，先以法治身律己，這是所謂的「有諸己不非諸人，無諸己不求諸人。所立於下者不廢於上，所禁於民者不行於身。」〔註585〕

法之所以能行，君令如風吹草偃，最關鍵是君王要用「精誠」的態度實施。〈泰族〉說：

> 賞善罰暴者，政令也；其所以能行者，精誠也。故弩雖強不能獨中，令雖明不能獨行。必自精氣之所以與之施道，故慮道以被民，而民弗從者，誠心弗施也。〔註586〕

〈主術〉也說：

> 懸法設賞而不能移風易俗者，其誠心弗施也。〔註587〕

徐復觀說「精」與「誠」意義一樣，大抵道家喜用精字，儒家喜用誠字，指心志完全集中於一點，而無半絲半毫雜念夾雜在裡面的精神狀態，一切言行，皆以忠信為主，這便是誠。德教便是身教，統治者以自己的有德的生活

〔註580〕《淮南子校釋・繆稱》，卷第十，頁1031。
〔註581〕《淮南子校釋・泰族》，卷第二十，頁2078。
〔註582〕《淮南子校釋・泰族》，卷第二十，頁2056。
〔註583〕《四書章句集注・論語集注・顏淵第十二》，卷六，頁138。
〔註584〕《淮南子校釋》，卷第九，頁966。
〔註585〕《淮南子校釋・主術》，卷第九，頁966。
〔註586〕《淮南子校釋》，卷第二十，頁2045。
〔註587〕《淮南子校釋》，卷第九，頁905。

行為，作人民的榜樣，由此所發生的教化作用，這即是德教。一個統治者，在人民面前，由起心動念，到語言行為，無半絲半毫虛偽，這便是德教、身教；做到極點，便是誠。〔註588〕但誠和身教尚有不足，必有「情」而後應，〈繆稱〉說：

> 蓋情甚乎叫呼也。無諸己，求諸人，古今未之聞也。同言而民信，
> 信在言前也；同令而民化，誠在令外也。聖人在上，民遷而化，情
> 以先之也。動於上不應於下者，情與令殊也。〔註589〕

同樣的言論，同樣的命令，人民只聽從他，也是因為上位者的真情打動了民心，人民改變自身而服從教化。我們說君王立法行法需先檢式儀表，就是要求精心誠意，發於真情，一絲不苟，取得百姓信任，法之行方可不受阻礙，如此則不會有推行不了的政令，感化不了的人。

君王真正實際行法時，有三個重點需要做到。一是克服君主之私欲，屏去私念私行，秉持公正。因為公私的利害相反，故不能徇情苟私，以欲害法，達到公爾忘私的境地。只有大公無私，才能使人心悅誠服，法令必行，收到預期的效果。〈詮言〉說：

> 不妄喜怒，則賞罰不阿。〔註590〕

〈主術〉說：

> 人主之於用法，無私好憎，故可以為命。〔註591〕

喜怒好憎人之情，法容易因個人情感而左右，執法者應克制，否則「喜怒形於心者，欲見於外，則守職者離正而阿上，有司枉法而從風；賞不當功，誅不應罪，上下離心而君臣相怨也。」〔註592〕〈詮言〉也說：

> 人主好仁，則無功者賞，有罪者釋；好刑者有功者廢，無罪者誅。
> 及無好者，誅而無怨，施而不德。放準循繩，身無與事，若天若地，
> 何不覆哉！〔註593〕

仁與刑的實施，應以法令為依據，以國家最高利益為前提，〈繆稱〉說：

> 明主之賞罰也，非以為己也，以為國也。適於己，而無功於國者，

〔註588〕《兩漢思想史卷二》，頁234，269。
〔註589〕《淮南子校釋》，卷第十，頁1047。
〔註590〕《淮南子校釋》，卷第十四，頁1474。
〔註591〕《淮南子校釋》，卷第九，頁911
〔註592〕《淮南子校釋·主術》，卷第九，頁979～980。
〔註593〕《淮南子校釋》，卷第十四，頁1513。

不施賞焉；逆於己，便於國者，不加罰焉。〔註594〕

此非關人君個人喜好，因爲法的地位高於君。君主能做到這一點，即可「平而不險，均而不阿」，〔註595〕也就是〈主術〉所說的：

衡之於左右，無私輕重，故可以爲平。繩之於內外，無私曲直，故可以爲正。〔註596〕

在這平正的指導下，務求做到「賞一人而天下譽之，罰一人而天下畏之，故至賞不費，至刑不爛」〔註597〕的境界，以收到法的最大功效。黃老帛書《經法・君正》說：「精公無私而賞罰信」。〔註598〕《鶡冠子・度萬》說：「法者，使去私就公」。〔註599〕《韓非子・有度》說：「當今之世，能去私曲就公法者，民安而國治；能去私行，行公法者，則兵強而敵弱。」〔註600〕這種執法無私，是黃老和法家一項重要主張。

二是君主行法時，如果有成文法可依憑，可按法式而行之。如不在法之中，則必須多聽各方意見，不可專擅獨行。《淮南子》主張立法簡約，講求原則性，不以一事立一法。此影響所及，在於無法可援，或操兩可之時，容易流於主觀判斷，而損及公正性，此當避免。〈主術〉說：

事不在法律中，而可以便國佐治，必參五行之。陰考以觀其歸，並用周聽以察其化，不偏一曲，不黨一事，是以中立而遍，運照海內，群臣公正，莫敢爲邪，百官述職，務致其公跡也。〔註601〕

意思是說所做的事情如果不在既有的法律規定之內，卻可以幫助國家治理的，則一定要參驗陰陽五行的奧秘，加以考核，觀察結果而廣泛施行，並聽取各方意見，不使偏於一隅。這也間接說明法的來源並非君王一人主觀的制定，而是來自各方的公意，所以法能成爲天下共同的標準。人君行法不能專己行私，必「乘眾人之智」，〔註602〕否則「專用其心，則獨身不能保也。」〔註603〕

〔註594〕《淮南子校釋》，卷第十，頁 1082。
〔註595〕《淮南子校釋・時則》，卷第五，頁 625。
〔註596〕《淮南子校釋》，卷第九，頁 911。
〔註597〕《淮南子校釋・氾論》，卷第十三，頁 1441～1442。
〔註598〕頁 47。
〔註599〕《鶡冠子・度萬第八》，卷中，頁 2599。
〔註600〕《韓非子釋評・有度第六》，頁 285。
〔註601〕《淮南子校釋》，卷第九，頁 941～942。
〔註602〕《淮南子校釋・主術》，卷第九，頁 931。
〔註603〕《淮南子校釋・主術》，卷第九，頁 923。

最後則是尊重法律客觀齊一性，不分等級，依法而治。

> 是非之所在，不可以貴賤尊卑論也。……法者，天下之度量，而人
> 主之準繩也。縣法者，法不法也；設賞者，賞當賞也。法定之後，
> 中程者賞，缺繩者誅，尊貴者不輕其罰，而卑賤者不重其刑，犯法
> 者雖賢必誅，中度者雖不肖必無罪，是故公道通而私道塞矣。〔註604〕

《淮南子》認為法的適用性在於君民一同，賞罰應以法為依據，而「是非之
所在，不可以貴賤尊卑論也」，就是在法之前，不分貴賤、尊卑、上下、遠近、
貧富、賢不肖等階級，人人地位平等。換句話說，法是國家的，治人者與治
於人者，貴族和平民都守法，所有人都在同一司法權之下，沒有任何人能例
外。《管子》說：「國法法不一，則有國者不祥。」〔註605〕法需齊一、平等，
否則國家將受不祥之事。這種見解就與另一位漢初思想家賈誼不同，賈誼主
張儒家親親尊尊的等級意識，同意「刑不上大夫」。〔註606〕在他眼中，「天子
如堂，群臣如陛，眾庶如地」，〔註607〕人民最下層，懵懂無知，是所謂「民萌」，
〔註608〕與大臣等級不同，因此在刑法面前不能平等。如果大臣有過，「令廢之
可也，退之可也，賜之死可也。若夫束縛之，繫紲之，輸之司空，編之徒官，
司寇、牢正、徒長、小吏罵詈而榜笞之，殆非所以令眾庶見也。一旦吾亦乃
可以加此也，非所以習天下也，非尊尊貴貴之化也。」〔註609〕由此也可見出
黃老法思想的特色。

（3）法的目的

a、以法禁君

《淮南子》的理想，是希望定出一套天下共遵共守的法，來作為行為規
範，則天下可以艾安。它的適用性是不分君王、諸侯、大臣、人民的，在法
的面前，所有人的地位平等。《淮南子》將立法權交給君王，無疑地，很容易
落入所立之法，完全站在君利的角度，而不重視百姓的感受。但既然《淮南
子》特別強調法由全民公義產生，實質上法不再出之於君，君王只是法產生

〔註604〕《淮南子校釋‧主術》，卷第九，頁960～965。
〔註605〕《管子‧任法第四十五》，卷十五，頁1366。
〔註606〕王夢鷗《禮記今註今譯‧曲禮上》，頁43，台北：臺灣商務印書館，1992年
　　　　10月第五刷。
〔註607〕《新書校注‧階級》，卷第二，頁79。
〔註608〕《新書校注‧大政下》，卷第九，頁349。
〔註609〕《新書校注‧階級》，卷第二，頁80～81。

的的一個媒介，則或多或少可以避免這個缺點。

如果《淮南子》僅論至此，則其思維並無跳脫出法家的模式。難能可貴的是，《淮南子》看出即使君王只是法產生的媒介，仍有可能干擾立法之正當性，則弊端亦無可避免，於是它進一步主張法最重要的目的在於「以法禁君」。

> 古之置有司，所以禁民，使不得自恣也；其立君也，所以剬有司，
> 無使專行也；法籍禮義者，所以禁君，使無擅斷也。〔註610〕

意思是說，百姓犯罪，由司法官處理；百官不法，由君王制裁；而約束君王的則是「法籍禮義」。明白高舉以法約束君權的大纛，可謂秦漢以來論法最可貴之處。

眾所週知，在專制政體之下，君王的權利被列為優先考慮，而君王握有「國之利器」，法令刑罰也僅止於臣民，並無約束君王的力量，以至於為所欲為。先秦諸子對此皆有所見，因此都有一套制約君王濫權的方式，儒家以禮範君，墨家以天震君，陰陽家以天制君，道家以道範君，但這些都非強制性的措施，僅能視君王個人修為而定，以期待性的心情視之。

法家則不同於以上諸家的說法，提出了「刑無等級」的觀點。商鞅說：「刑無等級，自卿相將軍以至大夫庶人，有不從王令，犯國禁，亂上制者，罪死不赦。」〔註611〕韓非則說：「法不貴阿，繩不撓曲」，「刑過不避大夫，賞善不遺匹夫。」〔註612〕重視上下貴賤皆從法的要求和法不阿貴的原則。《管子》提出君王守法的要求，明確以法規君：「禁勝於身，則令行於民。」〔註613〕「不為君欲變其令，令尊於君。」〔註614〕要求君王要在法的規範下行事，不能因為個人感情私欲而破壞體制。

法家雖然有這樣的主張，但是在理論上有無法克服的缺陷，那就是賦予君王絕對權力。他們所主張的法治，乃指帝王能創造法律，以管理人民。《管子》說：

> 生法者君也，守法者臣也，法於法者民也。〔註615〕

〔註610〕《淮南子校釋·主術》，卷第九，頁965。
〔註611〕《商子·賞刑第十七》，卷第四，頁1569。
〔註612〕《韓非子釋評·有度第六》，頁300。
〔註613〕《管子·法法第十六》，卷六，頁1300。
〔註614〕《管子·法法第十六》，卷六，頁1304。
〔註615〕《管子·任法第四十五》，卷十五，頁1366。

生法指造法，其權專於君王；守法，指執行法律，其權專於各級有司；法於法，指人民必須服從法律，不得違犯。此絕對王權論到李斯之「督責書」臻於最高峰，〔註616〕一意鞏固帝王之權，而不顧人民之死活及自由意志。因此法家將立法權與行政權都交給國君，致使司法權也不能獨立，終於事與願違，法也變成了專制國君逞一人之私欲的工具而已。這也就大大減弱了法的公正性，以及法尊於君的實質意義。黃宗羲批評說：

三代以上有法，三代以下無法。〔註617〕

就是針對這弊端而發。

《淮南子》在法的面前，將君拉下與民同等，而且明確主張以法禁之，此導源於《淮南子》認為君的產生並非由神授，而是由「道」得之，又加上足夠的努力，才能有這樣的地位。其次是看到秦始皇、二世以法治國，法令不僅不是利民愛民的工具，反倒成了製造百姓痛苦的根源，其原因在於君王極端專制，沒有制衡的力量。而《淮南子》不相信有一主宰能力的上帝，天只是一客觀自然的天，並不能進行賞罰，當然身為天之子—天子就不受天約束，假使不另尋力量規範，勢將胡作非為。天子既然也是由人間選出，那麼，如果能由世間全民公意所立之法令來約束君王—「義勝君」，〔註618〕無非是最有力的依據。這也是為什麼漢初君臣信奉黃老之學，講求「法者，天子與天下所公共也。」〔註619〕將法置於君之上。有人說此意味不接受傳統法家之法規基於專制主君武斷指令的假定，而是法規為基於眾人遵循合於普遍道德原則的行為準則。與其說法規是一套自上而下強行加諸社會的制定系統；毋寧說是一套發自社會本身已節制其行為的規範。人民普遍的心願優於主君的意志，從而將法家暴君的意像一變而為對人民幸福負責的公僕。〔註620〕在當時，可說是防止君主獨裁最佳的卓見。

法之不行，自上犯之。很早中國的思想家、政治家就有深刻的體認。只是並無明確立下一個規範約束。法家雖說「法者，君臣之所共操」，〔註621〕

〔註616〕《史記・李斯列傳第二十七》，卷八十七，頁2554～2557。
〔註617〕黃宗羲《明夷待訪錄・原法》，頁5，台北：臺灣中華書局四部備要本，海山仙館叢書本校刊，1977年6台二版。
〔註618〕《淮南子校釋・繆稱》，卷第十，頁1047。
〔註619〕《漢書・張馮汲鄭傳第二十》，卷四十九，張釋之語，頁2310。
〔註620〕安樂哲〈《淮南子》「主術」篇中「法」的概念〉，《大陸雜誌》，第61卷第4期。
〔註621〕《商子・修權第十四》，卷第三，頁1565。

講究法的公平性，那只對臣民而言，君王大可超脫於外。《淮南子》以法禁君之論可謂從理論系統推闡所得到的必然結果，有意識地將君明確納入法之中，不再有法外之人，雖然在實際的操作上，是否能行又是另一個問題。但至少在政治思想意義上已表現其不凡的見解。這是黃老思想與法家思想大爲不同之處，也是黃老禁「暴」思想的發揮，尤其針對上位者的苛、嚴，無異於一記棒嚇。由此更可了解漢代黃老思想的一個面貌。

　　b、法輔仁義

　　《淮南子》強調以仁義爲基礎的道德政治，法治雖然也是無爲治術其中的一環，卻被置於最後不得已才行的方式。《史記・酷吏列傳序》說：

　　　　法令者，治之具；而非致治清濁之原也。

《淮南子》說：

　　　　法者治之具，而非所以治也。

又說：

　　　　治之所以爲本者仁義也，所以爲末者法度也。〔註622〕

治理人民的步驟，在刑罰之前，應先行教化，以德教利之，若只是有誅殺而無教化，無德教利之，則爲暴虐之政，縱有嚴刑峻法亦無用。這說法承襲了孔子「道之以政，齊之以刑，民免而無恥；道之以德，齊之以禮，有佋且格」〔註623〕的觀點。在同樣可能達到準則規範被遵守的目的之下，道之以德，齊之以禮的方法，能收的效果，比道之以政，齊之以刑來的好。換言之，爲達到同一目的，教化方面比刑罰方法好。

　　在此基礎之下，《淮南子》論立法、行法亦須具備仁義禮樂等道德原則，否則只求法律制度可達維持秩序之目的，卻欠缺道德的基礎，此法必定難以久存。這是由於法本身有侷限性，法令條文不能涵蓋所有的問題，社會秩序的維持普遍依賴人們平日的倫常關係。且法通常以刑罰爲主要手段，雖具有鎮壓性與強制性，可用於制裁一切違反的行爲來確保受遵循的規範，卻是行於已然之後，而不能禁於未然之前。「法能殺不孝者，而不能使人爲孔、曾之行；法能刑竊盜者，而不能使人爲伯夷之廉。」〔註624〕這對治國而言只是救敗，非所以爲治之本。因此，《淮南子》將法定位於「法之生也，以輔仁義。」

〔註622〕《淮南子校釋・泰族》，卷第二十，頁2069。
〔註623〕《四書章句集注・論語集注・爲政第二》，卷一，頁54。
〔註624〕《淮南子校釋・泰族》，卷第二十，2078。

〔註625〕認為法只是仁義教化的輔助，而不是治國核心，法只是手段，而非目的，法令離開仁義，就失去中心而無法實行，重法而拋棄仁義，就如同珍貴冠履卻忘了手足一樣可笑。

總的看來，《淮南子》對於法治的經驗是深刻的。一味相信法治至上者，則取高壓和重刑來解決問題，其中充滿野蠻與恐怖，並不符合人性，也不符合「道」。《淮南子》期待以「道」治國，使法與刑成為虛設，懸而不用。但畢竟這僅是一種理想，法仍有其極為重要的作用，治國不能無法是不能迴避的事實，因而法的作用應限制在最小的範圍內，讓法治附屬於德治，德主刑輔，此成為兩漢法思想的主要旋律。

（三）兵 論

1、黃老論兵與兵家思想之差異

自周平王東遷，王室衰微，諸侯力征，「彊乘弱，興師不請天子」，〔註626〕周天子徒有天下共主的空名，形成大國稱霸的局面。從此兼併戰爭連綿不斷，愈演愈烈。「春秋之中，弒君三十六，亡國五十二，諸侯奔走不得保其社稷者不可勝數。」〔註627〕「自是之後，天下爭於戰國，貴詐力而賤仁義，先富有而後推讓。」「有國彊者或并群小以臣諸侯，而弱國或絕祀而滅世。」〔註628〕「於是上貪民怨，災禍生而禍亂作。」〔註629〕發展到後來，「爭地以戰，殺人盈野；爭城以戰，殺人盈城。」〔註630〕給人民帶來顛沛流離深重的災難，亦嚴重影響經濟、文化的發展。「當今之世，濁甚矣，黔首之苦，不可加矣。天子既絕，賢者廢伏，世主恣行，與民相離，黔首無所告訴。」〔註631〕「今周室既滅，而天子已絕。亂莫大於無天子。無天子則強者勝弱，眾者暴寡，以兵相殘，不得休息，今之世當矣。」〔註632〕面對如此局勢，天子的出現以收拾紛亂的殘局，就成為人民共同的願望，「天無二日，民無二王」〔註633〕因此，

〔註625〕《淮南子校釋·泰族》，卷第二十，頁 2103。
〔註626〕《史記·十二諸侯年表第二》，卷十四，頁 509。
〔註627〕《史記·太史公自序第七十》，卷一百三十，頁 3297。
〔註628〕《史記·平準書第八》，卷三十，頁 1441。
〔註629〕《漢書·食貨志第四上》，卷二十四上，頁 1124。
〔註630〕《四書章句集注·孟子集注·離婁上》，卷七，頁 283。
〔註631〕《呂氏春秋注疏·振亂》，卷第七，頁 721～722。
〔註632〕《呂氏春秋注疏·謹聽》，卷第十三，頁 1324～1325。
〔註633〕《禮記·孔子閒居》，卷五十一

統一運動，〔註634〕成爲一種「時代運動」。〔註635〕

在百家爭鳴最爲激烈的戰國時代，各個思想家或學派都有自己一套說法。他們之間相互攻擊辯難，除了探討眞知的目的，顯然都期望以己之道以易天下，將自己的學說作爲統一的綱領。孟子所謂的「定於一」，〔註636〕荀子所謂「法後王，一制度」。〔註637〕韓非的所謂「聖人執要，四方來效」，〔註638〕以及《莊子》對「天下大亂，賢聖不明，道德不一」〔註639〕的抱怨，《呂氏春秋》也堅持要「一心」，〔註640〕以「一」聽政，「以一治天下」，〔註641〕實際上都蘊含著統一思想意識的內在傾向。

對於實現統一的方法，卻是見仁見智，各有不同。孔子認爲「有文事者必有武備，有武事者必有文備」，〔註642〕德治與軍事並重；墨子倡言「非攻」，強調「易攻伐，以治我國」，「若繁爲攻伐，此時天下之巨害也。」〔註643〕指出「今天下之君子，忠實欲天下之富而惡其貧，欲天下之治而惡其亂，當兼相愛，交相利，此聖王之法，天下之治道也。」〔註644〕以兼愛交利來消弭一切軍事行動，以不戰爲理想；宋鈃、尹文「禁攻寢兵」，以此「救民」「救世」，〔註645〕以不鬥爲目標；孟子用王道統一天下，斷言「不嗜殺人者能一之」，而所謂的王道即是仁義，他說「國君好仁，天下無敵。」甚至主張「善戰者服上刑」；〔註646〕荀子認爲要「一天下」，〔註647〕「四海之內若一家」，〔註648〕用什麼來統一四

〔註634〕統一的意義，據張金鑑《中國政治思想史（中）》：「所謂統一者，有縱橫兩方面的含義。就縱的關係言，中央對地方能作切實有效的指揮與控制。就橫的關係言，各地方需有共同意識與相互依需。」（頁720，台北：三民書局，1989年1月初版）　薩孟武説：「統一需要兩個條件，一是中心政權，二是強大武力。」（《中國社會政治史（一）》，頁52，台北：三民書局，1998年10月增訂七版）

〔註635〕梁啓超撰，賈馥茗標點《先秦政治思想史》，頁179，台北：東大圖書公司，1987年2月再版。

〔註636〕《四書章句集注・孟子集注・梁惠王上》，卷一，頁206。

〔註637〕《荀子集釋・儒效第八》，頁149。

〔註638〕《韓非子釋評・揚榷第八》，頁322。

〔註639〕《莊子集釋，天下第三十三》，卷十下，頁1069。

〔註640〕《呂氏春秋注疏・不二》，卷第十七，頁2094。

〔註641〕《呂氏春秋注疏・大樂》，卷第五，頁509。

〔註642〕《史記・孔子世家第十七》，卷四十七，頁1915。

〔註643〕《墨子校注・非攻下第十九》，卷之五，頁222。

〔註644〕《墨子校注・兼愛中》，卷之四，頁161。

〔註645〕《莊子集釋・天下第三十三》，卷十下，頁1082。

〔註646〕《四書章句集注・孟子集注・離婁上》，卷七，頁283。

〔註647〕《荀子集釋・強國第十六》，頁347。

海呢？軍事是免不了的，他說：「彼仁者愛人，愛人者故惡人之害之也。義者循理，循理故惡人之亂也。彼兵者所以禁暴除害也。非爭奪也。故仁者之兵，所存者神，所過者化，若時雨之降，莫不說喜。是以堯伐驩兜，禹伐共工，湯伐有夏，文王伐崇，武王伐紂，此四帝皆以仁義之兵行於天下也。」〔註649〕但最根本的東西是禮義，且需要用法來輔助，「治之經，禮與刑，君子以修百姓寧，明德慎罰，國家既治四海平。」〔註650〕「義立而王，………主之所極。然帥群臣而首鄉之者，則舉義志也。如是，則下仰上以義矣，是綦定也。綦定而國定，國定而天下定，……天下爲一，諸侯爲臣，通達之屬，莫不服從，無它故焉，以義濟矣，是所謂義立而王也。」〔註651〕法家主張富國強兵，提倡耕戰，積極用武力統一全國，商鞅說：「農，民之所苦；而戰，民之所危也」。〔註652〕「民之欲利者，非耕不得；避害者，非戰不免。境內之民莫不先務耕戰，而後得其所樂，故地少粟多，民少兵強，能行二者於境內，則霸王之道畢矣。」〔註653〕韓非也說戰國時期「爭於氣力」，〔註654〕「力多則人朝，力少則朝於人，故明君務力。」〔註655〕基本上，以武力遂行統一是大部分先秦諸子的想法，只是各有偏重及先後。兵學是戰爭經驗的總結，而且又迅速在戰爭中得到應用。在戰國兼併的時代，引起社會普遍的重視。

先秦黃老的治國原則，強調文武並用，不可偏廢。尤其面對紛亂不堪的局勢，他們類似法家懷著大一統的思想，殷切希望有一位像黃帝般的帝王能夠興起，用武力統一天下，創造相安的局面，拯救黎民於困苦之中。黃老帛書說：「今天下大爭」，「不爭亦無以成功」。因此，對於行武用兵的探討，無不顯現在先秦黃老著作當中。

兵學是黃老重要內容，此從黃帝、老子多言兵就能明白。黃帝時「天下有不順者，黃帝從而征之」，〔註656〕「凡五十二戰而天下大服」。〔註657〕「黃

〔註648〕《荀子集釋・王制第九》，頁175。
〔註649〕《荀子集釋・議兵第十五》，頁514。
〔註650〕《荀子集釋・成相第二十五》，頁570。
〔註651〕《荀子集釋・王霸第十一》，頁230～231。
〔註652〕《商子・算地第六》，卷第二，頁1558。
〔註653〕《商子・慎法第二十五》，卷第五，頁1578。
〔註654〕《韓非子釋評・五蠹第四十九》，頁1074。
〔註655〕《韓非子釋評・顯學第五十》，頁1785。
〔註656〕《史記・五帝本紀第一》，卷一，頁3。
〔註657〕皇甫謐《帝王世紀》，引自清馬驌《繹史・黃帝紀》，卷五，頁2，台北：新

帝以戰成功」〔註658〕的記載，先秦兩漢典籍屢不絕書，如黃帝戰蚩尤，《逸周書‧嘗麥解第五十六》說：

> 蚩尤乃逐帝，爭於涿鹿之野，九隅無遺，赤帝大懾，乃說於黃帝，
> 執蚩尤殺之於中冀。〔註659〕

《戰國策》說：

> 黃帝伐涿鹿而擒蚩尤。〔註660〕

又如戰炎帝，賈誼說：

> 皇（黃）帝者，炎帝之兄也。炎帝無道，黃帝伐之涿鹿之野，血流
> 飄杵，誅炎帝而兼其地，天下乃治。〔註661〕

王充《論衡‧率性》：

> 黃帝與炎帝爭爲天子，教熊、羆、貙、虎以戰于阪泉之野，三戰得
> 志，炎帝敗績。〔註662〕

《商子‧畫策》說黃帝：「內行刀鋸，外用甲兵。」〔註663〕《史記‧五帝本紀第一》說黃帝平定天下之後，仍然「遷徙往來無常處，以師兵爲營衛。」〔註664〕根據以上記載，清人馬驌《驛史‧卷五‧黃帝紀》就做這樣的評斷：

> 蓋自太古以來，以武功定天下，黃帝其首稱也。〔註665〕

即認爲黃帝爲上古帝王用武力統一天下的第一人，間接表明黃帝在兵學領域的重要性。至於《老子》一書，兵論更是不勝枚舉，五十七章說：

> 以正治國，以奇用兵。〔註666〕

六十九章說：

> 用兵有言：吾不敢爲主而爲客，不敢進寸而退尺。……抗兵相若，
> 哀者勝矣。〔註667〕

興書局影清光緒金匱潘氏重修本，1983 年 10 月。
〔註658〕《鹽鐵論校注‧結和第四十三》，卷第八，頁 480。
〔註659〕黃懷信、張懋鎔、田旭東《逸周書彙校集注》，頁 782～783，上海古籍出版社，1995 年 12 月第一刷。
〔註660〕《戰國策新校注‧秦策一》，卷三，「蘇秦使以連橫說秦章」，頁 71。
〔註661〕《新書校注‧益壤》，卷第一，頁 57。
〔註662〕《論衡校釋‧率性第八》，卷第二，頁 78。
〔註663〕《商子‧畫策第十八》，卷第四，頁 1570。
〔註664〕卷一，頁 6。
〔註665〕《繹史‧黃帝紀》，卷五，頁 32。
〔註666〕《老子註釋及評介》，頁 284。
〔註667〕《老子註釋及評介》，頁 323。

三十一章說：

> 夫兵者，不祥之器，物或惡之，故有道不處。君子居則貴左，用兵
> 則貴右。兵者不祥之器，非君子之器，不得已而用之，恬淡爲上，
> 勝而不美，而美之者，是樂殺人。夫樂殺人者，則不可得意於天下。
> 吉事尚左，凶事尚右。偏將軍居左，上將軍居右。言以喪禮處之。
> 殺人之眾，以悲哀泣之；戰勝，以哀禮處之。〔註668〕

前人說《老子》爲「言兵者師之」，〔註669〕甚至認爲是「言兵之書」，〔註670〕
其中雖有誇張的成分，但《老子》的哲學思維確實蘊含了豐富的軍事思想內
容，成爲兵家之師，對後來兵學影響深遠。

先秦代表黃老思想的著作，像《鶡冠子》頗多論兵之言，〈近迭〉言聖人
之道「先人」，「人道先兵」。解釋說：「富則驕，貴則嬴。兵者不可百歲不一
用，然不可一日忘也，是故人道先兵。」又說：「兵者，禮義忠信也」，「失道，
故敢以賤逆貴；不義，故敢以小侵大。」〔註671〕兵有維護社會道義、倫理秩
序的意義。〈學問〉說聖人學問服師，有九道之解，其一處兵，〔註672〕其它篇
章，〈世兵〉、〈兵政〉、〈武靈王〉等通篇言兵。另一部黃老著作《文子》主張
用兵爲王的思想：「以道王者德也，以兵王者亦德也。」〔註673〕黃老帛書有更
多用兵之道的論述。《經法·亡論》：

> 守國而恃其地險者削，用國而恃其強者弱。興兵失理，所伐不當，
> 天降二殃。……大殺服民，僇降人，刑無罪，過皆反自及也。所罰
> 當罪，其禍五之。所伐不當，其禍十之。國受兵而不知固守，下邪
> 恒以地界爲私者□，救人而弗能存，反爲禍門，是謂危根。〔註674〕

論及國家危亡的幾種表徵，其中涉及一些言兵的內容。《十六經·雌雄節》講
求戰爭要用雌節，凡用雌節者，「以守則寧，以作事則成，以求則得，以戰則
克」。〔註675〕《十六經·兵容》有「兵不刑天，兵不可以動；不法地，兵不可

〔註668〕《老子註釋及評介》，頁191。
〔註669〕王夫之《宋論·神宗》，卷六，頁127，台北：漢京文化事業有限公司，1984
　　　　　年7月再版。
〔註670〕《魏源集上冊·孫子集注序》，頁226，台北：鼎文書局，1978年11月初版。
〔註671〕《鶡冠子·近迭第七》，卷上，頁2593。
〔註672〕《鶡冠子·學問第十五》，卷下，頁2616。
〔註673〕《文子要詮·道德》，頁108。
〔註674〕頁55。
〔註675〕頁70。

措」，〔註676〕也就是說，舉兵一定要合於天時地利，順於民心。《十六經・本伐》論兵道，「有爲利者，有爲義者，有行忿者」〔註677〕之分，強調用兵唯義。

　　兵學是黃老思想當中非常重要的一環，這是無庸置疑，但有一疑問則是與兵家有何區隔？我們知道，《漢書・藝文志》未將兵家列在諸子略，而是另立一兵書略，並沿襲任宏分兵書爲四：兵權謀家、兵形勢家、兵陰陽家、兵技巧家。

　　兵權謀十三家，二百五十九篇：

　　　　權謀者，以正守國，以奇用兵，先計而後戰。兼形勢，包陰陽，用
　　　　技巧者也。〔註678〕

兵形勢十一家，九十二篇，圖十八卷：

　　　　形勢者，雷動風舉，後發而先至。離合背鄉，變化無常，以輕疾制
　　　　敵者也。〔註679〕

兵陰陽十六家，二百四十九篇，圖十卷：

　　　　陰陽者，順時而發，推刑德，隨斗擊，因五勝，假鬼神而爲助者也。
　　　　〔註680〕

兵技巧十三家，百九十九篇：

　　　　技巧者，習手足，便器械，積機關，以立攻守之勝者也。〔註681〕

足見論兵者亦成一「家」。兵雖自成一家，卻與諸子百家有密切關係。如說兵權謀家，「權謀者，以正守國，以奇用兵」，即《老子》所謂「以正治國，以奇用兵」。〔註682〕在述及兵權謀家，班固自注說：

　　　　省《伊尹》、《太公》、《管子》、《孫卿子》、《鶡冠子》、《蘇子》、《蒯通》、
　　　　《陸賈》、《淮南王》二百五十九種，出《司馬法》入禮也。〔註683〕

《伊尹》、《太公》、《管子》、《鶡冠子》見道家；《孫卿子》、《陸賈》見儒家；《蘇子》、《蒯通》見縱橫家；《淮南王》則見雜家。可見以上各家著作都有兵法之論，《漢志》爲避免重複，特注明，以便參見。儒家荀子有《議兵》專論；

〔註676〕頁 71。
〔註677〕頁 75。
〔註678〕《漢書・藝文志第十》，卷三十，頁 1758。
〔註679〕《漢書・藝文志第十》，卷三十，頁 1759。
〔註680〕《漢書・藝文志第十》，卷三十，頁 1760。
〔註681〕《漢書・藝文志第十》，卷三十，頁 1762。
〔註682〕《老子註譯及評介》，五十七章，頁 284。
〔註683〕《漢書・藝文志第十》，卷三十，頁 1757。

《墨子》有守城等兵技巧者十二篇；《漢志》兵權謀類有《公孫鞅》二十七篇；列入道家實含兵家之論的有《伊尹》五十一篇，《太公》二百三十七篇。列入六藝略禮類的《軍禮司馬法》有一百五十五篇。可見諸子各家都有論兵之法，而且與兵家有所相通，成為一致的現象。

但仍有些不同。通觀先秦黃老著作，黃老論兵與兵家論兵不同之處，〔註684〕在於黃老沒有用較多的篇幅研究戰術，而是偏重於戰略，把用兵之道上升到戰略思想高度，從哲學上作了概括。如崇尚《老子》柔弱勝剛強、後發制人的戰略思想的基本觀點。又，兵家大部分講戰爭，關於政治的少，黃老恰好相反，講政治的多，戰略思想常從政治角度，或者和政治結合一起加以論述。強調戰爭以政治為指導原則，政治路線決定戰爭路線，不把戰爭本身當作目的，戰爭只是達到一定政治目的的手段。如黃老帛書主張兼併，但進行軍事行動要從道義的角度出發，要「禁伐當罪」〔註685〕及「動舉必正」，〔註686〕而且「兵不得已而行之。」〔註687〕軍事是最後不得已的手段。總體而言，黃老學說是一種政治哲學，包含謀略或軍事理論。而兵家則專以謀略或軍事理論為主要論述的重心，此其差異之處。劉師培說：

> 戰國之兵學可以兵法學及戰法學該之。兵法學者，兵家之原理及兵家之權謀。戰法學者，用兵之法及攻守之方也。〔註688〕

〔註684〕 李訓詳《先秦的兵家·第二章兵家的出現》：「兵家與諸子百家之間固然相通，但若以相通而將其特質屬性輕輕帶過，百家亦復不成其為家了。例如荀子只有〈議兵篇〉與軍事直接相關，其用兵理論，均由儒家立場而發，若置於兵家之列，並不恰當。又縱橫家論兵與兵家意趣頗有差距，將蘇子、陸賈劃為兵家，也將失去其立場分野的線索。這裡就牽涉到兵家是否具有異於諸子的獨立特質的問題了。表面上看來，兵學是應用之學，是一種中性、工具性的學問，各家均可就其立場加以採擷運用。那麼兵家除了以知兵為專長外，幾無獨立特質存在。其實不然，兵家人物之所以能成為討論主題，成為一種歷史現象，就因為它們具有獨立特質：他們以軍事才能見重，他們以爭取軍事勝利為主要關懷。就因為這個特質，才使他們有別於諸子。舉例言之，諸子與兵家對人性均有探討。孟子道性善，荀子論性惡；兵家對此類先驗抽象的討論並無興趣，他們所構想的，是如何管理、控制人性，達到所欲的目的。又如《墨子·備城門》以下諸篇，討論城守器械，制度甚備，近於兵家言；但是墨者或秉非攻弭戰的悲懷而從事，而兵家研究城防技術，則大體是為了爭取戰則勝，守則固的勳績。」
（頁26～27，台北：國立臺灣大學出版委員會，1991年6月初版）

〔註685〕 《經法·國次》，頁45。

〔註686〕 《經法·亡論》，頁55。

〔註687〕 《稱》，頁81。

〔註688〕 《劉申叔遺書·周末學術史序·兵學史序》，頁513，江蘇古籍出版社，1997

黃老兵學可說著重於兵法學的論述。

2、兩漢黃老論兵代表

漢王朝建立，是通過戰爭得來的，但大一統的帝國穩定之後，戰爭減少，相對的，關於兵論著述也減少。〔註689〕兩漢論兵主要有《黃石公三略》，《淮南子‧兵略》，劉向《說苑‧指武》。其中《黃石公三略》為兵家言，《說苑‧指武》偏重於記載戰爭史實。惟獨《淮南子》薈萃各種思想於一身，而藉由道家思想進行統一。《淮南子‧要略》說：

> 兵略者，所以明戰勝攻取之數，形機之勢，詐譎之變，體因循之道，操持後之論也。所以知戰陣分爭之非道不行也，知攻取堅守之非德不強也。誠明其意，進退左右無所失擊危，乘勢以為資，清靜以為常，避實就虛，若驅群羊，此所以言兵也。〔註690〕

這裡所說重心「體因循之道」、「操持後之論」、「乘勢」、「清靜」、「避實就虛」都是道家理論原則，可見《淮南子》的兵學思想，在道家思維的架構下闡述，代表著兩漢黃老道家論兵文化。

（1）兵勝本於政

求勝是戰爭最終目標，得不到勝利的戰爭，是不容發動的，因此論兵者莫不「明戰勝攻取」〔註691〕為第一要義，所有思想的指導，戰術戰略的應用皆以此為依歸。

〈兵略〉認為用兵求勝有不同的境界。最上的是：

> 治國家，理境內，行仁義，布德惠，立正法，塞邪隧，群臣親附，百姓和輯，上下一心，君臣同力，諸侯服其威而四方懷其德，脩政廟堂之上而折衝千里之外，拱揖指撝而天下響應。

不以武示人，而人自懼，不以力屈人，而人自服，當我方實力高出敵方甚多，無費列軍排陣，敵方即已知難不敢戰。其次是：

年11月第二刷。

〔註689〕雖然著述減少，但官府對兵書的整理卻出現了高潮。漢初命張良、韓信序次兵法。武帝時，命軍政官楊僕「捃拾遺逸」，「紀奏《兵錄》」。成帝時，又命步兵校尉任宏校兵書，編出兵書分類目錄《兵書略》，共著錄兵書六十三家，一千一百九十一篇，圖四十三卷。可見空前的規模。（見《漢書‧藝文志‧兵書略》）

〔註690〕《淮南子校釋》，卷第二十一，頁2128。

〔註691〕《淮南子校釋‧要略》，卷第二十一，頁2128。

地廣民眾，主賢將忠，國富兵強，約束信，號令明，兩軍相當，鼓
鐸相望，未至兵交接刃而敵人奔亡。

兩軍實力雖然相當，但我方國富兵強，無內政之憂，可以全心全意應付敵人，
加上將帥賢能，兵士明令，列陣對壘，敵方即望之喪膽，無力可戰。此以實
力為基礎，進行心理恐嚇，達到兵不血刃，威懾屈人的目的。最下的是：

知土地之宜，習險隘之利，明奇正之變，察行陳解續之數，維枹絭
而鼓之，白刃合，流矢接，涉血屬腸，舁死扶傷，流血千里，暴骸
盈場，乃以決勝。〔註692〕

在政治、經濟各方面未能明顯優於敵方，但對於敵我的地理形勢，戰略戰術
明白於胸，須於戰場上兩兵交接，白刃相搏，血流無數，才能決勝負，此戰
爭雖然得勝，敵損兵一萬，我必喪師五千，同是兩敗俱傷的結局。

　　《淮南子》分析這三種勝利，認為戰爭不僅要得勝，而且要得到全面的
勝利。最好是「大兵無創」，「五兵不厲」，「建鼓不出」，〔註693〕敵人不攻自服。
可以說，這種完美的勝利是不存在戰鬥因素，真正的戰爭不會帶來創傷，這
是深受《老子》哲學影響。

　　如何能達到這樣的目標呢？《淮南子》指出，用兵能夠幫助取勝的原因
很多，但必定能取勝的很少。鎧甲堅固，武器優良，糧草充足，士卒眾多，
明白用兵的詭秘之術，有良將在前，有順暢的後勤支援等等，這都只是幫助
取勝的條件，而非勝利的必要條件。戰爭之所以能夠取勝，其根本在於政治，
「兵之勝敗本在於政。」〔註694〕「修政於境內，而遠方慕其德，制勝於未戰，
而諸侯服其威，內政治也。」〔註695〕想要求得軍事上勝利，首先要得到政治
上的成功。政治重於軍事，軍事強大以政治強大為基礎，只有不斷進行政治
改革，國家才能真正治理好，只有國家治理好，軍隊才能強大起來，即使國
家雖小，能實施使國家得以長存的措施，仍能保持不敗。反之，如果實施使
國家滅亡的措施，國家雖大也會滅亡，所謂「為存政者，雖小必存；為亡政
者，雖大必亡。」〔註696〕想要獲得勝利，應著眼於平時的政治而非戰時的軍
事措施；而良好的政治，根本在於君主實施清靜無為之治，任賢行德，教導

〔註692〕《淮南子校釋‧兵略》，卷第十五，頁1560。
〔註693〕《淮南子校釋‧兵略》，卷第十五，頁1551～1552。
〔註694〕《淮南子校釋‧兵略》，卷第十五，頁1561。
〔註695〕《淮南子校釋‧兵略》，卷第十五，頁1552。
〔註696〕《淮南子校釋‧兵略》，卷第十五，頁1561。

百姓，歸於樸善。因爲政治良好，代表戰前的準備工作可以順遂進行，一旦戰爭發生，則士卒懷恩圖報，在戰爭中勇敢戰鬥，軍士士氣高漲，將領指揮作戰的戰略與戰術也比較靈活機動，就不容易陷於不利的地位，達到戰和不戰，都能在政治上屈人的目的。

政治的成敗，取決於民心的向背。相同的，軍事的成敗，也取決於民心的向背。所謂「政勝其民，下附其上，則兵強矣。民勝其政，下畔其上，則兵弱矣。故德義足以懷天下之民，事業足以當天下之急，選舉足以得賢士之心，謀慮足以之強弱之勢，此必勝之本也。」〔註697〕《淮南子》舉例說地域最大，人口最多，軍隊最強的楚國，因失政而滅亡；秦二世因失政而被人民推翻，都是積怨於民的結果。商湯因修德善政以七十里地而王，武王伐紂因得政而勝利，都是積德於民的回報。這一怨一德，成爲民可用不可用的分野，兵強與弱的原因。

民心如何可得？《淮南子》認爲君民二者互有所求。君王求人民爲他勞作，爲他捐軀；人民期待君王，飢餓的人可以得到食物，勞累的人可以得到休息，有功的人可以得到恩澤。假如人民滿足了君王的願望，君王卻沒有實現人民的願望，那麼國家雖大，人口雖多，軍隊還是衰弱的。如果君王能滿足人民的願望，即使君王去田獵，欣賞鐘竽，玩六博，投壺戲，軍隊仍然可以強大，這是實施德政所建立威望的結果。由此能得民心，即可合眾人之力，眾人專心如一，萬事可成，所謂「千人同心則得千人力，萬人異心則無一人之用。」〔註698〕此用於軍事，則是「將以民爲體，而民以將爲心」，〔註699〕「故計定而發，分決而動，將無疑謀，卒無二心，動無墮容，口無虛言，事無嘗試，應敵必敏，發動必亟。」〔註700〕「守有必固，而攻有必勝，不待交兵接刃，而存亡之機固以形矣。」〔註701〕

從上述觀之，《淮南子》主張軍事上的勝利，取決於政治。如果政治清明，得人心，軍事力量自然會強；如果政治不得人心，上下離心離德，軍事力量自然就弱，軍事是現象，政治是根本，只有明白二者關係，才是勝負之道。唯有提倡禮義，尊賢使能，教化百姓，才能夠造就軍事上的強盛。軍事

〔註697〕《淮南子校釋·兵略》，卷第十五，頁1561。
〔註698〕《淮南子校釋·兵略》，卷第十五，頁1584。
〔註699〕《淮南子校釋·兵略》，卷第十五，頁1584。
〔註700〕《淮南子校釋·兵略》，卷第十五，頁1584。
〔註701〕《淮南子校釋·兵略》，卷第十五，頁1584。

的失敗歸本於政治措施失當，軍事實力的積弱衰落取決於政治上的黑暗。這是將具體的政治觀點引進軍事理論，這都有其一定合理性與積極的道理，因為戰爭的確是政治活動的最高表現形式，名為軍事較量，其實本質上是政治較量。尤其政治狀況對於分析判斷戰爭性質、理解戰爭的成敗，認識戰爭的宗旨具有密切聯繫。此如同軍事和政治為枝幹與根基、表與裡的關係。戰爭從來都是以武力為枝幹而以文治為根基，或者以軍事為表，以政治為裡的，政治是用來辨明厲害之所在，而軍事則是用來付諸實施抗敵禁暴。也就是說政治才是戰爭的根本，而軍事是從屬於政治的。《淮南子》能從政治角度論軍事戰略，說明它的見解具有深度，非狹隘的軍事主義者。特別是他們能夠注意到民心向背對於戰爭勝負的影響。歷史也證明，軍事上的強大，並不等於政治上的穩定鞏固。失去了民心，儘管擁有最強大的軍隊，也要走向反面，也要垮台。

就這一觀點來說，同是黃老所主張的。黃老帛書認為「內事不和，不得言外。」〔註 702〕主張內政無法做好，就應當避免用事於外，就是不要隨意興兵，否則百姓也不會順從。所謂「一年從其俗，二年用其德，三年而民有得，四年而發號令，五年而以刑正，六年而民敬畏，七年而可以征則勝強敵。」〔註 703〕「若號令發，必廄而上九，壹道同心，上下不赿，民無他志，然後可以守戰矣。」〔註 704〕要百姓能夠響應君心，齊心一致，則必然施德於民，教導使之樂於為君效命，號令一出，民無二致，才能克敵制勝，這就是兵本於政的原因。《商子‧戰法》說：「凡戰法必本於政勝。」〔註 705〕戰爭問題上，軍事是末，政治是本。《尉繚子》也認為：「夫土廣而任則國富，民眾而治則國治。富治者，車不發軔，甲不出橐，而威制天下，故曰兵勝於朝廷。」〔註 706〕制勝於未戰，政治為用兵之本，這個基本觀點，是《淮南子》繼承先秦諸子的重要兵學思想，也是黃老重要思想之一。

（2）以義戰為原則

《淮南子》認為戰爭是無法避免的，既無法禁止，也無法停止。因為戰爭的根源有二，一是來自於人類自然本性，「喜而相戲，怒而相害」，是無法

〔註 702〕《稱》，頁 82。
〔註 703〕《君正》，頁 47。
〔註 704〕《君正》，頁 47。
〔註 705〕《商子‧戰法第十》，卷第三，頁 1563。
〔註 706〕《尉繚子‧兵談第二》，卷上，頁 1158。

改變的，尤其歷史上常有「貪昧饕餮之人，殘賊天下」〔註707〕的情形出現，聖人不得不藉由兵力來平定。其次是物質不能滿足人類需求，不能滿足需求就爭，結果是強凌弱，眾暴寡，此時不得不由兵來救危。基於這兩點理由，《淮南子》認爲即使上古之世，民心純樸，仍有黃帝戰炎帝於涿鹿之野，堯與南蠻戰於丹水之浦，舜伐有苗，啓攻有扈的事情發生，所謂「自五帝而弗能偃也，又況衰世乎！」〔註708〕因此，兵不能廢，廢兵則國必亡，應該隨時做好戰爭準備，一刻不能疏忽。

　　《淮南子》不主張偃兵或廢兵之說，對於用兵，採取謹愼的態度。《老子》說：「兵者不祥之器，非君子之器，不得已而用之。」〔註709〕又說：「師之所處，荊棘生焉。大軍之後，必有凶年。」〔註710〕《戰國策・秦策》：「夫戰者，萬乘之存亡也。」〔註711〕戰爭會帶來巨大的破壞力，它是政治的最後手段。《淮南子》認爲鄰國無道，當以德懷之，其次威之，在用德與威都沒有效果之後，兵不得已才用之，「教之以道，導之以德而不聽，則臨之以威武。臨之威武而不從，則制之以兵革。」〔註712〕正當的辦法進行統治就是政治，政治達不到目的時就用權勢，而權勢總要訴諸戰爭，只是戰爭畢竟是一種以暴力爲本色的手段，國家運用戰爭手段是不得已的事。很早以前，已有人明白提出戰爭的災難，「兵，民之殘也，財用之蠹也，小國之大菑也。」〔註713〕戰爭殘害百姓，是財政上的蠹蟲，小國的災難。所以，應該愼戰，不可窮兵黷武。

　　《淮南子》認爲兵的作用鉅大，在於誅亂討暴，爲民除害，重建合理的秩序，維護天下和平。〈兵略〉說：

　　　　古之用兵者，非利土壤之廣而貪金玉之略，將以存亡繼絕，平天下
　　　　之亂，而除萬民之害也。〔註714〕

〈本經〉也說：

〔註707〕《淮南子校釋・兵略》，卷第十五，頁1541。
〔註708〕《淮南子校釋・兵略》，卷第十五，頁1541。
〔註709〕《老子註釋及評介》，三十一章，頁191。
〔註710〕《老子註釋及評介》，三十章，頁188。
〔註711〕繆文遠《戰國策新校注・秦策一》，卷三，「說秦王曰章」，頁87，四川：巴蜀書社，1992年5月第二刷。
〔註712〕《淮南子校釋・兵略》，卷第十五，頁1544。
〔註713〕《左傳・襄公二十七年》，韓宣子語。《春秋左傳注》，頁1129。
〔註714〕《淮南子校釋・兵略》，卷第十五，頁1541。

古者天子一畿，諸侯一同，各守其分，不得相侵。有不行王道者，
暴虐萬民，爭地侵壤，亂政犯禁，召之不至，令之不行，禁之不止，
誨之不變，乃舉兵而伐之，戮其君，易其黨，封其墓，類其社，卜
其子孫以代之。」「故兵者，所以討暴，非所以爲暴也。〔註715〕

非以亡存也，將以存亡也。〔註716〕

戰爭非爲私利而發，而是以利民爲宗旨。戰爭應該有道德屬性，正當的戰爭
應該是合乎道德原則，只有爲公利而發的戰爭才被允許。《淮南子》將這種被
允許的戰爭稱之爲「義戰」。

何謂「義」？〈繆稱〉說：「義者，比於人心而合於適眾也。」〔註717〕
〈齊俗〉說：「義者，循理而行宜。」〔註718〕可知遵循道理而行就是義。而義
戰，就是合於道理的戰爭。對於那些「攘天下，害百姓」的殘賊，尤其那些
「加虐於民」的國君，都是不義之人，就是討伐的對象。

《淮南子》對於發義兵救百姓有理想性的看法：

聞敵國之君有加虐於民者，則舉兵而臨其境，責之以不義，刺之以
過行。兵至其郊，乃令軍師曰：毋伐樹木！毋扣墳墓！毋燕五穀！
毋焚積聚！毋捕民虜！毋收六畜！乃發號施令曰：其國之君，傲天
侮鬼，決獄不辜，殺戮無罪，此天之所以誅也，民之所以仇也。兵
之來也，以廢不義而復有德也。有逆天之道，帥民之賊者，身死族
滅！以家聽者，祿以家。以里聽者，賞以里。以鄉聽者，封以鄉。
以縣聽者，侯以縣。剋其國不及其民，廢其君而易其政，尊其秀士
而顯其賢良，振其孤寡，恤其貧窮，出其囹圄，賞其有功。百姓開
門而待之，淅米而儲之，唯恐其不來也。此湯、武之所以致王，而
齊桓、晉文之所以成霸也。故君爲無道，民之思兵也，若旱而望雨，
渴而求飲，夫有誰與交兵接刃乎！故義兵之至也，至於不戰而止。

〔註719〕

這說明「義戰」只針對爲政不仁的國君而不是無罪的老百姓，「剋國不及其
民」，只殺少數應該殺的人；堅守「義戰」總和廣大民眾願望一致，往往能得

〔註715〕《淮南子校釋》，卷第八，頁879。
〔註716〕《淮南子校釋·兵略》，卷第十五，頁1545。
〔註717〕《淮南子校釋》，卷第十，頁1031。
〔註718〕《淮南子校釋》，卷第十一，頁1151。
〔註719〕《淮南子校釋·兵略》，卷第十五，頁1545。

到各方面的幫助，就如「湯武革命，順乎天命而應乎人」，〔註720〕因而能固且強，勢如破竹地取得勝利；無義的戰爭，倒行逆施，失去各方面的支持，終歸要陷於失敗。

以義戰爲名，意味師出有名，而非牽強藉口，則弔民伐罪，誅暴亂，討不義，或者抵抗侵略，保衛國家時，才可以眞正激勵起民心士氣，勝利才有保障。而軍隊在作戰中講究義，也是一種戰略的運用，〈本經〉說：「用兵有術矣，而義爲本。」〔註721〕以義約束軍隊，就能累積好的德行，對民眾秋毫無犯，即使敵對的人民也能感受，如此可以爭取敵國民心，讓敵國民心轉向我方，有利於戰爭的進行，就容易有如孟子所說簞食壺漿以迎王師的情形。

關於義戰說，這是先秦諸子最響亮的口號。黃老思想也積極的提倡此一說法。黃老帛書強調兵不可隨意任用。《稱》說：

> 不埶偃兵，不埶用兵，兵者不得已而行。〔註722〕

《十六經·本伐》又說：

> （兵）道之行也，繇不得已。〔註723〕

戰爭情非得已，只能在合乎正義之下使用。《十六經·本伐》將戰爭分爲三種類型：「有爲利者，有爲義者，有行忿者」，其中爲義者的動機，就是「禁亂伐暴，起賢廢不肖」，「眾之所死」，〔註724〕符合百姓願望的戰爭。由於義戰，「闔於天地，祥於鬼神，使民同利，萬夫賴之」，〔註725〕是爲人民謀福利的戰爭，爲黃老所歌頌。反之爲利、爲忿的不義之戰就是「興兵失理，所伐不當，天降二殃。」〔註726〕《文子》也認爲用兵有五種情形：

> 有義兵、有應兵、有忿兵、有貪兵、有驕兵；誅暴救弱謂之義，敵
> 來加己不得已而用之謂之應，爭小故不勝其心謂之忿，利人土地、
> 欲人財貨謂之貪，恃其國家之大，矜其人民之眾，欲見賢於敵國者
> 謂之驕；義兵王，應兵勝，忿兵敗，貪兵死，驕兵滅，此天道也。
>
> 〔註727〕

〔註720〕《周易集解·革·象》，卷十，頁241。
〔註721〕《淮南子校釋》，卷第八，頁879。
〔註722〕頁81。
〔註723〕頁75。
〔註724〕頁75。
〔註725〕《十六經·前道》，頁76。
〔註726〕《亡論》，頁55。
〔註727〕《文子要詮·道德》，頁108。

義兵與應兵都是合乎天道的戰爭，這是被允許的，而興義兵之旗，則可爲王。《淮南子》強調義戰思想，正可代表黃老思想的說法。

（3）德智兼修的爲將之道

孫武說：「夫將者，國之輔也，輔周則國必強，輔隙則國必弱。」〔註728〕又說：「知兵之將，民之司命，國安危之主也。」〔註729〕將領的重要性，很早以前就有深刻的認識。將領是軍隊的指揮者，戰前的決策者，如果將帥庸懦無能，就會敗軍辱國，這關係到整個軍隊乃至於國家的興亡，因此論兵者莫不對將帥具備的才能和品質有特別的要求。

先秦諸子對於將領修養的標準，《孫子》提出爲將者須具備智、信、仁、勇、嚴五種特質，〔註730〕否則不能打勝仗。這五種特質，智指指揮決策能力；信、仁、勇三者爲思想品德；嚴爲領導作風。《孫臏兵法》則更進一步主張義、仁、德、信、智〔註731〕、忠、敢〔註732〕、知道、數戰〔註733〕爲將帥該有的品質，尤其把前五種品質比作軍隊的首、腹、手、足、尾。〔註734〕其中義指準確的做每件事，富有責任感；仁、德指高尚的品德；忠、敢則是不畏權勢；智與知道指懂得有關天地民敵陣各方面的作戰規律；數戰指長期豐富的作戰經驗。《六韜・龍韜・論將》認爲將領有五材：「所謂五材者：勇、智、仁、信、忠也。勇則不可犯，智則不可亂，仁則愛人，信則不欺，忠則無二心。」〔註735〕基本上，這些說法無非要求將領要才德兼備、智勇雙全，既有自身修養與操守，又能謀略帶兵，平時謙恭廉潔，盡忠職守，戰時指揮若定，臨機果斷。

《淮南子》非常看重將領，認爲將領是總攝文武之人，國家得一良將，則興盛，反之則滅亡。《淮南子》在前人的基礎上，認爲將領的行爲準則，要有三遂、四義、五行、十守的要求。

> 所謂三隧者，上知天道，下習地形，中察人情。〔註736〕

〔註728〕曹操等注，郭化若譯《十一家注孫子—附今譯、竹簡兵法・謀攻》，卷上，頁45，台北：里仁書局，1982年10月。

〔註729〕《十一家注孫子—附今譯、竹簡兵法・作戰》，卷上，頁32。

〔註730〕《十一家注孫子—附今譯、竹簡兵法・計》，卷上，頁7。

〔註731〕《十一家注孫子—附今譯、竹簡兵法・孫臏兵法・將義》，下編，頁69。

〔註732〕《十一家注孫子—附今譯、竹簡兵法・篡辛》，上編，頁21。

〔註733〕《十一家注孫子—附今譯、竹簡兵法・孫臏兵法・八陣》，上編，頁25。

〔註734〕《十一家注孫子—附今譯、竹簡兵法・孫臏兵法・將義》，下編，頁69。

〔註735〕《六韜・龍韜・論將第十九》，卷二，頁1097。

〔註736〕《淮南子校釋・兵略》，卷第十五，頁1613。

三隧，高誘說「凡此三事者，人所從蹊隧」，〔註737〕意指三種通達之道。爲將者須通達天道、地形與人情。對於天道地形，無非將領要有天文、地理廣博的知識，由此去體會懂得各種作戰規律。《淮南子》論述明於奇正陰陽、刑德五行、望氣候星、龜策機祥、相地形、處次舍、治壁壘、審煙斥、居高陵、舍出處爲作戰必須明白的基本條件，這都屬於天道與地形的範圍，這些知識可以幫助將領打勝仗。對於人情，則是要知人，知如何治軍，如何整齊士卒的心志。這明顯是繼承黃老帛書的思想：《十六經・兵容》：「兵不刑天，兵不可動。不法地，兵不可措。刑法不人，兵不可成。參□□□□□□□□之，天地形之，聖人因而成之。聖人之功，時爲之庸，因時秉□，是必有成功。聖人不達刑，不襦傳。因天時，與之階斷。當斷不斷，反受其亂。天固有奪有予，有祥□□□□弗受，反隨以殃。三遂絕從，兵無成功。三遂絕從，兵有成功，□不鄉其功，環受其殃。國家有幸，當者受殃。國家無幸，其延有命。莆莆陽陽，因民之力，逆天之極，有重有功，其國家以危，社稷以匡，事無成功，慶且不鄉其功，此天之道也。」〔註738〕

> 所謂四義者，便國不負兵，爲主不顧身，見難不畏死，決疑不辟罪。
> 〔註739〕

就是便利國家不專擅兵權，爲了君主不顧自身安危，遇見危難不怕死亡，決定疑難不害怕擔負罪責。這四種情形，強調注重正義的行爲，爲了眾利，應當犧牲個人私利，即使喪失個人生命也在所不惜。

> 所謂五行者，柔而不可卷也，剛而不可折也，仁而不可犯也，信而
> 不可欺也，勇而不可凌也。〔註740〕

五行，指柔、剛、仁、信、勇五種德行，將領須具備不缺，猶如自身骨肉，不可須臾分離，而且更重要是五種行爲必須強立不反，由內而外自然表現出爲將不可侵奪的氣勢。

> 所謂十守者，神清而不可濁也，謀遠而不可慕也，操固而不可遷也，
> 知明而不可蔽也，不貪於貨，不淫於物，不嗌於辯，不推於方，不
> 可喜也，不可怒也。〔註741〕

〔註737〕引自《淮南子校釋・兵略》，卷第十五，頁1614。
〔註738〕頁71。
〔註739〕《淮南子校釋・兵略》，卷第十五，頁1613。
〔註740〕《淮南子校釋・兵略》，卷第十五，頁1613。
〔註741〕《淮南子校釋・兵略》，卷第十五，頁1613。

十守指爲將的十項操守。「神清而不可濁」，爲神志清明而不被混濁，指將領對於自身職責與目標清楚，不受外界左右；「謀遠而不可慕」，謀略深遠不可近，〔註742〕指揮作戰，戰術戰略佈局，不易讓人了解；「操固不可遷」，強調忠貞不二的德行，忠於國，忠於君，忠於民；「知明而不可蔽」，智慧足以洞燭事機；「不貪於貨，不淫於物」，廉潔不受物欲誘惑，不玩物喪志，不顯現自身可欲之事，則不易爲人所乘；「不嚙於辯，不推於方」，不追求口辯，不推衍到其他方域，指不逾越權限，安於分內之事；「不可喜也，不可怒也」，喜怒不形於外，不爲外物引動情緒，此爲善戰者不輕易動武，不被敵人所激怒。

　　由此可知，三隧是要求將領要有很高的軍事才能，能廣泛熟悉相關知識，此屬於靜態的「知」；四義與五行是強調爲將的思想品德，身爲將帥不僅能率領三軍爭取勝利，而且尚須在品德上堪爲三軍楷模。十守則綜論爲將之德與識，注重在遇事所表現的應變能力與操持。

　　《淮南子》理想中將領的條件需要有高人一等的修養與通達無礙的知識，二者缺一不可。但在眾多爲將之特質當中，特別提出良將必須要有獨到的見解和獨到的智慧。《淮南子》說：

　　　　良將之所以必勝者，恒有不原之智，不道之道，難以眾同也。〔註743〕

又說：

　　　　夫將者，必獨見獨知。獨見者，見人所不見也；獨知者，知人所不知也。見人所不見，謂之明；知人所不知，謂之神。神明者，先勝者也。先勝者，守不可攻，戰不可勝，攻不可守，虛實是也。上下有隙，將吏不相得，所持不直，卒心積不服，所謂虛也。主明將良，上下同心，氣意俱起，所謂實也。若以水投火，所當者陷，所薄者移，牢柔不相通而勝相奇者，虛實之謂也。故善戰者不在少，善守者不在小，勝在得威，敗在失氣。夫實則鬥，虛則走，盛則強，衰則北。〔註744〕

所謂良將，須能見人所不能見，知人所不能知，然後可謂之神明。又良將須明虛實，凡上下有隙，將吏不相得，士卒心不服，均屬於虛；至於主明將良，

〔註742〕《淮南子校釋》云：「《爾雅·釋詁》云：『狃，習也。』慕與狃同訓，是『不可慕』猶『不可近』也。《禮記·曲禮上》『賢者狃而敬之』，鄭玄注云：『狃，近也。』是『不可狃』猶『不可近』也。」卷第十五，頁1615。

〔註743〕《淮南子校釋·兵略》，卷第十五，頁1560。

〔註744〕《淮南子校釋·兵略》，卷第十五，頁1618。

上下同心，即屬實，明虛實之結果，必將導致勝負。這已異於兵家的論點，而突顯出《淮南子》的兵學特點。

至於將帥與士卒的關係，將帥對於帶領士卒要文德與威武並行。《淮南子》說：

> 兵之所以強者，民也；民之所以必死者，義也；義之所以能行者，威也。是故合之以文，齊之以武，是謂必取；威儀並行，是謂至強。
> 〔註745〕

文德為恩惠加諸士卒身上，讓士卒倍感恩暖，如此則在戰場上不畏艱險，樂於效命。其表現在視卒如子，為士卒表率，同甘共苦，時時照顧士卒利益，而不能一味驅使。《淮南子》說：

> 上視下如子，則下視上如父；上視下如弟，則下視上如兄。上視下如子，則必王四海；下視上如父，則必正天下。上視下如弟，則不難為之死；下視上如兄，則不難為之亡。〔註746〕

又說：

> 將必與卒同甘苦俟飢寒，故其死可得而盡也。故古之善將者，必以其身先之，暑不張蓋，寒不被裘，所以程寒暑也；險隘不乘，上陵必下，所以齊勞佚也；軍食熟然後敢食，軍井通然後敢飲，所以同飢渴也；合戰必立矢射之所及，以共安危也。故良將之用兵也，常以積德擊積怨，以積愛擊積憎，何故而不勝！〔註747〕

威武指用刑罰法令整飭軍紀，賞罰嚴明，令下無人敢不遵行，言出則必有結果。《淮南子》說：

> 夫人之所樂者生也，而所憎者死也；然而高城深池，矢石若雨，平原廣澤，白刃交接，而卒爭先合者，彼非輕死而樂傷也，為其賞信而罰明也。〔註748〕

這種帶兵思維，明顯是繼承兵家「令之以文，齊之以武」，〔註749〕視卒如嬰兒，賞罰要適度分明的思想。然而《淮南子》對於文德與威武二者尚有先後輕重之分，特別要將領提高道德修養，「上足仰則下可用也，德足慕則威可立也。」

〔註745〕《淮南子校釋・兵略》，卷第十五，頁1608。
〔註746〕《淮南子校釋・兵略》，卷第十五，頁1608。
〔註747〕《淮南子校釋・兵略》，卷第十五，頁1609。
〔註748〕《淮南子校釋・兵略》，卷第十五，頁1608。
〔註749〕《十一家注孫子——附今譯、竹簡兵法・行軍》，卷中，頁163。

〔註750〕由德生威，注重文德的恩施，此頗似《尉繚子》「先禮信而後爵祿，先廉恥而後刑罰，先親愛而後律其身」〔註751〕的看法，只是《淮南子》更強調將領自身形象對士卒的影響，可說是另一特色。

《淮南子》尚有設計將領慶賀勝利的班師典禮。

> 凡國有難，君自宮召將，詔之曰：「社稷之命在將軍，即今國有難，願請子將而應之。」將軍受命，乃令祝史太卜齋宿三日，之太廟，鑽靈龜，卜吉日，以受鼓旗。君入廟門，西面而立；將入廟門，趨至堂下，北面而立。主親操鉞，持頭，授將軍其柄，曰：「從此上至天者，將軍制之。」復操斧，持頭，授將軍其柄，曰：「從此下至淵者，將軍制之。」將已受斧鉞，答曰：「國不可從外治也，軍不可從中御也。二心不可以事君，疑志不可以應敵。臣既以受制於前矣，鼓旗斧鉞之威，臣無還請，願君亦以垂一言之命於臣也。君若不許，臣不敢將。君若許之，臣辭而行。」乃爪鬋，設明衣也，鑿凶門而出。乘將軍車，載旌旗斧鉞，累若不勝。其臨敵決戰，不顧必死，無有二心。是故無天於上，無地於下，無敵於前，無主於後，進不求名，退不避罪，唯民是保，利合於主，國之寶也，上將之道也。如此，則智者為之慮，勇者為之鬥，氣屬青雲，疾如馳鶩，是故兵未交接而敵人恐懼。若戰勝敵奔，畢受功賞，吏遷官，益爵祿，割地而為調，決於封外，卒論斷于軍中。顧反於國，放旗以入斧鉞，報畢於君曰：「軍無後治。」乃縞素辟舍，請罪於君。君曰：「赦之！」退，齋服。大勝三年反舍，中勝二年，下勝期年。〔註752〕

軍事儀式用喪禮，勝利無歡，這是兵不得已而用之，即使得勝，也是殺人之後所得到的勝利。殺人者，凶事，面對凶事，就要以悲痛的心情參與，勝利了也要以凶喪之禮對待這種殺人之眾的勝利，尤其是為首的將領，更要有這種體認，不要喜悅慶賀，矜耀勝利。這是《老子》「勝而不美」、「戰勝以喪禮處之」〔註753〕思想的發揮，正說明《淮南子》兵學思想的道家黃老的模式。

〔註750〕《淮南子校釋・兵略》，卷第十五，頁 1609。
〔註751〕《尉繚子・戰威第四》，卷上，頁 1160。
〔註752〕《淮南子校釋・兵略》，卷第十五，頁 1624。
〔註753〕《老子註譯及評介》，三十一章，頁 191。

（4）以「道」為核心的用兵之術

《淮南子》理想中的用兵情形：

> 義兵之至也，至於不戰而止。〔註754〕

或是：

> 得道之兵，車不發軔，騎不被鞍，鼓不振塵，旗不解卷，甲不離矢，
> 刃不嘗血。〔註755〕

不戰就能屈人之兵，這是一個最高的理想，它必須根植於政治上的絕對優勢，才有可能實現。一般的情形，這幾乎是難以達到的目標。《淮南子》清楚的認識這樣的狀況，一個國家的威望不可能是憑空建立的，而必須憑著軍隊在戰爭中取勝。因此，「義兵必勝」僅是一種口號，一種戰略的運用，單靠這個名義，不一定就可以打勝仗。《淮南子》在強調這一主張之外，並沒有像孟子那樣理想化，認為兵只要行義，即使用臨時取得的木棒，就可以打敗秦楚精良的武器而無敵天下。〔註756〕對於用兵的方法，《淮南子》並沒有忽略， 而自有一套看法。

《史記・太史公自序》論孫子、吳起說：

> 非信廉仁勇不能傳兵論劍，與道同符，內可以治身，外可以應變，
> 君子比得焉。〔註757〕

司馬遷歸結論兵之人最終根源是據「道」而行，《淮南子》站在黃老道家的角度，也提出了以「道」為用兵的中心的見解。在〈兵略〉中認為戰爭勝敗的關鍵在道，所以說「兵失道而弱，得道而強」，「順道而動，天下為響」。並把道推衍到決策層，兵必須「法天道」，「以道理制勝」，〔註758〕即符合戰爭發展客觀規律的決策才能引向勝利。它把道推衍到戰術領域，要求將帥以「虛」、「靜」、「無形」的哲理為指導，才能變化莫測，用兵如神。

用兵有道，這個觀念春秋時代即有，《左傳・定公五年》：

> 秦子蒲、子虎帥車五百乘以救楚。子蒲曰：「吾未知吳道。」使楚人
> 先與吳人戰，而自稷會之，大敗夫概王子沂。〔註759〕

〔註754〕《淮南子校釋・兵略》，卷第十五，頁1545。
〔註755〕《淮南子校釋・兵略》，卷第十五，頁1552。
〔註756〕《孟子・梁惠王上》：「可使制梃以撻秦楚之堅甲利兵矣。」(《四書章句集注・孟子集注・梁惠王上》，卷一，頁206。)
〔註757〕《史記・太史公自序第七十》，卷一百三十，頁3313。
〔註758〕《淮南子校釋・兵略》，卷第十五，頁1551。
〔註759〕《春秋左傳注》，頁1551。

這裡的道指作戰的方法。戰國時代，作戰知道是勝負的關鍵，如《孫臏兵法‧八陣》：

> 夫安萬乘國，廣萬乘主，全萬乘之民命者，唯知道者。知道者，上知天之道，下知地之理，內得民之心，外知敵之情，陳則知八陳之經。〔註760〕

〈備勢〉：

> 凡兵之道四：曰陣，曰勢，曰變，曰權。察此四者，所以破強敵，取猛將也。〔註761〕

這裡所說的道內容所包甚廣，但仍不脫實際作戰的用兵原則。

《淮南子》吸收了先秦兵家的觀點，認為作戰要知道，但對於兵道，則異於兵家的方式，它以《老子》道的思想為基礎。

> 所謂道者，體圓而法方，背陰而抱陽，左柔而右剛，履幽而戴明，變化無常，得一之原，以應無方，是謂神明。夫圓者，天也；方者，地也。天圓而無端，故不可得而觀；地方而無垠，故莫能窺其門。天化育而無形象，地生長而無計量，渾渾沉沉，孰知其藏！凡物有朕，唯道無朕。所以無朕者，以其無常形勢也。輪轉而無窮，象日月之運行，若春秋有代謝，若日月有晝夜，終而復始，明而復晦，莫能得其紀。制刑而無刑，故功可成；物物而不物，故勝而不屈。〔註762〕

這著重抽象的本體依據，再與兵家實際用兵理論有機地揉合在一起，從而把對戰爭規律的認識上升到本體論的哲學高度。

《淮南子》的兵道包含天道、地理、民心、敵情、陣法，即整個戰爭的全體要素、過程及內在規律。用兵合於此道，上知天文，下察地理，體察民心向背，了解敵情，洞悉陣法變換，不打無把握的仗，即是「知道」。這方面，《淮南子》從各個角度作考慮，提出許多原則性的看法。

a、先廟戰

《淮南子》認為除了時時留心政治，創造國富兵強的局面，為兵勝的根本之外，一旦用兵行武，最緊要的第一步是戰前的準備工作。「全兵先勝而後

〔註760〕《十一家注孫子──附今譯、竹簡兵法‧孫臏兵法‧八陣》，上編，頁25。
〔註761〕《十一家注孫子──附今譯、竹簡兵法‧孫臏兵法‧備勢》，上編，頁29。
〔註762〕《淮南子校釋‧兵略》，卷第十五，頁1551。

戰，敗兵先戰而後求勝。」〔註763〕用兵者，必須先強大自己的實力，而不僅企求敵人自亂；勝利的軍隊總是先有了勝利的把握才尋求機會與敵交戰，失敗的軍隊則是先同敵人交戰而後企求僥倖取勝。這種先做好充分準備，不打無把握的仗，使自己立於不敗之地的作戰指導思想，稱之爲「廟戰」。

顧名思義，廟戰是戰前在廟堂之上對戰爭進行謀畫預測，必須對敵我雙方基本條件作周密研究和比較，「主孰賢？將孰能？民孰附？國孰治？蓄積孰多？士卒孰精？甲兵孰利？器備孰便？」〔註764〕根據這幾方面的分析，進而制定正確的戰略方向，以應付戰爭進行時的各種狀況，這是運籌於廟堂之上，而決勝乎千里之外的功夫。能夠先勝後戰，必須考慮是否具備戰勝敵人的力量，是否具備勝敵的有利戰機，這都要依靠「廟戰」的評估。「廟戰」準確周密，即使被迫應兵，與敵方力量有差距，仍可透過計劃周到、準備充分的防禦，也會讓來犯之敵望而卻步，止而不攻。《淮南子》這種強調「廟戰」的戰略原則，與孫子「先爲不可勝」、「未戰而廟算」的思想是一致的。

b、無　形

通過廟戰，認眞對敵我雙方的各方面進行比較，決定面對戰爭之後，戰爭的原則和方法，就特別重要。《淮南子》認爲用兵要依道而行，道最重要的一項特性，就是無形，「所貴道者，貴其無形也。」〔註765〕根據這一原則，《淮南子》特別強調用兵於無形。

> 兵貴謀之不測也，形之隱匿也，出於不意，不可以設備也。謀見則窮，形見則制。
>
> 無形，則不可制迫也，不可度量也，不可巧詐也，不可規慮也。智見者人爲之謀，形見者人爲之功，眾見者人爲之伏，器見者人爲之備。動作周還，倨句詘伸，可巧詐者，皆非善者也。善者之動也，神出而鬼行，星燿而玄逐；進退詘伸，不見朕垠；鸞擧麟振，鳳飛龍騰；發如秋風，疾如駭龍。當以生擊死，以盛乘衰，以疾掩遲，以飽制飢。若以水滅火，若以湯沃雪，何往而不遂？何之而不用達？在中虛神，在外漠志，運於無形，出於不意。與飄飄往，與忽忽來，莫知其所之。與條出，與間入，莫知其所集。卒如雷霆，疾如風雨，

〔註763〕《淮南子校釋・兵略》，卷第十五，頁1569。
〔註764〕《淮南子校釋・兵略》，卷第十五，頁1569。
〔註765〕《淮南子校釋・兵略》，卷第十五，頁1578。

　　　　若從地出，若從天下，獨出獨入，莫能應圍。疾如鏃矢，何可勝偶？

　　　　一晦一明，孰知其端緒？未見其發，固已至矣。〔註766〕

有形的東西，天下人皆得見而謀之，未若無形，人莫能應，所以「無形而制有形」。〔註767〕無形重在用謀不拘常格，敵人不能猜測；慎密，敵人不能得知，陷敵人於無知無識，無聞無見的地步，這是《淮南子》論用兵最根本的思想；此與強調爲將者首重獨見之智，凡事有定見，不讓人看穿心中所想，「藏形於無而游心於虛」〔註768〕的看法息息相關。

　　c、守靜持後

　　《淮南子》尚強調「無爲而應變」〔註769〕的觀念，以無爲的原則，因應敵人的變化而採取作戰的方式。其表現在守靜持後，不主動，不先進，是一種後發制人的戰術。

　　《淮南子》說：

　　　　用兵者先爲不可勝，以待敵之可勝也。〔註770〕

又說：

　　　　敵先我動，則是見其形也；彼躁我靜，則是罷其力也。形見則勝可
　　　　制也，力罷則威可立也。視其所爲，因與之化；觀其邪正，以制其
　　　　命；餌之以所欲，以罷其足。彼若有間，急塡其隙，極其變而束之，
　　　　盡其節而仆之。〔註771〕

以無形應有形，靜應躁，待其力疲，間隙可見，即乘機而制之。當彼此僵持不下，也不可輕舉妄動，須忍耐等待機會，先讓對方露出弱點，「容未可見，以數相待」，〔註772〕所謂「虎豹不動，不入陷阱；麋鹿不動，不離罝罘；飛鳥不動，不絓網羅；魚鱉不動，不擐蜃喙。物未有不以動而制者也。是故聖人貴靜。靜則能應躁，後則能應先，數則能勝疏，博則能禽缺。」〔註773〕靜是爲了動，靜之極達到神不知鬼不覺的地步，誘使敵人現露其形，即能快速創造勝利條件。

〔註766〕《淮南子校釋‧兵略》，卷第十五，頁1578。
〔註767〕《淮南子校釋‧兵略》，卷第十五，頁1593。
〔註768〕《淮南子校釋‧兵略》，卷第十五，頁1593。
〔註769〕《淮南子校釋‧兵略》，卷第十五，頁1592。
〔註770〕《淮南子校釋‧詮言》，卷第十四，頁1481。
〔註771〕《淮南子校釋‧兵略》，卷第十五，頁1592。
〔註772〕《淮南子校釋‧兵略》，卷第十五，頁1593。
〔註773〕《淮南子校釋‧兵略》，卷第十五，頁1593。

《老子》說：「用兵有言：無不敢爲主而爲客，不敢進吋而退尺。」〔註774〕
《十六經・順道》：「立於不敢，行於不能。戰示不敢，明勢不能。」〔註775〕不
敢不能並非眞的膽怯，而是有意忍讓示弱，如此敵人容易疏於防備，又容易起
輕敵之心，疏於防備與驕兵二者，有其一則未有不敗的。這是一種不弄險，以
至穩之兵取勝的用兵韜略。

　　d、以奇用兵

　　萬物之理有常有變，有正有奇。奇正相對。正指一般的、正常的；奇指
特殊的、變化的。老子說：「以正治國，以奇用兵。」治國須用清靜無爲的正
常手段，兵卻是詭道，無常勢，是一動態過程，因此兵貴變化，懂得出其不
意，臨機多變。

　　《淮南子》認爲世間沒有千篇一律的攻守模式，強調「以異爲奇」的用
兵觀念。

> 蓋聞善用兵者，必先脩諸己，而後求諸人；先爲不可勝，而後求勝。
> 脩己於人，求勝於敵，己未能治也，而攻人之亂，是猶以火救火，
> 以水應水也，何所能制！今使陶人化而爲埴，則不能成盆盎；工女
> 化而爲絲，則不能織文錦。同莫足以相治也，故以異爲奇。兩爵相
> 與鬥，未有死者也；鸇鷹至，則爲之解，以其異類也。故靜爲躁奇，
> 治爲亂奇，飽爲飢奇，佚爲勞奇。奇正之相應，若水火金木之代爲
> 雌雄也。〔註776〕

實施不被勝過的政治，才能勝過敵人，一切由清明政治做起。如果用自己昏
亂的政治去攻伐別國的昏亂，就如同以火攻火，以水攻水依樣，是無法取勝
的。同不能制同，異方能制異，同樣的戰法，不能取勝，採用不同的戰法才
能出奇制勝。靜躁、治亂、飽飢、佚勞等互爲常變，互爲奇正。了解其中轉
換的關鍵，就可用於了解敵我雙方的長短，有利不利的各種情況，而以有利
的形式去對付不利的形式，由不利的形式去創造有利的形式。

　　《淮南子》認爲敵方同我方取靜取正，彼此條件相當，僵持不下，是用
奇的良好時機，「敵若反靜，爲之出奇。」〔註777〕用奇的原則：

〔註774〕《老子註譯及評介》，六十九章，頁323。
〔註775〕頁79。
〔註776〕《淮南子校釋・兵略》，卷第十五，頁1614。
〔註777〕《淮南子校釋・兵略》，卷第十五，頁1592。

> 示之以柔而迎之以剛，示之以弱而乘之以強，爲之以歙而應之以張，
> 將欲西而示之以東，先忤而後合，前冥而後明，若鬼之無跡，若水
> 之無創。故所鄉非所之也，所見非所謀也，舉措動靜，莫能識也，
> 若雷之擊，不可爲備。所用不復，故勝可百全。與玄明通，莫知其
> 門，是謂至神。〔註778〕

這是《老子》「將欲歙之，必固張之，將欲弱之，必固強之，將欲廢之，必固
興之，將欲取之，必固與之。」〔註779〕「反者道之動」〔註780〕的思想的發揮。

e、貴勢權

歷來論兵者都十分重視運用外在形勢條件以利於作戰，通稱爲「勢」。如
孫武說：「善戰者，求之於勢」，〔註781〕「勢者，因利而制權也。」〔註782〕
《孫臏兵法》說：「勢者，所以令士必鬥也」；〔註783〕「勢便地利，則民自……。
所謂善戰者，便勢利地者也。」〔註784〕善戰者要依據對我有利的原則，製造
易於勝敵之勢，然後再利用此勢而擊敗敵人。這種觀念也出現於《淮南子》，
稱之爲勢權。

依《淮南子》的論述，兵有三勢，有二權。三勢是氣勢、地勢、因勢；
二權爲知權、事權。

> 將充勇而輕敵，卒果敢而樂戰，三軍之眾，百萬之師，志屬青雲，
> 氣如飄風，聲如雷霆，誠積瑜而威加敵人，此謂氣勢。

氣勢，指軍隊士氣，也是《淮南子》提到的「誠」，上下一心，精神旺盛，則
爲可戰之師，「百人之必死，賢於萬人之必北也。」有氣勢則能勇，有勇則有
威。

> 硤路津關，大山名塞，龍蛇蟠，卻笠居，羊腸道，發笱門，一人守
> 隘，而千人弗敢過也，此謂地勢。

此指可因地利之便，創造便於擊敵的態勢。

> 因其勞倦怠亂，飢渴凍曃，推其搶搶，擠其揭揭，此謂因勢。

〔註778〕《淮南子校釋‧兵略》，卷第十五，頁 1605～1606。
〔註779〕《老子註譯及評介》，三十六章，頁 205。
〔註780〕《老子註譯及評介》，四十章，頁 223。
〔註781〕《十一家注孫子──附今譯、竹簡兵法‧勢》，卷中，頁 78。
〔註782〕《十一家注孫子──附今譯、竹簡兵法‧計》，卷上，頁 11。
〔註783〕《十一家注孫子──附今譯、竹簡兵法‧孫臏兵法‧威王問》，上編，頁 10。
〔註784〕《十一家注孫子──附今譯、竹簡兵法‧孫臏兵法‧主客人分》，下編，頁 59。

指因敵人士氣升降而制權。

> 善用間諜，審錯規慮，設蔚施伏，隱匿其形，出於不意，敵人之兵
> 無所適備，此謂知權。

利用間諜，收集情報，熟悉敵方意圖，進而採取出乎敵人意料之外的謀略。

> 陳卒正，前行選，進退俱，什伍搏，前後不相撚，左右不相干，受
> 刃者少，傷敵者眾，此謂事權。〔註785〕

士卒的選擇與訓練專精，行動整齊，力量專一，不僅可以增加戰果，又可減少士卒傷亡。

《淮南子》說：

> 兵之所隱議者天道也，所圖畫者地形也，所明言者人事也，所以決
> 勝者鈴勢也。〔註786〕

又說：

> 勢如決積水於千仞之隄，若轉員石於萬丈之谿，天下見吾兵之必用
> 也，則孰敢與我戰者！〔註787〕

善於用勢，創造我方有利條件，是決定戰爭勝負的關鍵，這是用兵的重要方法之一。

f、專一

「專一」是《淮南子》用兵另一個重要觀念。《淮南子》說：「兵靜則固，專一則威，分決則勇，心疑則北，力分則弱。」〔註788〕「專」與「分」是兩個相反概念，用兵貴專一避分決。

《淮南子》認為「專一」有兩層涵義，一是軍隊指揮如一，系統通暢，軍令統一，號令一致，全軍心志目標一同，如此可以產生巨大的力量。《淮南子》說：

> 故良將之用卒也，同其心，一其力，勇者不得獨進，怯者不得獨退，
> 止如丘山，發如風雨，所淩必破，靡不毀沮，動如一體，莫之應圉，
> 是故傷敵者眾，而手戰者寡矣。〔註789〕

> 將卒吏民，動靜如身，乃可以應敵合戰。故計定而發，分決而動，

〔註785〕《淮南子校釋·兵略》，卷第十五，頁1587。
〔註786〕《淮南子校釋·兵略》，卷第十五，頁1599。
〔註787〕《淮南子校釋·兵略》，卷第十五，頁1600。
〔註788〕《淮南子校釋·兵略》，卷第十五，頁1584。
〔註789〕《淮南子校釋·兵略》，卷第十五，頁1593。

　　將無疑謀，卒無二心，動無墮容，口無虛言，事無嘗試，應敵必敏，
發動必亙。故將以民爲體，而民以將爲心。心誠則支體親刃，心疑
則支體撓北。心不專一，則體不節動；將不誠心，則卒不勇敢。故
良將之卒，若虎之牙，若兕之角，若鳥之羽，若蚈之足，可以行，
可以舉，可以噬，可以觸，強而不相敗，眾而不相害，一心以使之
也。故民誠從其令，雖少無畏；民不從令，雖眾爲寡。故下不親上，
其心不用；卒不畏將，其形不戰。守有必固，而攻有必勝，不待交
兵接刃，而存亡之機固以形矣。〔註790〕

一是集中我方兵力，分散敵方兵力，敵人雖眾，採各各擊破。《淮南子》不相信
「少可以耦眾」，〔註791〕認爲戰爭很大的程度要依靠人多勢眾，在同樣的條件
下，總是「眾者勝寡」，〔註792〕但並不認爲這是絕對的。要打破這種限制，則
須要進行轉化。當敵方兵力高出我方，或是實力相當，要避免以少對多。必須
先對敵分兵與分心，使敵方由盈變虛，眾變寡。「故能分人之兵，疑人之心，則
錙銖有餘；不能分人之兵，疑人之心，則數倍不足。」〔註793〕「夫五指之更彈，
不若捲手之一挃；萬人之更進，不如百人之俱至也。今夫虎豹便捷，熊羆多力，
然而人食其肉而席其革者，不能通其知而壹其力也。夫水勢勝火，章華之臺燒，
以升勺沃而救之，雖涸井而竭池，無奈之何也；舉壺榼盆盎而以灌之，其滅可
立而待也。今人之與人，非有水火之勝也，而欲以少耦眾，不能成其功，亦明
矣。」〔註794〕如能分敵之勢，雖寡亦眾，如果爲敵反分，雖眾亦寡。我專敵分，
而形成我眾敵寡的局面，就易於取得戰爭的勝利。

四、劉　向

（一）用賢的無為思想

　　劉向，〔註795〕字子政，本名更生。豐縣人，漢高祖同父少弟楚元王劉交

〔註790〕《淮南子校釋·兵略》，卷第十五，頁1548。
〔註791〕《淮南子校釋·兵略》，卷第十五，頁1594。
〔註792〕《淮南子校釋·兵略》，卷第十五，頁1569。
〔註793〕《淮南子校釋·兵略》，卷第十五，頁1584。
〔註794〕《淮南子校釋·兵略》，卷第十五，頁1593。
〔註795〕劉向生卒年歲，說者不一，約有以下四說：一、生於元鳳元年辛丑（公元前
　　　　80年），卒於元延四年壬子（公元前9年），葛啓揚主之。二、生於元鳳二年
　　　　壬寅（公元前79年），卒於綏和元年癸丑（前八），錢大昕、吳榮光、錢穆等
　　　　主之。三、生於元鳳三年癸卯（公元前78年），卒於綏和二年甲寅（公元前

玄孫。宣帝年間，受《穀梁春秋》，講論五經於石渠，又拜爲郎中，給事黃門，遷散騎諫大夫給事中。

元帝初即位（初元元年，公元前 48 年），蕭望之、周堪合薦劉向。向爲宗室，又能忠直明經，得以與侍中金敞拾遺於左右，四人同心輔政。以弘恭、石顯弄權，蕭望之自殺，向免爲庶人。

成帝即位（建始元年，西元前 31 年），石顯等伏罪，劉向乃復進用，更名向。向以故九卿召拜爲中郎，使領護三輔都水，遷光祿大夫。是時帝元舅陽平侯王鳳爲大將軍秉政，倚太后，專國權，兄弟七人皆封爲列侯。劉向忠心皇室，數諫皇帝，甚至譏刺王氏。帝雖知向忠心，數度欲起九卿，終因王氏阻撓而罷。居列大夫官前後三十餘年，年七十二卒。卒後十三歲而王氏代漢。事見《漢書・楚元王傳》。

劉向爲人簡易，無威儀，廉靖樂道，不交接事俗，專積思於經術，晝誦書傳，夜觀星宿，或不寐達旦。其著述宏富，有《尚書洪範五行傳論》十一篇（今有清陳壽棋輯本三卷）、《五經通義》九卷（今有王謨等輯本一卷）、《別錄》二十卷（今有洪頤宣等輯本一卷）、《列女傳》八篇、《新序》三十卷、《說苑》二十卷、《文集》六卷、《周易劉氏易》一卷（王仁俊輯）、《樂記》一卷，（任兆麟、馬國翰輯）、《春秋穀梁傳說》一卷（馬國翰輯），《孟子劉綛壘注》一卷（王仁俊輯）、《孝子傳》一卷（茆泮林等輯）、《列仙傳》二卷、《稽疑》一篇、《劉向分新國語》五十四篇、《劉向說老子》四篇、《劉向讖》二卷。〔註 796〕可惜著述雖多，大部份已亡佚。

就其現存的著作中，與道家思想相關，僅《說苑》、《新序》二書而已。兩書的體例與《韓詩外傳》相同，同是編撰經、史、子資料，〔註 797〕但對於選材編排，並加議論，亦知其思想寓於其中。劉向思想以儒家爲主，兼有各

7 年），姚振宗主之。四、生於元鳳四年甲辰（公元前 77 年），卒於建平元年乙卯（公元前 6 年），葉德輝、吳修、王先謙主之。（參劉杲〈劉子政生卒年月及其著述考辨〉，《文學年報》第二期）

〔註 796〕此參廖吉郎《劉向》，收錄於《中國歷代思想家（四）》，台北：臺灣商務印書館，1999 年 2 月更新版第一刷。

〔註 797〕關於《說苑》與《新序》的內容來源，大都是先秦的事，漢代的事較少。以《說苑》而言，余嘉錫說：「以今考之，春秋時事尤多，漢事不過數條。」（《四庫提要辨證・新序》）如果將《說苑》細分爲六八七章，其中先秦時事六六二章，佔全書百分之九八，秦漢時事十六章，佔全書百分之二，可以說明其內容。

家思想。曾鞏說：

> 夫學之有統，道之有歸也。先王之遺文雖在，皆紬而不講，況至於
> 秦，爲世所大禁哉？漢興六藝，皆得於散絕殘脫之餘世，無復明先
> 王之道，爲眾說之所蔽，暗而不明，郁而不發，而怪奇可喜之論，
> 各師異見，皆自名家者，誕漫於中國，一切不易於周之末世，其弊
> 至於今尚在也。自斯以來，天下學者知折衷於聖人，而能純於道德
> 之美者，揚雄氏而止耳。如向之徒，皆不免爲眾說之蔽，而不知有
> 折衷者也。〔註798〕

曾氏所言先王之道，即是儒家六藝之道，其它各家皆爲怪奇之論，皆有所蔽。
劉向爲眾說之蔽，就是看到劉向的思想成分不純屬儒家。黃錦宏說：

> 劉向當元成之世，值王氏執政，憂外戚之傾危漢室，一面欲以陰陽
> 災異之說，以動人主之心，又欲以法家思想以振起政綱，然其政治
> 又慕道家無爲之治，此道、法、陰陽思想之交錯，形成劉向之特殊
> 觀念，爲漢代儒者思想之典型人物。〔註799〕

最足以概括劉向整個思想趨向。

史書記載，劉向父德，少修黃老術，常持《老子》知足之計，妻死，大
將軍霍光欲以女妻之，不敢取，畏盛滿。家產過百萬，則以振昆弟賓客飲食，
其言富，民之怨也。〔註800〕在這種淵源之下，道家言固向所習。《漢書·藝文
志》劉向說《老子》四篇，是向精於《老子》，其書已佚。從《說苑》引《老
子》之言，如〈君道〉言司城子罕相宋，謂宋君賞賜讓與，君自行之；刑罰
殺戮者臣當之，期年子罕逐其君而專其政，引《老子》「魚不可脫於淵，國之
利器，不可以借人。」釋「無弱君而強大夫」。〔註801〕〈政理〉引「見小曰明」
言魯贖臣妾於諸侯之事。〔註802〕〈敬慎〉言「剛與柔孰堅」，引老聃：「天下
之至柔，馳騁乎天下之至堅。」「人之生也柔弱，其死也剛強。萬物草木之生
也柔脆，其死也枯槁。」釋之。〔註803〕引《老子》「得其所利，必慮其所害；
樂其所成，必顧其所敗。」「禍兮福所倚，福兮或所伏。」釋「人爲善，天報

〔註798〕《新序·敘》，頁 469。
〔註799〕《秦漢思想研究·西漢之儒家》，頁 248，台北：學海出版社，1979年1月初版。
〔註800〕《漢書·楚元王傳第六》，卷第三十六，頁 1927。
〔註801〕卷一，頁 553，又見於《韓詩外傳》卷七之十。
〔註802〕卷七，頁 595。又見於《淮南子·道應》。
〔註803〕卷十，頁 616。

以福；人爲不善，天報以禍」。〔註804〕《新序‧雜事第四》引《老子》「以德報怨」釋梁大夫宋就灌楚瓜「轉敗而爲功，因禍而爲服」之事。〔註805〕引「能受國之不祥，是謂天下之王也」釋宋景公時，熒惑在心，不殺民以自活，延壽二十一年。〔註806〕即見一斑。其著作中也有同於黃老帛書者，如《說苑‧君道》：「帝者之臣，其名臣也，其實師也；王者之臣，其名臣也，其實友也；霸者之臣，其名臣也，其實賓也；危國之臣，其名臣也，其實虜也。」〔註807〕即與《稱》：「帝者臣，名臣，其實師也。王者臣，名臣，其實友也。霸者臣，名臣，其實賓也。危者臣，名臣也，其實庸也。亡臣者，名臣也，其實虜也。」〔註808〕相同。《說苑‧談叢》：「所伐而當，其福五之；所伐不當，其禍十之。」與《經法‧亡論》：「所伐當罪，其禍五之（禍字似爲福字之誤）；所伐不當，其禍十之。」相似。《說苑‧談叢》：「卑而正者可增，高而倚者且崩。」與《稱》：「埤（卑）而正者增，高而倚者傰（崩）。」相同。《說苑‧雜言》：孔子說「人有三死而非命者，人自取之。夫寢處不時，飲食不節，佚勞過度者，疾共殺之；居下位而上干其君，嗜欲無厭而求不止者，刑共殺之；少以犯眾，弱以侮強，忿怒不量力者，兵共殺之。」〔註809〕與《稱》：「天下有參死，忿不量力死，嗜欲無窮死，寡不辟眾死。」相似。

　　關於劉向政治思想受道家影響主張君道無爲之說者，主要繼承了漢初的黃老思想系統。《說苑‧君道》說：

　　　人君之事，無爲而能容下。夫事寡易從，法省易因，故民不以政獲

　　　罪也。大道容眾，大德容下，聖人寡爲而天下理矣。〔註810〕

即是要求君王寡爲，一切以省易爲依據，實施簡政。《說苑‧政理》記載武王問太公如何治國，太公認爲治國之道，愛民而已。而愛民之道就是：「利之而勿害，成之而勿敗，生之而勿殺，與之而勿奪，樂之而勿苦，喜之而勿怒」，「民失其所務，則害之也。農失其時，則敗之也。有罪者重其罰，則殺之也。重斂賦者，則奪之也。多繇役以疲民力，則苦之也。勞而擾之，則怒之也。」

〔註804〕卷十，頁617。
〔註805〕頁494。
〔註806〕頁497。
〔註807〕卷一，頁548～549。
〔註808〕頁81。
〔註809〕卷十七，頁669。
〔註810〕卷一，頁545。

利、成、生、與、樂、喜，爲愛民原則，其具體措施就在於輕賦斂、減繇役、簡刑罰、不失農時，否則如果法令繁苛，胡亂興事，擾民不止，則百姓挺而走險，而有「輕死」、「難治」的情形。太公又說：

> 賢君之治國，其政平，其吏不苛，其賦斂節，其自奉薄，不以私善害公法。賞賜不加於無功，刑罰不施於無罪；不因喜以賞，不因怒以誅；害民者有罪，進賢舉過者有賞。後宮不荒，女謁不聽；上無淫慝，下不陰害，不幸公室以費財，不多觀游臺池以罷民，不雕文刻鏤以逞耳目。〔註811〕

節賦斂，輕繇役，這是爲使減輕人民負擔，讓人民在清平的環境下安穩生息，則能藏富於民。否則君王不勵行儉約，徒知橫徵暴斂，以滿足私欲，未有不招致禍患的。《新序・雜事第一》叔向說晉六軍中行氏將先亡，因爲中行氏「以苛爲察，以欺爲明，以刻爲忠，以計多爲善，以聚斂爲良。」〔註812〕這就像「桀作瑤臺，罷民力，殫民財」而亡，「紂作炮烙之刑，戮無辜，奪民力」，天下畔之。〔註813〕因個人私欲而陷民於水火，人民不會沒有反應的，蓋「天之生人也，蓋非以爲君也；天之立君也，蓋非以爲位也。夫爲人君，行其私欲而不顧其人，是不承天意，忘其位之所以宜事也。」〔註814〕最後將是民怨之，天棄之。

無爲的另一內容就是任賢。《說苑・君道》說：

> 人君之道，清靜無爲，務在博愛，趨在任賢，廣開耳目，以察萬方，不固溺於流俗，不拘繫於左右。廓然遠見，踔然獨立，屢省考績，以臨臣下。〔註815〕

這裡劉向將「清靜無爲」與「趨在任賢」聯繫起來，認爲欲達到無爲政治，任用賢才是根本因素，人存政舉，人亡政息，得人者昌，失人者亡。《說苑・尊賢》強調君王欲平天下而垂榮名者，必尊賢而下士，朝無賢人就如鴻鵠卻缺少羽翼，雖有千里之望，仍不能致其意之所欲至，因此古之能成霸王者，莫不託於賢人。商湯託於伊尹，武王託於呂尚，齊桓公託於管夷吾，秦穆公託於百里奚，皆是如此。〔註816〕《新序・雜事第一》也記載秦欲伐楚，使使

〔註811〕卷七，頁589。
〔註812〕頁475。
〔註813〕《新序・刺奢第六》，頁508。
〔註814〕《說苑・君道》，卷一，頁552。
〔註815〕卷一，頁545。
〔註816〕卷八，頁596。

者觀楚之寶器，楚王說賢臣爲楚國之寶器。〔註817〕就說明了君王所託的重要。
《新序·雜事五》又指出：

> 天子居闥闈之中，帷帳之內，廣廈之下，斿菌之上，不出襜幄而知
> 天下者，以有賢左右也。〔註818〕

同樣在表明舉賢任賢是「無爲而治」的依據。故尊賢使能，就成爲無爲政治
的內容之一。

劉向說君主的職務就是求人任官，《說苑·理政第七》：

> 政有三而已，一曰因民，二曰擇人，三曰從時。〔註819〕

擇人就是選擇賢能之士而善用之，《新序·雜事四》說：

> 王者勞於求人，佚於得賢。舜舉眾賢在位，垂衣裳，恭己無爲，而
> 天下治。〔註820〕

善爲人君者，勞於論人，佚於官事，於是無爲便成爲一種依靠賢人的政治，
即無須親身爲國事而操勞，只要賢能在位，人君可以拱手而治，而天下不亂。
此從《說苑·君道》所言，更能明白這一層意涵：

> 當堯之時，舜爲司徒，契爲司馬，禹爲司空，后稷爲田疇，夔爲樂
> 正，倕爲工師，伯夷爲宗秩，皋陶爲大理，益掌毆禽。堯體力便巧，
> 不能爲一焉。堯爲君而九子爲臣，其何故也？堯知九職之事，使九
> 子者各受其事，皆勝其任，以成九功，堯遂成厥功以王天下。是故
> 知人者，王道也；知事者，臣道也。王道知人，臣道知事，毋亂舊
> 法，而天下治矣。〔註821〕

君王最重要是知人，知臣下之所能，臣下最重要是知事，知事務之原委；君
王僅執其綱領，臣子則各掌實際事物，君臣分工合作，各職所司，此即是無
爲，其眞義在於君逸臣勞的思想。

劉向主張任賢即無爲之說，與陸賈、韓嬰的思想是一脈相傳的，不過劉
向很明確的提出任賢即是無爲，卻更進了一步，無爲成爲尚賢的結果和理由。
這裡明顯看出劉向把《尸子·分》所謂「身逸而國治，用賢也。」〔註822〕與

〔註817〕頁 474。
〔註818〕頁 503。
〔註819〕卷七，頁 594。
〔註820〕頁 491。
〔註821〕卷一，頁 547。
〔註822〕《尸子》，卷上，頁 1600。

舜的無爲聯繫起來，對無爲範疇作了另一番解釋。有儒家之爲政以德，譬諸
北辰，眾星拱之的德治精神，但更重要是完全反映了「君無爲，臣有爲」的
黃老思想特徵。融會各家的說法，有兼合的傾向，尤其吸收更多儒家之說，
此乃兩漢黃老無爲治術的特徵，《漢書·藝文志》說：

> 道家君人南面之術，合於堯之克讓，《易》之謙謙。

就是看到黃老學風的時代特色。當然，這種特色，並不僅限於此，劉向的著
作中，有相當的比重闡述儒道思想相通之處，如《老子》之三寶，慈、儉、
不敢爲天下先，與孔子之仁、儉、讓大致相合。《說苑·敬慎》：

> 孔子讀《易》，至於《損》、《益》。則喟然而嘆。子夏避席而問曰：「夫
> 子何爲嘆？」孔子曰：「夫自損者益，自益者缺，吾是以嘆也。」子
> 夏曰：「然則學者不可以益乎？」孔子曰：「否，天下之道，成者未
> 嘗得久也。夫學者以虛受之，故曰：得，苟不知持滿，則天下之善
> 言不得入其耳矣。昔堯履天子之位，猶允恭以持之，虛靜以待下，
> 故百載以逾盛，迄今而益章。昆吾自臧而滿意，窮高而不衰，故當
> 時面虧敗，迄今而逾惡。是非損益之徵與？吾欲曰，謙也者，致恭
> 以存其位者也。夫豐明而動故能大，苟大則反虧矣，吾戒之。故曰：
> 天下之善言不得入其耳矣。日中則昃，月盈則食，天地虛盈，與時
> 消息。是以聖人不敢當盛，升輿遇三人則下，二人則軾，調其虛盈，
> 故能長久也。」子夏曰：「善！」請終身誦之。

又說：

> 孔子曰：「持滿之道，抑而損之。」子路曰：「損之有道乎？」孔子曰：
> 「高而能下，滿而能虛，富而能儉，貴而能卑，智而能愚，勇而能怯，
> 辯而能訥，博而能淺，明而能闇，是謂損而不極。能行此道，惟至德
> 者及之。」《易》曰：「不損而益之，故損自損而終，故益。」〔註823〕

這兩個例子就說明了這個現象。

第三節　小　結

　　兩漢黃老的重心思想依舊與先秦黃老一樣在政治議題。從西漢初期的陸
賈、韓嬰、《淮南子》，到中後期的劉向等皆可見，他們不僅繼承了先秦既有

〔註823〕卷十，頁 615～616。

的部分，並更加發揮而有了新一步的進展。其中《淮南子》可說集黃老治術之大成。

　　此時期以文武之道的建國治國的原則，被奉為圭臬。而鑑於暴秦的教訓，在文治方面更受到重視。其中的的無為思想影響既深且廣，成為思想家極力探討與頌揚的核心觀念。對於法治，黃老也不抹煞法家強調政治法律等強制性規範在維持社會秩序等方面的作用，但在吸收法家思想之後，對於法的本質，卻有很大的改變。從整體來看，司馬遷說道家黃老容納各家思想的特性，主要表現在政治思想方面。對於各家思想的取捨上，道家黃老在兩漢的發展過程中，不僅摻雜了法家的刑名思想，更多的是吸收了儒家的仁義之學。劉向說黃老道家「秉要執本，清虛無為，及其持身接物，務崇不競，合於六經。」〔註824〕視道家思想合於儒家思想，大概是看到黃老道家思想中有濃厚的儒家思想成分在。尤其兩漢黃老的「君主無為」完全與儒家仁義相結合，主張「寧民」、「順民」、「利民」、「愛民」，將「無為而治」看成是「賢人政治」；立法者立法不僅要「合於天道」，尚應注入仁義精神，不使違反道德教化，將法令看成是仁義的化身。由這些大方向就能夠明白，先秦以黃老帛書為中心強調的「道法」緊密結合的特性，到了兩漢由於歷史的因素，轉而偏重於「道儒」的傾向。

〔註824〕《列子敍錄》，《全上古三代秦漢三國六朝文・全漢文・劉向》，卷三十七，頁333。